世界经典文学名著(全译本)　HAKEBELI·FEN LIXIANJI

哈克贝利·芬历险记

(美)马克·吐温 著 郁丹 译

安徽师范大学出版社

责任编辑：汪鹏生
封面设计：嫁衣工舍
版式设计：中图传媒

图书在版编目（CIP）数据

哈克贝利 芬历险记/（美）马克·吐温（Mark Twain）著；郁丹译.
—芜湖：安徽师范大学出版社，2013.10
ISBN 978-7-81141-109-6
Ⅰ. ①哈… Ⅱ. ①马… ②郁… Ⅲ. ①儿童文学—长篇小说
—美国—近代 Ⅳ. ①I712.84
中国版本图书馆CIP数据核字(2010)第235872号

哈克贝利·芬历险记

（美）马克·吐温 著；郁丹 译

出版发行：安徽师范大学出版社
芜湖市九华南路189号安徽师范大学花津校区 邮政编码：241002
网 址：http://www.ahnupress.com/
发 行 部：（0553）3883578/5910327/5910310（传真）
E-mail:asdcbsfxb@126.com
经 销：全国新华书店
印 制：北京市房山腾龙印刷厂
版 次：2013年10月第1版
印 次：2015年12月第2次印刷
规 格：787×1092 1/16
印 张：14.75
字 数：275千
书 号：ISBN 978-7-81141-109-6
定 价：22.50元

目　录

第一章

亲爱的朋友，你读过美国作家马克·吐温的那本《汤姆·索亚历险记》吗？如果没有读过，你一定不认识我的。不过，那也没有什么，那本书虽然讲的都是事实，但是有些地方确实是夸大的。

生活中，不说谎的人真的不多，一次谎没有说过的人更是少见。不过，还是有例外的。我见过的人就有不说谎的。

姨妈，那本书里有汤姆的珀蒂姨妈，还有麦莉和道格拉斯寡妇，那本书里讲的很多都是真的，就像我说过的，只是那里面难免有夸大的地方。

哦，那本书好像是这么收场的：我和汤姆找到了海盗藏宝的山洞，很快地就发了财。我们每人得了几千块金币，真的是件叫人心花怒放的事情。后来舍齐尔法官把钱拿去存起来了，害得我和汤姆一年三百六十五天，每人每天只能得到一块金币。

还有，那道格拉斯寡妇认我做了义子，使我受到良好的教育；可是在她家我总觉得过得不舒服，那寡妇总是循规蹈矩、刻板郁闷，我可实在有些受不了她，很快我就逃掉了。我又穿上了以前的破烂衣服，钻进了我原来的那个大木桶。可是汤姆却找到了我，说他要纠集一帮强盗，如果我回到寡妇家里，他就可以让我也加入。所以我就又回到那寡妇那去了。

看着我的重新归来，那寡妇对我唉声叹气，说我是只迷路的羔羊，还一个劲儿地骂我．但她并不是存心要伤害我。她为我换上了新衣服，吓得我不知道怎么办好，浑身直冒汗，好像进了监狱一样。这回好了，老日子又开始了。那寡妇开饭的时候，会一个劲地摇铃，我就得马上跑到餐桌前，在自己的位置上坐好，而且不能马上就吃，必须等寡妇低下头，对着饭菜嘀嘀咕咕地抱怨一会儿，其实那和饭菜根本就是毫不相干的。如果，什么东西都是单独做熟的，都搅在一块儿做成一锅大杂烩，各种味道都混在一起，她也就不会抱怨了。

晚饭后，她就取出一本书，给我讲摩西和什么草箱子的故事。我总是急着要知道他们最后怎么样了，可她总是那么不急不慌地讲，后来总算说到摩西死去了，听到那儿，我可就再也不喜欢听下去了，因为我对死人可不感兴趣。

那时候，我的烟瘾就要犯了，我就求寡妇允许我抽烟，可她不答应。她说抽烟是不良习惯，是不卫生的，我必须把烟戒掉。有些人就是这样，对自己根本不懂的东西胡乱讨厌。瞧她唠唠叨叨地讲个不停的样子，而且她讲的那个摩西和她一点都不相干，对谁都没有一点的用处，因为他早就死了。那还不算，我要做点有意义的事情，她还总是挑我的毛病。她自己也吸鼻烟的，当然了，那倒没什么，因为她总是亲自动手。

她的妹妹奥恩小姐是个瘦骨嶙峋的老姑娘，戴着一副眼镜，最近才搬来和她住在一起。这会儿，她正拿着一本拼写的书逼着我学。她吃力地教我学了大概一小时，寡妇才允许她放松一会儿。我可是再也忍受不了了。

接下来，那一小时的时间真的是无聊得要命，搞得我坐立不安的。奥恩小姐就说："别总是把脚放在那儿，哈克贝利。""别总是缩头缩脑的，哈克贝利，挺直腰杆。"不一会儿，她就又说："别一直打哈欠伸懒腰的，哈克贝利，你要规矩点！"

后来，她接着给我讲了地狱的许多坏处，我就说我真的想到那儿去。她听了气得要命，那可并不是我要故意伤她的。我只不过是想到一个地方去，只不过是想换个法子活活，何况我又不是专门指什么地方。

奥恩小姐总是说我说的话是邪恶的，她自己就是死也不会说出那种话来的。她要一本正经地活着，将来就可以去天堂。哼，我可看不出她要去的那个地方有多么的好，所以我打定主意不向那方面努力。但是，那话我可没直接对她说出来，因为那真的会给我惹麻烦的，一点好处都没有。

一谈起那个话题，她就没完没了地给我讲起天堂的各种好处来了。她说人在那地方根本不用干别的，就是抱着竖琴漫游，弹琴唱歌，永远都是那样。我感觉那并没有什么好，不过我并没说什么。我问她汤姆会不会到那去，她回答我说可能会去的。我一听立刻就高兴起来了，因为我真的想要和他在一起。

奥恩小姐老挑我的毛病，搞得我心里很郁闷。过了一会儿，她们把一个黑人找来一块儿做祷告，做完就各自回去休息了。我端着蜡烛来到楼上我自己的房间里，把蜡烛放在桌子上，自己坐进靠窗户的一张椅子里，本来要想点高兴的事，可是无论怎么想也高兴不起来。我忽然感到寂寞极了，心想还真不如死了更好呢。

那时，天上闪着眨着眼睛的星星，树林里的树叶沙沙作响，听起来感觉伤心透了。我听见远处有猫头鹰呜呜不停地叫，准是有人死了，我想。我还听到一只夜莺和一条狗的叫声，风儿在轻轻地吹，好像在倾诉着什么，可是我并不喜欢，只是觉得浑身抖得厉害。

我还听见远处的树林好像有一种鬼叫的声音，那鬼的心里分明是有事，可是想说却说不出来，所以在坟墓里不老实待着，大半夜地跑出来。

我感到十分孤单，好可怕，真的希望能有个人来和我说说话。不一会儿，有只蜘蛛爬上了我的肩膀，我就一下子把它弹掉，正好落在蜡烛上，很快，它就被烧得缩成了一团。我知道，那是个不祥的预兆，我会倒霉的，我吓得浑身不住地发抖，魂都要跑出体外去了。

我迅速地站起来，原地转了三圈，每转一圈就在胸口画个十字，又用线绑住一绺头发，意思是把妖怪吓跑。可我还是不安心。有人说，如果你拣了个马掌，没有钉在门上，又弄丢了，那你就可以吓倒妖怪。可是我不知道，如果弄死一只蜘蛛，用那个办法消灾还灵不灵。

我又坐起来，浑身仍然是抖个不停，我拿出我的烟来抽，因为屋子里死一般的寂静，寡妇她们没有人来陪我。

大约是过了很久，我听见远处传来了钟的声响，铛，铛，铛……是十二下，一会儿，又静了下来，比刚才还要寂静。忽然，又听见黑黑的树林里有一根树枝折断的声音——树上有什么东西在不住地扑腾。我屏住气息，侧耳倾听。只是依稀听见那里好像是有“喵！喵”的声音。太棒了！我心里说，一面也轻轻地“咪—呕，咪—呕”叫了两声，随后吹灭蜡烛，爬出窗口，我爬到外面的棚顶，又轻手轻脚地跳到了地上，猫腰钻进树丛里，我很有把握：汤姆·索亚，他一定在等着我。

第二章

我俩沿着树丛里的一条小道朝寡妇的花园尽头走去，一路猫着腰，踮着脚，免得树枝挂住脑袋。经过厨房时，一截树桩绊了我一下，弄出了点声响，我俩赶紧趴下不动了。奥恩小姐带来的那个名叫基姆的大个子黑人正在锁厨房的门，因为他背后亮着一盏灯，所以我们都能清清楚楚地看见他，他伸长脖子朝门外看了看，忽然问："是谁在那儿？"

又听了一会儿，他踮起脚尖走下台阶，就站在了我俩中间。我们简直能摸到他。过了好一阵子，我们就离得那样近，却一动也不敢动。不好，我的脚脖子忽然发痒了，可是我不敢伸手挠。一会儿耳朵也痒了起来，接着是脊背，简直太不好受了。如果再不挠一挠，简直痒得要死掉了。

唉，这种情况我可是经历过千百遍了。如果你和那些高贵的人在一起，或者是在葬礼上，或者想睡又睡不着的时候——在那种无法挠痒痒的任何场合，你的全身上下，就会有千百个地方一股脑儿地发起痒来。这时就听见基姆在说："喂，是谁哦？干吗的？怎么不出声了。好吧，瞧着吧。我可要坐在这儿一直不动了。"

于是，他开始在我和汤姆中间坐下来。他背靠着一棵树干，伸展开两条腿，有一条差不多都快碰到我的腿了。我的鼻子开始发痒，痒得我流出了泪。但我忍住没有挠。可是鼻孔里面又痒了，接着屁股也痒了起来。我真不知道就这样还能待多久。就这么足足熬煎了六七分钟的样子，感觉好像过了漫长的几年。

不大一会儿，我身上已经全部在发痒了，我觉得哪怕再多待一分钟，也忍受不下去了。但是我还是咬紧牙关，准备坚持下去。这时，就听见基姆开始发出呼吸声了，不久，他就打起呼噜来了。

汤姆用嘴里轻轻弄出点声音，给我打了个暗号，于是我们手脚并用，开始朝别处爬去。爬了十英尺左右的时候，汤姆小声对我说，他想要开个玩笑，他要把基姆捆在树上。可我不同意，怕他醒过来大声叫喊，那样一来，他们就会发现我不在家。

汤姆又说，他拿的蜡烛不够用了，他要溜进厨房去取几根。我不愿意让他去，就说基姆说不定会醒来的。可是汤姆坚持要冒险，于是我和他溜进厨房里取了几根蜡烛，汤姆掏出五美分放在餐桌上，算是蜡烛钱。

随后，我俩就又溜出厨房，我紧张得出了一身的汗，但是汤姆可一点儿都不害怕，他一定要爬到基姆那儿去戏弄他一番。我只好等着，似乎过了好大一会儿，周围寂静得没有一点声响。

汤姆一回来，我俩赶紧沿着栅栏周围的小路走去，一直走到房子另一面的那座小山的山顶上。汤姆说他摘下了基姆的帽子，挂在了他脑袋上的一根树枝上。基姆动了一下，但没有醒。

后来，基姆说他是妖魔附身，神志恍惚，被附身的妖魔驱赶着在州里到处乱跑，又被绑在了一棵树下，帽子被悬挂在树枝上了，那都是妖魔干的。又有一次，谈起那事的时候，基姆说附身的妖魔骑着他到了新奥尔良。以后每次说起来，他总要再夸大一点儿事实，于是越说越离谱了，一直说到妖魔骑着他跑遍了全世界，差点把他累死，他的背上被磨得伤痕累累了。

为了这事，基姆总是沾沾自喜，神气十足，对别的黑人简直不屑一顾。有的黑人情愿从大老远跑来听他讲这个故事，捧得他成了这一带最傲慢的黑人了。不认识他的黑人会张开嘴巴敬佩地望着他，好像望着一个神话里的人物似的。

晚上在炉火边聊天的时候，黑人们总要谈起妖怪，可是不管在什么时候，谁如果谈到这事，基姆就会碰巧出现在那里，他就会说："哼！说起妖怪，你知道个什么？"那个黑人就会张口结舌，缩到后面不敢再讲什么了。

基姆脖子上老挂着一个五美分的硬币，说是那晚的妖怪亲手交给他的护身符，还告诉他用这个护身符可以治病，而且对着护身符说一句话，就能招来那妖怪，可是他从来不告诉别人那句话是什么。

附近的黑人都愿意到这个地方来，而且不惜一切代价地要看一眼那个硬币，但决没有人敢碰它，因为妖怪的手拿过。作为一个仆人，基姆可算是非常得意了，因为他总是唠叨个没完，说他如何看见了妖怪、如何被妖怪骑着到处跑。

继续说汤姆和我，那晚我们来到了一个山顶上，瞧着山下的村庄，看到不远处亮着的灯光，头顶上星星在亮晶晶地闪烁着。村边就是那条河，很宽呢，一切都异常寂静而庄严。

后来，我们下了山，来到了那座破旧的制革厂，找到了藏在那里的切·罕彼和彼·洛吉斯，还有另外几个男孩儿。我们解开一条小船，顺流划了很远，划到了山边的一块岩石前，停了船上了岸。

一上岸，我们就钻进了一片矮树丛，汤姆要每个人都必须发誓和保守秘密，然后领大家来到一个山洞口，洞口就在树丛里的某个地方。接着我们点燃蜡烛爬了进去。大约爬了一会儿，洞里开始豁然开朗。汤姆摸索着洞壁，忽然低头钻到了一面石壁的下面，那里有个不注意就根本看不到的小洞。我们进了洞口，钻过一截狭窄的通道，来到了一间石屋，里面真的是又湿又潮又冷。我们停住了，只听汤姆说："大家听着，现在，我们成立一个叫汤姆·索亚的匪帮。谁要想加入，就必须发誓，用血写下自己的名字。"

我们都没有反对，于是汤姆掏出一张上面写着誓词的纸，把誓词对大家念了一遍，内容是每个人必须誓死忠于帮派，决不能泄露秘密。如果有人欺负了帮里的任何人，那么帮里的任何一个人都要接受命令去杀了那家伙和他的全家，必须全力执行，不得违抗。

接着，在每个人的胸口都插上了一个十字架，谁不听话，他就不许他吃饭和睡觉。十字架是匪帮的标志，帮外的人不可以使用这个标志。如果帮里有人胆敢泄露了秘密，要被割掉喉咙，烧毁尸体，用血把他的名字在名单上抹掉，从此后，帮里的任何人再也不许提起他的名字，只能诅咒他，永远地诅咒他。

我们大家都对汤姆交口称赞，都禁不住问汤姆是怎么想出来的。他说有一部分是自己想出来的，其余是以前在海盗书和武侠书里学的，还说每个好的匪帮都必须有自己的誓言。

这时，彼·洛吉斯说："哈克·芬没有家。他要犯了帮规该拿他怎么办？"

"哦，难道他没有父亲吗？"汤姆·索亚说。

"是的，不错，他是有父亲，可是现在谁也不知道他在哪儿哦。他过去老是喝得醉醺醺的，如今，大家已经有一年多没见到他了。"

大家说来说去，就是想要把我排除在外，因为我没有家，他们认为如果我犯了帮规，无法惩罚我的家人。一时间，我差一点急得哭出声来，我突然冒出一个想法，我向他们提出了奥恩小姐，我说，如果我犯了帮规，他们可以杀她的。

大家听了，异口同声地说："好，她哦，可以的，就是她了。完全可以。这下，哈克可以入伙了。”

接着，我们大家一一用针扎破手指，并签上了自己的名字，包括我在内。

“那么，”彼·洛吉斯问，“我们帮的任务是什么呢？”

“抢劫和谋杀，”汤姆说，“这就是我们的任务。”

“可是我们抢什么呢？——抢牛，还是抢羊——还是抢什么——”

“抢牛羊之类的东西那算不上是抢劫，那只能算是盗窃，”汤姆·索亚说，“我们可不是一般的盗贼。当盗贼那多没意思。我们要戴上面具抢劫公路上的马车，杀死车上的人，抢下他们的手表和钱财。”

“每次都要杀人吗？”

“哦，当然，杀死人是最好的。当然，有的人不那么想，但大部分人还是认为杀掉好一些。不过，有些人可以不把他杀死，把他绑架了押回山洞里的。”

“绑架？那是怎么回事？”

“我也不知道，我在书里看到过，他们都那么干，所以我想我们也要那么干。”

“可是我们什么都不懂呢，我们该怎么干呢？”

“大家先别说泄气的话，我们只管干就是了。我不是和你们说了，我在书上看过吗？难道你们连书都不相信吗，你们真的是什么都不懂哦？”

“哦，说起来简单，汤姆。可是我们真的是什么都没有干过，什么经验都没有哦？不把事情先搞清楚，你要我们怎么做呢？”

“嘿，我也不是很懂呢。不过，也许我们可以把他们先关起来，直到有人来送钱，否则，就把他们关到死掉为止。”

“嗯，那还差不多。应该没什么问题的。你为什么不早说？如果我们把他们关起来，他们也是很讨厌的，又要吃东西，还总想着逃跑呢？”彼·洛吉斯问。

“事情不可以那么想的，彼·洛吉斯。有人看着呢，他们能跑得了吗？哪个敢偷跑，我就下命令开枪把他们打死。”

“对，一定要有人看守，那是应该的。也就是说有人要整夜不可以睡觉，一直看着他们。可是，我觉得那样有点犯傻。为什么不刚押回来，就先让他们挨一顿棍打，然后都给赎回去呢？”

“书上可没那么说，彼·洛吉斯，难道你不想按老方法办事吗？难道你认为写书的人在瞎说吗？难道，你觉得他们还不如你懂吗？绝对不可以的，好了，我们就按书上说的办吧。”

“好吧，我不反对，可我总觉得那样还是有点傻。可是，女人也照杀不误吗？”

“我说，彼·洛吉斯，这事大家都不怎么懂，可我真的不想不懂装懂。至于杀不杀女人？不——书上可从来没讲过。也许，你把她们弄到山洞里，对她们好，对她们温柔体贴，她们就会不知不觉地爱上你，就会不想回家了呢。”

“哈哈，如果那样的话，我喜欢，可我觉得有点不可能呢，如果是那样的话，山洞里很快就会住满女人的。那样的话，我们可就没得住了。不过，也只有先按你说的办了，我没什么好说的了。”

这时，有个叫巴德斯基的睡着了，他被我们叫醒后吓得哭了起来，说他要回家去，他想妈妈了，他再也不想做强盗了。

于是，我们大家一起逗他开心，叫他是爱哭的小子，他听了后不高兴了，说他马上就去把我们的秘密揭穿。汤姆急忙给了他五美分，一面说着，他命令我们先都回家去，下礼拜再见面，一起动手抢劫杀人。

彼·洛吉斯说他平时可能出不来，只有礼拜天才可以，所以他想要在下礼拜天开始行动；可是大家一致反对，说礼拜天干那事太不好了，他的提议被大家否决了。大家都同意尽快再聚一次，定个具体的日子。我们几个人一致推选汤姆·索亚当大帮主，大家都必须听他的，切·罕彼当二帮主。然后，我们就都各自回自己的家了。

天亮前，我爬上屋顶，钻进窗户，回到了我的房间。这时，我发现我的新衣服上被弄脏了，我已经累得精疲力竭了。

第三章

第二天早上，我一醒来就挨了奥恩小姐的一顿臭骂，因为她看见我衣服脏了；不过老寡妇可没骂我，她帮我洗净了我的新衣服，还显出一副很难过的样子，弄得我倒不好意思了。心想，暂时可不能添乱子了。奥恩小姐带我进小屋去祷告，祷告了半天什么事情也没发生。她告诉我只要天天祷告，就会要什么有什么的。其实根本不是那么回事。她骗谁呢，我以前试过的。

有一次，我弄到了一条钓鱼线，但是却没有钓鱼钩。没有鱼钩，鱼线对我一点用处都没有。为了有个鱼钩，我祷告了三四回，可不知怎的，真的是毫无结果。后来有一天，我叫奥恩小姐替我祷告，可她说我真傻。她没说原因，我也搞不明白到底是怎么回事。

还有一次，我来到树林里，认真思考了很长时间。我对自己说，如果一个人只要祷告就会要什么有什么的话，为什么肯蒂文卖猪肉赔本了呢？为什么寡妇被人偷走的银鼻烟盒却也找不回来呢？为什么奥恩小姐总是胖不起来呢？没用的，我对自己说，祷告根本什么用都没有的。

我把自己的想法告诉了寡妇，她说祷告只能给人带来“精神礼物”。我听不懂，她就给我解释了一下——我必须不断地帮助别人，并尽量为别人做事，永远为别人着想，而从不考虑自己。

按照我的理解，她说的别人当然也包括奥恩小姐。我又来到树林里把这事反反复复想了很长时间，还是想不出结果。最后，我总算想通了，以后再也不为这事操心了，爱怎么样就怎么样吧。

有时候，寡妇把我叫过去，给我讲上帝的故事，讲得有滋有味的，听得我心里直发痒。但是第二天，奥恩小姐又会给我大讲一通别的，她会把寡妇讲的故事全部推翻。照这样看来，我觉得好像应该有两个上帝存在，和寡妇说的那个上帝在一起，一个穷孩子就有福了，如果跟了奥恩小姐说的那个上帝，那他可就惨了。我认真思考了一下，觉得还是跟寡妇说的那个上帝更好一些，只要他愿意要我。可我还是搞不明白我对他有什么好处，就怕他嫌我太不懂事，又寒酸又顽皮。

我的爸爸有一年多没来看我了，我反而觉得不错，我真的是再也不想见他了。过去他只要没喝醉，抓住我就痛打一顿。所以他在的时候，我常一个人躲进树林里。最近有人看见他淹死在河里了，在城北的一个地方，反正人们都是那么说的。他们说淹死的人就是他，一定错不了；他们说那人身材和他差不多，穿着破衣服，头发好长——和我的爸爸一模一样——可是脸上却什么也看不出来，因为在水里泡得太久，已经不是一张人脸的样子了。人们说他脸朝上漂在水里。他们把他捞起来，就在岸边埋了。

不管怎样，他终究是我的爸爸，我听说那事后还是难过了很久。后来，我碰巧想起了一件事。我很清楚淹死的男人漂在水上不是仰面朝天，而是脸朝下。所以我想那个人不是我的爸爸，是其他的什么人，他们一定是说错了。于是我又不自在了。我断定那老家伙没准儿什么时候又会出现，可我真的不希望再看见他呢。

我和汤姆他们断断续续做了一个多月的强盗，后来，我就洗手不干了，伙伴们也都不干了。我们什么人也没抢，什么人也没杀，只不过是闹着玩儿罢了。

我们往往是突然冲出树林，朝赶猪的，或者是朝坐着马车往市场送菜的女人扑过去，但是我们并没有把他们关起来过。汤姆·索亚把猪叫"金条"，把萝卜什么的叫作"珠宝"。事后大家就一块儿去山洞里疯狂地庆祝战果，可是我看不出干这事能得到什么好处。

一次，汤姆·索亚派了个孩子拿着根点着火的棍子在镇上跑了一圈，汤姆把这叫信号（是索亚帮的集合号令）。他把大家集合起来，说探子报告了他一个秘密消息：明天有一大队西班牙商贩和阿拉伯的有钱人要在霍洛洞扎营住宿，他们赶着两百多头大象、六百多只骆驼和一千多匹健壮的骡子，全部都驮着钻石，并且只有四百名士兵护送，所以我们可以打他们个埋伏（他就是这么说的），把他们杀光，把东西全都抢过来。他说我们要擦亮刀枪，做好准备。他那人就是这样，哪怕是追萝卜车，也总要叫我们把刀枪擦得亮亮的。其实哪有什么刀枪，只不过是些木头板和笤帚疙瘩罢了，再怎么擦也是没用的，就是累死了，也和没擦一个样。

我真的不信，就凭我们几个人，能打得过那么一大帮的西班牙人和阿拉伯人，可我想看看那些骆驼和大象，所以第二天我也去行动了。那天是个星期六，大家埋伏在树林里，只听一声号令，我们猛然钻出树林冲下山去。可是眼前根本没有什么西班牙人和阿拉伯人，也没有什么骆驼和大象。

原来，是一个天主学校的学生举行野餐会，而且只来了个初级班。我们一下就把他们冲散了，还追着他们满山地跑。结果什么也没抢着，只弄到一点炸面饼和苹果酱，彼·洛吉斯运气不错，弄到一个布娃娃，切·罕彼抢到了一本赞美诗集和一本教会发的小册子。

不料，他们的老师冲了过来，吓得我们丢掉抢来的东西，撒腿就跑。我问汤姆，我根本就没看见什么钻石，他说不管看见没有，反正是有很多的钻石。他说那儿还有阿拉伯人，还有大象和其他东西。我说，那为什么我们看不见？他说如果我看过一本叫《堂·吉诃德》的书，我就会明白的。他说那都是因为施了魔法。他说那儿有几百名士兵，还有大象和财宝，还有别的东西，但是我们有敌人，他把这些敌人叫存心使坏的魔法师，使他们把那些东西都变成了毛孩子们的天主学校。我说，那好吧，我们就去对付魔法师好了。但是汤姆说我是个大笨蛋。

“哼，”他说，“那魔法师一下就能召来一大群的妖怪，你还来不及喊救命，他们就会要了你的脑袋的。他们个个都是巨人，像树那么高，像教堂的屋子那么粗。”

“哦，”我说，“如果我们把妖怪请来帮忙，不就可以打败那些人了吗？”

“那你有办法把他们找来吗？”

“我可不知道。那么魔法师是怎么把他们找来的？”

“哦，他们是拿个破油灯或者是个小铁环，就在上面那么擦一下，空中就会又打雷又是闪电的了，周围还会冒起一团团的烟雾，眨眼工夫，大小妖怪就会飞到眼前，你让他们干什么他们就会干什么。哪怕是叫他们把一棵树连根地拔起来，砸到一个天主学校的校长或者其他什么人的脑袋上，他们也会那么干的。”

“谁可以让他们那么快就飞过来呢？”

“哦，只要拿到那个灯或是那个铁环，谁都可以的。谁有那些东西，妖怪们就会听谁的命令，叫他们干什么就会干什么的。哪怕是吩咐他们用钻石盖一座大宫殿，把里面装满口香糖或者是你想要的东西，再去娶个什么皇帝的女儿来，他们也会去的，而且，在第二天太阳出来以前就会干完。另外，只要你愿意，他们还会抬着那座宫殿周游全国呢！”

“嘿，”我说，“我倒觉得他们真的是一群傻瓜，有宫殿自己不享受，却要为别人白辛苦。还有，如果我是个妖怪，叫我丢开自己的事不管，人家叫我去，我就乖乖跑去听人家的吩咐，那事我可不干，哪怕下地狱我也不会去为他们干的。”

“哈哈，哈克·芬，你说得简单，其实不管你愿意还是不愿意，人家只要那么一擦，你是非去不可的，那就是命令。”

“什么？那和大树一样高、和教堂一般粗的妖怪，就随便人家怎么耍弄都可以吗？那好吧，去可以，可我非得把那喊我的家伙吓得爬到全国最高的一棵树上去。”

“呸！哈克·芬，你就是个笨脑袋，跟你说了半天都等于是对牛弹琴呢。你简直什么都不懂，真是个天下第一笨的大傻瓜。”

后来，我把那事反反复复地想了两三天，我想试试看这说法到底是真是假。于是，我就找来一个旧铁灯和一个小铁环，拿到树林里去，左擦右擦，直擦得汗流浃背，心里还在念叨快有个大宫殿，可我白忙活了半天，一个妖怪也没来。我才断定那不过是汤姆·索亚编出来的瞎话，纯粹是骗人的。我觉得他是相信真有阿拉伯人和大象什么的，可是我才不信呢！我可是什么都看得很清楚的了。

第四章

三四个月就那么一晃很快过去了，现在已经到了冬天。我差不多天天都去上学，多少学会了点东西，能拼拼词、写写字、读读书了，还背会了乘法口诀表，不过只能背到五七三十五，我觉得哪怕我再活一百年，我也背不下去了。反正数学那玩意儿我压根就不喜欢。

开始，我恨透了那个学校，可是后来，我就渐渐能忍受了。上学上得太腻歪时，我就开始逃学，即使第二天挨一顿鞭子，也觉得很痛快。所以上学的时间越久，学校里的事就越好对付。

至于寡妇的那一套，我也渐渐习惯了，不那么感觉心烦了。住在一座房子里，睡在一张床铺上，真憋得我难受，天天有那种感觉，不过天气转冷前，我时常会溜到树林里去睡上一觉，那才算得上是真正休息呢！我还是喜欢过去的活法儿，可是慢慢也多少喜欢上了一点现在的这种生活。寡妇夸我有长进，慢是慢，倒还不错，她对我很满意，说我还算没让她丢脸。

一天早上，在大家一起吃早饭的时候，我不小心把盐罐儿打翻了。我急忙伸手想捏点盐扔到我的左肩膀后面，要避避邪运。可是奥恩小姐的动作却比我快得多，她一伸手就拦住了我。

她说："快把手拿开，哈克贝利——你怎么老是把东西弄得一团糟。"寡妇倒是替我说了句好话，可我知道那也没用，还是不能避邪，那是我最清楚的事情。吃完饭我就出门去了。一路上，我直犯愁，心惊肉跳的，摸不准那邪运什么时候会落到我的头上，也摸不准那邪运会是什么。

我知道，有些邪运是可以有办法避开的，可是这种就不一样了，所以我什么办法也没去试，只是垂头丧气、提心吊胆地往前走。

一会儿，我来到房子前面的花园，爬上木梯，翻过高高的木板栅栏。地面上新下的雪积了大概有一英寸那么厚，我看见雪地上有人踩过的脚印。留下脚印的人是从采石场方向过来的，在木梯子旁边转了转，又绕着栅栏走了一圈。真是怪事，他们绕了半天，却没有进来。我实在琢磨不透，总觉得事情特别蹊跷。我正打算跟着脚印走一圈，转念一想，不如先蹲下来看看脚印再说。我乍一看，那些脚印并没有什么特别的，仔细一看，那脚印可就引起我的注意了：它们左靴后跟上有个大铁钉子钉成的十字架，我知道那是用来避邪的。

当时，吓得我立即站起来拔腿就跑，一溜烟跑到山下去。一边跑一边回头张望，可是并没有看见什么人。我一口气跑到了撒切尔法官那里。

他说："哦，我的孩子，瞧你这样子，上气不接下气的。你是来取利息的吗？"

我说："不，先生，不过，是不是有我的利息？"

"哦，不错，昨晚上收进了半年的利息。一共一百五十几块，对你来说，可是一笔大数目哦。孩子，你最好让我把这钱和你那六千块本钱加在一块儿放债，你如果拿去，准会很快就花光的。"

"不，先生，"我说，"我不想花钱，我根本不想要这笔钱，也不想要那六千块。我想让你要了这钱，我想都送给你——六千块，连本带利。"

他显出很惊讶的样子，他说："你这是什么意思，我的孩子？"

我说："这件事你就不要再问我了。你就收下吧，好吗？"

他说："哦，那我可就莫名其妙了。是不是出什么差错了？"

"请你收下吧，"我说，"什么也别问我——免得我又瞎扯谎。"

他考虑了一会儿，接着又说："噢，我明白了。你是想把你的全部财产都卖给我，而不是送给我，是吗？"

说罢他就在纸上写了点什么，念了一遍，又对我说："瞧，这儿写着'作为代价'。这意思是我把它从你那儿买过来啦，把钱也付给你了。这一块钱给你。好了，你签个字吧！"

于是我签了字，一会儿就离开他那儿了。

那个黑奴基姆有个拳头大小的毛球儿，是从一头牛的第四个胃里取出来的，他老拿那个毛球儿变魔法。他说毛球儿里面有个什么都知道的小精灵。所以当天晚上我就找到他，告诉他我爸爸又到这儿来了，我看见他在雪地上踩下的脚印了。

“我想知道他来干吗，是不是要一直待下去？”我问。

基姆取出他的毛球儿，对它说了点儿什么，然后举起来，一松手它就稳稳地落在了地上，又往旁边滚了一英寸的样子。基姆又试了一次，接着又试了第三次，接连三次都一模一样。

于是，基姆就跪在地上捧起毛球儿，把耳朵贴在上面听了一会儿。可是那没有什么结果。他说毛球儿不肯说话，还说有时候不拿钱它就不说话。我告诉他我有个假银币，可是又旧又滑溜，不能用的，因为一层镀银下面的铜都露出了一点儿，再怎么也瞒不过人。就是没露出铜来也不行，因为它太滑溜，好像上了油似的，所以每回都要露出马脚。（我决定不提从法官那儿拿到的一块钱）我说那个小钱儿是不中用的，可没准儿毛球儿愿意要，因为它大概弄不清真假。

基姆捏住我的假银币闻了闻，咬了咬，擦了擦，这才说他想想办法，让毛球儿当好钱收下。他说他要掰开一个生土豆，把银币塞进里面，放上一夜，第二天早上就看不出上面有铜了，也觉不出上面有油了，那样一来，镇子上的人谁都会认这个钱的，更不用说毛球儿了。嗨，我早就知道用土豆就可以的，刚才怎么就忘了呢？

基姆把那假钱放在毛球儿底下，又跪下听了听。这次，他说毛球儿好了，还说如果我愿意听，它可以讲出我的命运。我说那就讲吧。于是毛球儿就对基姆讲了一番，基姆又讲给我听。

他说：“你老爸现在不知道该干什么。他一会儿说想走，一会儿说要留。最好别吭气，随老头儿怎么办好了。有两个天使绕着他飞哩，一个白得晃眼，一个黑不溜秋。白的领他走正道，才走一会儿，黑的就拦住不让走。眼下谁也说不准究竟哪个能抓了他去。不过你没事，你命里注定会多灾多难，但是又多吉多喜。有时候你要受伤，有时候你会生病；不过每次都能逢凶化吉，遇难成祥。你命里有黑白二女厮守，白的富，黑的穷。你先娶穷女，再娶富女。还有，你要离水越远越好，千万不能冒险，因为生死簿上写得很清楚，你是淹死的命。”

那天晚上，我点着蜡烛，一走进自己的屋子，就看见我的爸爸正端坐在那儿，没错，真的是他，我的爸爸！

第五章

过去，我的爸爸很凶的，他老是揍我，所以我一见他就吓得要命。所以，我只好把门关上，硬着头皮转过身来。可是稍一定神后，我才发现自己想错了。就是说他出乎意料，乍一出现，会吓得我一愣，可以说我连大气都不敢喘，可是过了一会儿，我就真的用不着害怕他了，更根本不必胆战心惊。

我爸爸快五十岁了，看上去头发又长又乱又脏，乱蓬蓬地披散着，你可以透过挡在他脸前的一缕缕乱发，看见他的眼睛还是闪闪发亮的，那样子真像是躲在葡萄藤后面偷看什么似的。他的头发不错，一点儿白的都没有，长络腮胡子乱麻一样的也全是黑的。脸上没被头发挡住的地方连一点儿血色都没有，白得和别人不一样，白得叫人看了直难受，叫人浑身起鸡皮疙瘩——白得就像鱼肚皮那样有点恶心。至于他身上穿的，简直就是些破布条。他总是把一只脚搭在另一条腿的膝盖上，一只脚上的靴子裂开了口，两个脚指头都在外面露着，扭来扭去的。他的破帽子总是爱掉在地板上，帽檐儿又旧又黑，帽顶陷下去的样子好像个破锅盖。

我站在那儿望着他，他也坐在那儿望着我，他的椅子朝后翘起来一点儿。过了一会儿，我把蜡烛放在桌上，抬头一看，见窗户是开着的，知道他是从屋顶棚上爬进来的。他一个劲儿地上下打量着我，后来，他总算说了话：

“你的衣服倒是不错呢，很气派。你自以为很了不起，是不是？”

“是就是，不是就不是呗。”我说。

他听了，不高兴地说：“不许跟老子顶嘴，自从老子走了以后，你小子就抖起来了，是吗？看我非杀一杀你的威风不可。听说你还念了书，能写会算了。连我都不会的，你也会了，所以，现在你就觉得比我强了，是不是？我不会让你再这样混下去了。说，是谁闲的，尽叫你做些傻事？”

“是寡妇，都是她叫我那么做的。”

“寡妇，嘿，那又是谁叫那个寡妇多管闲事的？”

“没有谁让他来管。”

“那好，以后我来教教她怎么管闲事。你要记住——赶紧给我退学，听见没有？我要好好教训教训那些人，他们就知道叫别人家的孩子在自己老子面前摆架子的后果了。如果你再去学校瞎混，叫我抓住一定给你点颜色看看，你听见没有，小子？你妈妈她一辈子没有读过书，我们全家上下都和她一样，我也不例外。你倒好，认了两个破字，尾巴就翘到天上去了。我可受不了这个，听见没有？你，现在念个书给我听听。”

我就拿起本书开始念了，念的是华盛顿将军以及战争的事。刚念了一会儿工夫，他就一巴掌把我的书打飞了，他说：

“看来真的没有错，你真会念书了。刚才听你说，我还有点儿不相信。听着，不准再在这和我摆你的臭架子，我可不吃那一套。以后，给老子当心点儿，你这自以为是的家伙。只要我在学校附近抓到你，就要结结实实地揍你一顿。老子可容不下你这么个浑蛋儿子。”

说着，他拿起一张黄蓝相间的彩色图片，上面画着一个孩子和几头牛，他看了一眼就问：“这是怎么回事？”

“他们奖给我的，因为我的功课好。”

他顺手把画扯个粉碎，还说：“我要给你些比这好的东西——我抽你一顿皮鞭。”

他坐在那儿，嘟嘟囔囔，骂骂咧咧的。过了一会儿，他又说：“瞧你这德行，简直成了个有钱人家的公子哥儿了。有床，有被褥，还有个梳妆镜儿，还铺着地毯。可是我却在制革厂里睡觉。真没见过你这种不孝顺的儿子。我非要杀一杀你的威风不可，然后再跟你一刀两断。哼，你这臭架子还摆个没完没了了呢。听说你发财了，真的吗？那到底是怎么回事？”

“都是人家在胡说，根本就没那么回事。”

“听着——跟我说话要当心点儿，我的忍耐可是有限度的——别那么没大没小的。我到镇上来了两天了，都听人家说你发财了。在很远的地方就听说了。我是专门为这个才来的。明天你就把你的那笔钱给我，我要钱有用呢。”

“我没钱，真的。”

“你尽胡说。钱在撒切尔法官的手里。你去给我拿来，我一定要不可。”

“我没钱，真的没钱。你去问撒切尔法官好了，他也一定会那么说的。”

“好吧，那我就自己去问他，叫他把钱拿出来，最起码要把这事搞清楚。我说小子，现在你口袋里有多少钱？都给我掏出来。”

“就只有一块钱，我打算自己用的——”

“我可不管你怎么打算的——小子，快把钱都给老子掏出来。”

他一把抢过我掏出的硬币，用牙咬了一下，看看是不是真的，接着，他说要到镇上去喝杯威士忌，还说已经几天都没沾酒了。他钻出窗口，爬到棚屋顶上，又探进头来警告我以后别摆臭架子，别妄想比自己的老子还强。

后来，我估摸着他爬下去了，没想到，一会他又回来把脑袋伸进窗口，告诉我别忘了退学的事情，他说他会在暗地里监视我的，如果我没退，他一定会来揍我的。

第二天，他喝醉后找到撒切尔法官，对他大吼大叫，逼他交出钱来，可是他一分钱也没要到，他就发誓要去打官司，叫法院强迫法官把钱交出来。

寡妇也去了法院，请求法院判我和他脱离父子关系，让法官或者寡妇做我的监护人。可是，刚巧遇到了一个新上任的法官，对我那浑蛋爸爸的为人一点儿都不了解。他说关于家事，特别是父子脱离关系的事，法院是大多都不会管的；还说他不喜欢硬把一个孩子从他父亲的身边夺走，所以撒切尔法官和寡妇没有任何办法，只好不再管这件事了。

这下可把那老头子乐坏了。他说我要再不给他弄点儿钱来，他就要把我揍得不能动弹。我没有办法儿，就去找撒切尔法官借了点钱，他一拿到钱就去喝了个大醉，还大喊大叫，到处骂人，敲着个铁盆子，满镇地折腾。差不多快闹腾到半夜，后来，他们把他关了起来，第二天又把他送到法院关了一个星期。就这样，他还说他挺满意，说这回好了，他的儿子又归他管了，他要给他点颜色瞧瞧。

出来以后，老头子找到那个新来的法官说他要重新做人，所以，法官就把他带到自己家去，还给他换了新衣服，既干净又体面的，每天的三顿饭都和法官的家里人一起吃，可以说，那家人对他好得不得了。

每天，吃完晚饭，法官还把戒酒一类的道理讲给他听，每次老头子都听得大哭起来，说他过去真的是个浑蛋，一直在瞎混日子。以后，他要重新做人，再也不让别人跟他丢人了，他希望法官别看不起他，帮他一把。法官听了他的话，搂了搂他，说着说着自己禁不住也哭了，他太太也跟着哭了。我的爸爸说他过去老让人误会成坏人。法官说这话他信。他说自己就是一个倒霉蛋，要的就是同情，法官说得没错儿。这一来他们大家又都哭开了。

到了该睡觉的时候，老头儿站起来，伸出手来说："看看我这双手吧，先生，太太，小姐们，你们把这只手抓住握一握吧！这手过去是个猪蹄子，现在才变了样，要成为人的手了，我一定要改邪归正，就是死也不走回头路了。记住我今天的话——别忘了是我亲自说过的。这只手现在可是干干净净的了，握住它吧——请你们别害怕。"

于是，大家一个接一个地和他握手，又都哭了。法官的太太还亲了他的手呢。随后，老头儿发誓当众戒酒，接着老头儿就在一张保证书上签了字，画了押。法官说这是最神圣的时刻。

然后，他们把老头儿弄到一间漂亮的屋子里，那是他们家专给客人住的屋子。可是不知道夜里什么时候，他的酒瘾又犯了，难受得忍不住，就从窗口爬到门廊子上，又顺着一根廊柱溜下去，用法官给他的新上衣换了一壶烧酒，又爬回屋里，过足了酒瘾。

天亮前，他又爬了出去，人已经醉得一塌糊涂，他从门廊上摔了下去，把胳膊摔断了。太阳出来后，才被人发现，当时，他就要被冻死了。后来他们到那间空屋里看了看，房间里满地都是酒，他们进房间之前，还得先测估一下房间里酒的深度。

这次，那法官真的有点儿生气了。他说看样子非得用枪逼着他不可，否则没法叫他改邪归正的。

第六章

不多久，老头子就缓过来了。他又精神了，他在镇上到处转悠，后来又去找撒切尔法官打官司，叫他把那笔钱交出来。

他还来找我，看我不退学，还抓过我两回，用鞭子抽我，可我还是照样去上学，我老是躲着他走，要不就撒腿跑开，叫他追也追不上。

过去我不大愿意上学，可现在我偏喜欢上，就是要气一气他的。那场官司可真的是件磨时间的事，看样子他们简直就不打算办呢，所以我只好常从撒切尔法官那里借上点钱给我的爸爸，免得他老揍我。他每次要了钱，总是还照常喝醉，一喝醉就在镇上胡闹一气。每次胡闹，总是被人家关起来。这一切，成了他的家常便饭——他就从不嫌丢丑呢。

他老喜欢在寡妇家周围转来转去，寡妇很生气，就对他说如果他还在那周围转悠，她会不客气的。嗬，你瞧他气得那个疯样。他说他倒要看看哈克·芬究竟归谁管。所以春天里的一天，他抓住了我，把我带到了一条小船上，在河上划了差不多三里的样子，快划到了河对岸的伊利诺斯州，那儿有一片树林，树林里有一间旧木屋，那一带的树长得很密，如果事先不知道有这间木屋，谁都找不到的。

他一直紧紧盯着我，我根本就跑不掉。我们就住在那间旧木屋里，每天晚上，他都要锁上门，把钥匙压在枕头下睡觉。他有一杆枪，大概是偷来的，我们就靠打猎和捕鱼来填饱肚子。

隔上几天，他就把我一个人锁在屋子里，自己走上三里路，带上鱼和猎物到渡口去换威士忌酒，拿回来后，他就痛痛快快地享受一阵，然后喝醉了再揍我一顿。后来寡妇总算打听到我的下落，就派了一个人来领我，可是爸爸拿枪把他赶跑了。没过多久，我就在那地方住惯了，还有点喜欢那儿呢，除了他用鞭子打我，那儿没什么不好的。

我和他整天闲着，都没什么事，整天懒洋洋地待着，抽抽烟，钓钓鱼，既不用念书，也不用学什么功课。两个多月一转眼就过去了，我身上的衣服已经又脏又破。我很纳闷，当初在寡妇家怎么就会习惯了呢？那时候老是被他们逼着洗脸洗手，还得用盘子吃饭，要经常梳头，按时睡觉，按时起床，还老要念书，更不用说奥恩小姐那没完没了的挑刺儿了。

总之，说什么我也不想再回去了。骂人话我本来已经都忘记了，因为寡妇听不惯，可现在我又说溜了，因为爸爸他可不在乎。总的说来，我在树林里过得倒是还不错。

可是爸爸他叫我实在受不了了，他用那根山桃棍子把我给打得浑身没一块好地方，他用那东西打我是越来越顺手了。他还老爱把我一个人锁在屋里，自己到外面去。

有一次，他又把我锁起来，一走就是三天，我差点儿没被闷死。我以为他被淹死回不来了呢，那我这辈子就甭想再出去了。我害怕极了，就打定主意要想法儿从那逃出去。可是试了无数遍，还是不能逃出那间小屋。那屋子连个能钻出狗去的窗户都没有，烟囱也很细，我也没法儿从那里钻出去。门是又厚又结实的橡木板做的。爸爸精明极了，走时候连把小刀什么的都没有给我留下，我找了最起码有一百遍。其实我一直在找，根本就没有停下来过，因为只有那样才能把时间打发掉。

后来，我总算找到了一件东西，我找到了一截生了锈的旧锯，没有把手，夹在椽子和屋顶的木板中间。我往锯条上抹了点儿油，就动手开始干啦。屋子里有张桌子，后面的木头墙上钉着条旧毛毯，那是用来挡风的，免得木头缝里吹进的风，把蜡烛给吹灭了。

于是，我钻到桌子底下，掀开毯子，开始用力地锯起来，想把底下那根圆木头锯下一截来，我可以从那里钻出去。哦，那活计可真费工夫，就在快干到有一点希望的时候，猛听到树林里一声枪响，我一听就知道是我的爸爸放的。我赶紧把锯木头的痕迹清理干净，把掀起来的毯子又重新放平，藏好我的锯，收拾好刚不大一会儿，爸爸就进来了。

爸爸又开始发脾气了，又露出了他的本来面目。他说他去镇上走了一趟，每一件事都不顺心。他的律师说只要一开庭，大概就能打赢官司，钱就会到手的，可是人家总有理由把这官司往后拖的，撒切尔法官总会有办法的。

他说，有人断定原先那场官司可能还会开庭，会判我和他断绝关系，让寡妇做我的监护人。并且有人估计，这次大概人家会赢的。我一听那话很吃惊，因为我可实在不愿意回寡妇那里去了，实在受不了她们的管教，受不了她们的那一套。

接着，老头子又破口大骂起来，把能想到的人和事全骂了个遍，然后再重骂一遍，生怕有漏掉的，最后再笼统地痛骂一回，才算是收场。有不少人他根本都不认识的，可是他还是照骂不误，骂到他们的时候，就用“那个叫什么玩意儿的东西”来代替人家的名字，然后再接着往下骂。

他说，他真想看看寡妇如何把我夺走。还说他要加紧提防，如果他们敢来和他耍花招，他知道该怎么对付：可以把我藏在六七里外的一个地方，谁都找不到的地方。他那计谋又弄得我心神不宁，不过很快我就好了。我估计我不会一直待在他身边的，不会老让他有机会打我的主意。

爸爸带回来一些东西，叫我一起到小船上去搬。我一看，船里真的有很多东西，有五十磅重的一袋玉米面、一大块咸肉、四加仑重的一罐威士忌酒、垫东西用的一本旧书和两份废报纸，另外还有些弹药和麻团儿。我先背回去一包，又出来坐在船头上歇了会儿，一边就把这件事从头到尾想了一遍。

我琢磨着，如果自己溜掉的话，就带上那杆枪和几条钓鱼线，逃到树林里去。我考虑不能老待在一个地方，最好到全国各地去流浪，一定要在夜里出没，靠打猎和钓鱼生存，走得远远的，爸爸和寡妇谁都别想找到我。我琢磨着，在晚上爸爸喝醉后，我如果能够锯开那个洞钻出去，我的计划就成功了。我估计他会醉得不省人事的。我满脑子尽想着这事了，竟忘记了我自己一个人坐了有多久，后来，猛听老头子大声叫唤我，他问我睡着了还是淹死了。

我把东西全搬到小屋里以后，天就已经差不多黑了。做晚饭的时候，老头子猛喝了几口威士忌，来了劲儿，他就又破口大骂起来。其实他在镇上就已经喝醉了，在臭水沟里躺了一夜，那模样可真够人瞧的，滚了一身臭泥巴，人们看见他，没准儿会以为他是上帝刚造出来的亚当呢！

他只要酒劲儿一上来，十有八九就会大骂政府。这次也不例外，他说：

“这也叫他妈的政府！哈哈，瞧瞧吧，它算个什么东西，弄出这伤天害理的法律，抢走人家的亲儿子——人家的亲骨肉，也不问问人家费了多少心血、花了多少钱，才把他拉扯大。现在倒好，儿子好歹大了，快能干点活儿了，该孝敬孝敬老子了，也好让他歇一歇了，偏偏这时候法律就跑来插一杠子，死活和他作对。这还算什么政府！这还不算，法律还帮着撒切尔法官那个老不死的来抢我的财产。这就是法律做的好事。法律把一个有六千多美元财产的人硬往死里整，逼他住在这么个小破屋里，穿着猪都不稀罕的破烂衣裳。这也算是政府！

“有这种浑蛋政府管人，谁也没法儿指望享受自己的权利。有时候，我真想永远离开这个国家。不错，我就是这么对他们说的，我就是冲着撒切尔那老东西的脸这么说的。听见我说这话的人可不少，他们会记住的。我说我反正是什么也不在乎了，横竖是要离开这个不讲理的国家，一辈子也不沾它的边了。我就是这么说的。我说看看我这顶帽子吧，这也能叫帽子吗？帽壳撑得老高，帽檐儿拉得低过了下巴，根本不能算是帽子，倒像是我把脑袋伸进了一截儿铁皮炉子的烟筒里啦。看看吧，我说，这种破帽子还叫我戴着，如果我能享受到自己的权利，我可是这镇上的一个大财主呢。

“哈，不错，这政府可真不错，真不错。哈哈，瞧呀。俄亥俄州有个自由的黑鬼，是个黑白混血种，长得倒是白，差不多就和个白人一样。他穿着天底下最白的衬衫，戴着顶耀眼的帽子，镇上谁也不如他穿得好；身上还装着一只带金链的金表，手里还拿着根银手杖，那气派简直就是全州的头号老财主。

“还有，你没想到，是吧？人家都说他是个大学里的教授，哪国话都会说，天下的事没有他不知道的。这还不算，糟糕的还在后头哪。人家传说他在老家的时候，还能投票选举。呀，这我可就怎么也想不通了。我心想这个国家成什么样儿了？那天正好是个选举日，我如果不是醉得走不动的话，就要亲自去投票。可是人们告诉我说这个国家有个州还让黑鬼投票，我一听就气炸了。我说我可是再也不投票了。我就是这么说的，他们都听见了。这个国家真的不行了，快完蛋了。我这辈子可再也不投票了。你瞧那黑鬼那副傲慢劲儿，我要不把他推到一边去，他就敢挡住道儿，不给我让路。

“我对人们说，真纳闷，我怎么不把那个黑鬼弄到市场上卖掉呢？唉，他们说要等他在这个州住够六个月以后，才能把他卖掉，他还没住够六个月呢。哈哈，这可真是怪事，一个黑鬼没住够六个月，政府就不能卖他，这种政府也算是政府吗？这个政府真不知羞耻，自己管自己叫政府，冒充的政府，自以为是的政府，却好意思整整六个月动也不动，然后才去抓那个穿白衬衫的自由黑鬼，而且——”

爸爸就这样大骂不止，一点儿也不注意他那两条晃晃悠悠的老腿要走到哪儿去，结果一下子撞到了装咸肉的木桶上，把两根小腿骨上的皮都蹭破了。这一来，他可就骂得更难听了，多半还是骂那个黑人和政府，也时不时地骂上几句木桶。

他在屋里跳着转过来转过去，转了好一会儿，一会儿用这条腿跳，一会儿又用另一条腿跳，一会儿捂住这根小腿骨，一会儿又捂住那根小腿骨，后来，他突然松开左脚，咣的一声猛踢了木桶一下。可惜这下又没算计好，因为他脚上穿的恰好就是那只露出两个脚指头的靴子，于是他就痛得大喊了一声，简直能把人吓得头发都竖起来，随后就见他扑通一下倒在了泥地上，捂着脚指头满地打滚儿。

这时候，他骂得更凶了，是他这辈子骂得最凶的一次。后来他自己也那么说。他以前听见过那个叫索伯根的老头儿在最得意的时候骂人，他说他刚才这一顿骂赛过他了，可我倒觉得他大概又是在吹牛呢。

晚饭后，爸爸拿起那个酒罐子，说里面的威士忌酒足够他大醉两次，发一回酒疯。这话我都听腻了，他老爱那么说。我估计只一会工夫，他就会醉成烂泥，到那时我就乘机偷走钥匙，要不就锯个窟窿钻出去，反正怎么好办怎么来。他把酒一个劲儿往肚里灌，灌着灌着就倒在毯子上醉成一团了。

但是，我的运气不好，他并没有睡死呢，他还在动个不停，嘴里直哼哼，两条胳膊甩来甩去的，闹腾到大半夜。后来，我实在困得撑不住了，眼皮也睁不开了，就不知不觉睡着了，那根蜡烛还一直点着。

我不知道睡了多长时间，但是猛的一声尖叫把我给惊醒了。爸爸就在面前，一副发疯的样子，跳来跳去，他叫喊着说有蛇，说有几条蛇爬到了他腿上，说着就尖叫一声猛跳一下，说有条蛇咬到了他的腮帮子，可我根本没看见什么蛇。他绕着屋子转个不停，一边叫着“砸死它！砸死它！哎呀，咬住我的脖子了！”

我从来没看见过一个人的眼睛会有那么可怕。没过多久，他就像泄了气的皮球似的气喘吁吁地瘫倒在地上，接着又在地上直打滚儿，滚得特别快，一边还用两只脚乱踢东西，两手在空中乱打乱抓，说有魔鬼附上了他的身呢。

过了一会儿，他实在精疲力竭了，开始安安静静地躺着，嘴里小声地哼唧。后来就连一点声音也没有了。那时，我听见猫头鹰和狼在树林里叫着，外面静得好吓人。我的爸爸躺在屋角，过了一会儿，他又自己坐起来歪着脑袋听了一阵，低声嘟囔了几句：

“踏——踏——踏，是死人走路的声音；踏——踏——踏，他们是来抓我的；我不想去——呀，他们来了！哦，别碰我——别！快放手——真凉；放开我——呀，饶了我吧！”

随后，他就趴在地上，拿毯子把自己裹起来，滚到那张旧松木桌底下去了，嘴里还唠唠叨叨地在求饶，接着就哭开了。我能透过毯子听见他的哭声。

后来，他从桌子底下爬出来，一下子就跳起来，好像疯了似的。他一眼看见了我，就朝我扑过来。他追着我在屋里绕圈，手里拿着把大斩刀，把我叫“死亡天使”，还说要杀了我，免得我老缠着他。我求他开恩，告诉他我不是别人，我是他的儿子呢。可他发出一声怪笑，又吼叫又咒骂，还是不停地追我打我。

有一次，我猛一转身，打算从他胳膊底下溜过去，没提防他伸手一抓，从背后抓住了我的衣服领子，我心想这下自己可完蛋了，我一下子扔掉了衣服，动作快得像闪电，这才死里逃生，拣回了一条命。

没过多久，他已经累得不行了，靠在门上开始瘫了，自己还说先歇一歇再来杀我。他把刀压在身子底下，说要睡一会儿，养足精神，再来看看我们到底谁更厉害。

很快，他就打起盹来了。我把那个椅子慢慢搬过来，轻手轻脚地爬上去，没有弄出一点声响，把那杆枪取了下来。我捅了捅枪膛，保证里面还装着弹药，接着就把它架在萝卜桶上，瞄准了我的爸爸，我坐在枪后面，等着他再动弹。时间真是过得慢极了，真是静得出奇。

第七章

“喂，起来！你在干吗？”

我睁开眼睛四下看了看，想弄清楚我在什么地方。太阳早就出来了，我一直睡得很熟。爸爸正站在旁边低头看着我，脸色很难看，就像大病了一场一样。

他问我：“你拿这枪要干吗？”

我想他根本不知道昨晚自己干了些什么，就说：“有人想闯进屋里，所以我就埋伏在这儿，准备对付他。”

“那你为什么不叫醒我？”

“哦，我是叫了，可就是没叫醒你，我推都推不动你。”

“嗯，好了。不要整天站在那胡说八道啦，快去看看我们放的线上钓到鱼了没有，要有就拿回来做早饭，我出去一下，马上就回来。”

他一把门打开，我就急忙跑到河岸上。河水要涨上来了，因为我看见河里漂下来些树枝，还有些零星的树皮。我琢磨着，如果在镇子上的话，这时候就能玩个痛快。而且河水一涨，我的运气就会来了，因为水涨上来的时候，会漂下来大块大块的木头，还有散开的木筏，有时候会有十几根网木头连在一块儿，我只要动手捞起来就行，然后可以拿到木材场或者锯木厂去卖钱。

我沿着河岸往上游走，一边盯着爸爸，一边看着水里漂下些什么东西来。呀，转眼间就漂来了一只小筏子，真漂亮，有十三四英尺长，像只鸭子一样慢悠悠地漂过来了。我连衣服也来不及脱，就像青蛙一样从岸边一个猛子扎进水里，朝那小筏子游过去。我估计也许有人躺在小筏子里，因为经常有人那样捉弄别人，等有人划着小船快追上去的时候，躺在小筏子里的人就猛地坐起来冲着人家笑。

但是这次却不一样。顺流漂下来的小筏子根本没人呢，没问题，我爬上去把它划到了岸边。我想我爸爸看见准会高兴的，这小筏子怎么说也值十美元。可我划到岸边的时候还没看见我爸爸的影子，后来我就把它划到一条小溪里去了。小溪两岸长满了柳树和藤萝，这时我忽然又想出来个主意：干脆把它好好藏起来，我逃跑的时候就可以顺水划走哩，找个地方一直待下去，省得一天到晚地到处流浪。

靠近小屋的时候，我好像听见我爸爸走过来了，可我还是藏好了小筏子才走出来，我张望了一遍，只见他一个人正在打鸟，所以他什么也没看见。

他走过来的时候，我正卖力地拖一条钓鱼线。他骂了我几句，嫌我干得太慢，我就告诉他说我掉到河里了，所以才弄了这么久。我浑身都湿透了，他肯定能看出来，我们从鱼线上取下五条鲶鱼，然后就一起回屋去了。

吃过早饭，我俩都觉得很累了，就躺下来想睡会儿，这时候，我又想起心事来了。如果有办法叫爸爸和寡妇都找不到我，那该有多好啊！比趁人家没发觉逃出去可要好得多了。其实，那样逃走，说不定会有什么乱子的。

过了一会儿，爸爸坐了起来又喝了一罐水，他说："下次再有人来这附近转悠，你就叫醒我，听见了吗？那人到这儿来可是没安好心。我要给他一枪呢。下次你要叫醒我，你听到了吗？"

说完，他就又躺下睡了——可是他说的话恰好给我出了个好主意。我想，现在我就有办法了，谁都别想发现我。

快十二点的时候，我们出了门顺着河岸往上走去，河水涨得很快，水面上漂下来不少木头。过了一会儿，漂过来一个散了架的木排，是九根木头连在一块儿的。我们上了小船划出去，把那些木头拖到岸边，然后就吃午饭去了。

如果换了别人，准会一整天守在那里，好多捞点东西，可我的爸爸不爱那么做。他觉得一次捞上来九根木头就足够了，他要把木头马上拉到镇上去卖。于是他把我锁在屋里，快三点多的时候，他自己划上小船拖着木头走了。

我猜，当天晚上他是不会回来的了，等他走了好大一会儿以后，我拿出我的那把锯，又开始锯起那根木头来了。不大一会儿，我就锯出个窟窿钻出屋子来了，只见他和那些木头在远处的水面上渐渐地变成了一个小黑点。

我自己拨开藤条树枝，把那袋玉米面和那块咸肉搬到小筏子上，还有那罐威士忌。我把所有的咖啡和白糖、弹药都带上了；还拿了一些垫东西的书和报纸；水桶和葫芦瓢；长勺和铁杯、一把旧锯子和两块毯子；还有一个长把小锅和咖啡壶。此外，我还拿了钓鱼线、火柴和另外一些零七碎八的东西——但凡有点用处的东西，我全都拿走了。我把那个地方搬了个一干二净。我想要把斧头，可是没有，最后，我把枪拿了出来，这下，全部都准备好啦！

我常那样，趁爸爸不在的时候在那个窟窿里爬进爬出，一趟一趟地拖出了好多的东西，把那块地的高低也磨下去了。于是，我尽量把外面收拾了一下，把地上撒上些土，盖住了磨光的痕迹。然后又把锯下来的那截木头插到原来的地方，垫上了两块石头，又用一块在上面顶住。如果站在几步开外，是看不出来那地方是被锯过的。

我们住的屋子的草地一直连到小筏子附近，所以我没留下任何脚印。我在周围转了一圈，四下看了看，又站在岸上朝河对岸望了一阵。什么事都没有。于是我就扛起枪，一个人往树林里走去。正四下张望找鸟打的时候，忽然，我看到只野猪，那是一只从草原上的农场里跑掉的家猪变野猪，我立刻开枪打死了那头野猪，把它拖回了小屋。

我拿起那把斧头朝门上劈去，左劈右劈，好不容易才把门劈开。我把死猪拖进来，拖到靠近桌子的地方，用斧子砍破了它的脖子，放在土地上让它流血，我说是“土地上”，因为那的确是又硬又结实的土地，没有地板。

接下来，我找了个旧口袋，里面装了不少大石头块儿——能拖动多少就装多少——然后拖到门口，穿过树林，一直拖到河边，往水里一推，咕咚一声就沉下去没影了。那样看上去，地上很容易看出是拖过东西的痕迹。

如果汤姆·索亚在那就好了，我知道他肯定喜欢这种事情，准能想出些怪点子，干出点新花样。要说干这种事，谁也不如他有办法的。

最后，我把自己的头发揪下来一撮儿，先用斧子用血好好涂了一遍，然后把头发粘在斧背上，把斧子扔在屋子的犄角里。我又把死猪抱起来，拿我的上衣垫在胸脯前，让它不往地下滴血，离开屋子走了一大截的路，才把我的带血的衣服扔到河里。

一会儿，于是，我就跑去从小筏子里取出那我又想起点儿别的事。袋玉米面和那把旧锯子，送回小屋。我把面袋放到原来的地方，用锯在面袋底下划开个口子，因为屋里没有吃饭用的刀叉——爸爸不管做什么吃的都是用他那把大斩刀。随后我扛起面袋走过草地，穿过屋子东边那片柳树林，走了一百来米，来到一个浅水湖边，这个湖有五里宽呢，里面长满了灯芯草——这个季节湖里还满是鸭子。湖对岸连着一个小溪，向外流出去也有好几里呢。我把玉米面撒了一路，撒成一道痕迹，一直连到湖边。我把爸爸的磨刀石也丢在那儿，让它看起来好像是不小心丢在那儿似的。又用条细绳把面袋上的裂口扎起来，不让它再漏面，这才把它和那把锯又搬回到小筏子上。

这时候，天快黑了，我就把小筏子推到水里，靠在岸边的柳树底下，等着月亮出来。我取了点儿东西吃，吃完后就躺在小筏子里开始抽烟，脑子里琢磨着我的计划。

我心想，人们一定会顺着那袋石头拖出的痕迹，一直找到河边，到河里打捞我。他们还要沿着那道玉米面的痕迹找到湖边，再一直追到湖对面那条小溪里，去抓那些杀了我、抢了东西的强盗。他们会在河里不停地打捞我的尸体，用不了多久就会腻烦了，再也不愿意费力气了。

那当然是最好的啦，以后，我想待在哪儿，就待在哪儿。对我来说，文帝斯岛就挺不错。那个岛我很熟悉，别人谁也不会上那儿去的。我可以趁黑夜划船到镇上去，悄悄转上一圈儿，弄点儿我需要的东西。

我很困，不知不觉就睡着了。一觉醒来的时候，我一时不知道自己在什么地方了，坐起来四下望了望，禁不住有些害怕了。过了好一会儿，我才想起了事情的前前后后。大河一望无边，不知道有多宽；月亮特别的亮，离河岸儿百米远的水面上漂着的木头，我简直都能数得出有多少根呢。一切都安静得要命，看样子时候已经不早了，简直是用鼻子闻都能闻出来呢，料你一定会懂我的意思——我真不知道该用什么词儿形容才好。

我痛痛快快地打了个哈欠，伸了伸懒腰。正要解开缆绳开船出发，就听见不远处的河面上有声响。我听了一会儿。很快就明白那是怎么一回事了。那是在安静的夜里，船桨在桨架上划动的那种均匀单调的声音。

我隔着柳树枝往外看，果然，我看见远处河上有一条小船。我看不出船里有几个人。小船一直朝这边划过来，划到和我成一条直线的时候，我才看清楚里面只有一个人。我心想，也许是我爸爸，不过我可不希望是他。那个人顺着水流往下划去，后来掉了个头，划到了岸边的水面上，渐渐到了离我很近的地方，我只要拿起枪筒直就能碰到他。哦，不是别人，真的就是我的爸爸，一点儿都不错——看他划桨的样子，他还很清醒，并没有喝醉。

这下，我一分钟也不敢耽误了，马上在河岸的阴影里顺流划下去，又快又没有一点声响。划出有两里半，我又往河中间划了几百码，因为很快就要经过渡船码头了，挨着岸边划，岸上的人会看见我，跟我打招呼的。

我划到那些漂在水面上的木头中间，躺在小筏子的底上，任由它自己往下漂。我躺在那儿好好歇了一会儿，抽了点烟，我望着天空，看不见一丝云彩。我躺在月光下望着天空，感觉天是那么的深邃，这我以前一点儿都没发现过呢。

在这么安静的黑夜，在水面上能听得多么远啊！我听见码头上人们说话的声音，还能听见他们说的是什么，每个字都听得很清楚。有个人说该到白天长黑夜短的时候了，另一个人说他觉得这一夜可不算短——说着两人就笑起来。

随后，那两人又把另外一个人叫醒，把这话对他说了，两人又笑起来，可是那老兄没有笑，他狠狠骂了一句尖刻的话，叫他们别嚷嚷，他还要睡一会儿。第一个说话的人说他要把这话告诉他老婆——她肯定会觉得有意思。我听见一个人说快三点了，他希望不要让他再等上差不多一个星期才能等到天亮。后来我听见他们的说话声音越来越远了，我再也听不清了，可是还能听见嘀嘀咕咕的声音，时不时还能听见一阵笑声，但是听上去似乎已经很远很远了。

这时候，我已经到了码头的下面了。我一看，文帝斯岛就在差不多两里半的地方，岛上树木茂密，都挺立在河中间，就像一条黑灯瞎火的轮船一样。岛前面的沙洲没有一点儿踪影——它们全叫涨起来的河水给淹没了。

没多久我就到了那儿。水流很急，我像箭一样冲过岛的前端，来到岛边平静的水面上，向着伊利诺斯州河岸的那边靠了岸。我把小筏子划进熟悉的一个深水湾里，要拨开低垂的柳树枝条才能钻进去。我把缆绳系好以后，外面的人就一点都看不出来这儿停着一个小筏子了。

我上了岸，在岛上的一根大木头上坐下休息，望着眼前这条大河和那些漂浮在水面上的黑乎乎的木头，望着三里开外的那个镇子，和那三四处还在闪烁的灯火。

这时候，从上游漂下来一个巨大的木排，上面亮着一盏灯。我盯着它慢慢漂下来，漂到和我站着的地方对齐的时候，我听见一个人在说：“划尾桨，好！船头向右转！”这声音清楚得就像是那人在我身边说出来的一样。

这时候，天色变得有点儿灰白了。于是我走进树林躺下来，打算睡一会儿再去吃早饭。

第八章

一觉醒来，太阳已经升起来老高了，看样子是过了八点了。我躺在草地上的一处阴凉的地方，脑子里在琢磨着事儿，觉得歇够了，心里又舒服又满意。透过头顶上密密的树叶中间的一两个窟窿，我可以看到天上的太阳，可是周围都是大树，里面黑压压的真有点儿憋得慌。草地上有些地方让树叶漏下来的太阳光照成了斑斑驳驳的光影，那些光影还在晃动着，树梢上吹着点小风。一根树枝上坐着一对松鼠，我看了它们的样子感觉好开心。

虽然感觉浑身都有点懒洋洋的，我倒是很舒服——懒得做早饭。就又迷糊了一阵，忽然，我好像听见“轰隆”一声，响得很沉闷，是从河上老远的地方传过来的。我一下子惊醒过来，用胳膊肘支起上身仔细听着，不一会儿就又听见了一声响。我跳起来凑到树叶漏缝的地方往外张望，我看见河上远远的地方冒起一团烟雾，大约就在渡船码头那地方。渡船正往下漂过来，上面挤满了人。哦，我明白是怎么回事了。“轰隆！”我看见那团白色的烟雾从渡船侧面喷了出来。是的，是他们正在水上放炮呢，想把我的尸体炸得浮到水面上来。

我的肚子饿得咕咕直叫，可是我又不敢生火，怕他们看见这在冒烟。我只好坐在那儿看他们放炮，听放炮的轰隆声。大河在这儿有一里宽，夏天的早晨，这条河很好看——所以我看着大河很高兴，得意地瞧着他们在打捞我的尸体，如果能吃点东西就更好了。

过了一会儿，我忽然想起人们老是在面包里放上水银后扔进水里，因为装了水银的面包一漂到淹死的人的身边，就停下来不动了。所以，我在心里说，我要留意，如果有漂到我这儿来的面包，可有它好看的。

我走到朝着伊利诺斯州的那边去碰运气，果然没有让我白跑。一个挺大的双层面包漂过来了，我拿根长棍子差一点就够到它了，可是脚底下一滑，就叫它又漂远了。当然啦，我是在离水最近的地方站着——这我自己心里很清楚。不一会儿，就又漂过来一个，这次叫我抓到了。我一把揪掉面包上的塞子，抖掉里面那点儿水银，放在嘴里就咬。那面包的味道好极了，是面包房做的高级面包，是有钱人吃的，可不是那种玉米面做的粗面包。

我在树叶遮盖的地方找了个地方，在一根大木头上坐下来，出声地大嚼着面包，一面望着那条渡船，觉得满意极了。忽然我又想起了一件事，我想寡妇和牧师或是别的什么人一定在祷告，让这块面包快些找到我，面包果然就漂到这儿来，找到我了。没错，这事还真有意思，就是说寡妇和牧师的祷告还真灵验。

我点着一袋烟，狠狠地抽了一阵，接着往河上看。渡船顺流漂下来了，我估计漂过这儿的时候，我会看清船上的人，因为渡船会漂得很近，就像那块面包一样。等它接近我的时候，我会把烟斗弄灭，来到捞起面包的地方，趴在一根大木头后面，从木头分叉的地方悄悄朝外看。

过了一会儿，渡船果然靠近了，离我近极了，船上的人如果放下一块踏板来，简直就能上岸呢。我认识的人差不多都在船上，爸爸、撒切尔法官、切·罕彼、汤姆·索亚和他的老珀蒂姨妈等人，还有好些别的人。大家都在谈论着这个谋杀事件。

那个船长忽然插了一句："大家注意看哪，水流在这儿离岸上最近，说不定他被水冲到岸上，被水边的树丛挂住了。真的，我希望是那样。"

我可不希望是这样。船上的人一齐朝这边拥过来，靠在船栏杆上探着身子往外看，简直是在看着我的脸，我能清清楚楚地看见他们，但是他们看不到我。

随后，我就听见船长扯开嗓门叫了一声："闪开！"

话音一落，我就听见耳边轰隆一声巨响，炮声差点把我的耳朵震聋，烟雾差点把我的眼睛熏瞎，我以为这下我可完蛋了。如果那炮里真有炮弹的话，他们准能找到我的尸体，也不算白忙活了一气。嘿，谢天谢地，我发现自己浑身上下还好好的，一根毫毛也没有伤到。

渡船一直往下游漂去，绕过岛上的一个拐角就不见了。我能听见不时有一两声炮响，听上去越来越远，一小时以后就什么也听不见了。这个岛有三里长，我猜他们是到了岛的那头去了，怕是要歇手不干了。可是这会儿他们还不罢休。他们在岛的那头掉转船头，开动了机器，沿着密苏里州那一边，逆水向上开去，偶尔还能听见一两声炮响。

我走到那边望着他们。他们走到岛这头的时候，停止开炮了，开到密苏里州那边靠了岸，人们都下船回到镇上去，各自回自己的家去了。

我知道，我是安全的了。谁也不会再来找我了。我把带来的东西从小筏子里取出来，在茂密的树林里给自己做了个舒舒服服的窝。我用毯子搭了个歪歪斜斜的帐篷，把东西都放在里面，这样就是下雨我也淋不湿了。我捉到了一条鲶鱼，用锯把它砍开，日落时分，我生起了火，做了顿晚饭吃。然后我在水里放了线，打算钓几条鱼明天吃。

天黑了，我就坐在火边抽烟，心里觉得很满意。可是过了一会儿，又觉得有点儿孤单了，就坐下听那哗啦哗啦的流水声，数着天上的星星，数着水上漂下来的浮木和木筏子，数困了才去睡觉。感觉孤单的时候，这是我消磨时间的最好办法，这种感觉不是很长，不久就没有了。

就这样过了三天三夜。什么变化都没有——一切都是一个样子。第四天，我就去把岛上转了个遍观察周围的情况。我成了这个岛的主人，可以说，整个岛都是我的了，我想把岛上的一切都弄清楚。主要还是为了消磨时间。我找到很多的草莓，都熟透了，还找到些青葡萄和黑莓一类的野果。颜色发青的黑莓才长出来，看样子这些野果用不了多久就可以摘来吃了。

我在那片茂密的树林里一直转悠着，后来，我估计已经快到岛的另一头了。我是带着枪出来的，可是一路上什么也没打到，带枪是为了防身用的。后来，我差点儿一脚踩住一条大蛇，它一下就钻进草丛里，我就追上去打算给它一枪。我用足力气朝前飞跑，一下子踩到了一堆营火灰上面，那上面还在冒烟。

这下，我的心一下子差点跳出来了，我连再看一眼的胆量都没有了，就猛地拉开了枪栓，踮起脚尖飞快地往后溜。每隔一会儿，就在茂密的树叶中间停下来听上一下，我自己喘气的声音除外，别的什么声音我也没听见了。我再往前跑了一截儿，又停住听了一下。就这样一直跑跑停停，停停跑跑，见到一截儿树桩也会当成是个人，踩断一根树枝就觉得像是被人掐住了喉咙，那口气怎么喘都有些费劲了。

跑回自己露营的地方，我真的是一点劲儿都没有了，胆子都快被吓破了，但是我对自己说这会儿可不能浪费时间。于是我又把所有的东西都搬到小筏子上，免得被人看见，然后熄灭营火，把灰撒开，让这儿看上去好像是去年才有人来过一样，一切都收拾好，我就爬到一棵树上去了。

在那棵树上，我大概待了有两小时，我什么也没有看见，什么也没有听见——只不过想象着听见和看见了很多事情。唉，老待在树上也不是个办法，后来，我只好又下来了，但是我一直待在密密的树林里，一直注意着外面的动静。能吃的东西，就是草莓和早饭剩下的那点儿东西了。

天刚黑的时候，我饿得要死。等到天全部黑的时候，我趁月亮还没有出来，就上了我的小筏子，划到对面伊利诺斯州岸边——大约四分之一里的路程。我上了岸跑到树林里，做了一顿晚饭吃，正打算拿定主意就在那地方过夜，忽然听见一阵“得哒得哒”的声音，我想这准是有人骑马过来了。接着又听见有人说话，我吓得赶紧把东西全搬到小筏子上，然后就爬着穿过树林，去看看到底是怎么回事。

还没爬多远，我就听见有一个人说：

“我们就在这儿歇脚吧，这地方不错，马可累得够呛。我们先到周围看看再说。”

我没有耽搁，立即就把小筏子撑开去，轻轻划远了。我又把小筏子系在老地方，心想干脆就睡在筏子里算了。

一夜，我都没怎么睡，就是睡不着，老在想事情。每次一醒来，总觉得有人掐住了我的脖子。那么睡还不如不睡好呢。后来，我想不能老是这么提心吊胆地过日子了。我得弄明白这岛上的那个人是谁。要么找到他，要么自认倒霉。想到这儿，我才觉得好受些了。

于是，我操起桨，从岸边撑出一两步远，随后就让小筏子在树荫下边往下漂。月光明晃晃的，树荫外面亮得跟白天似的。我悄悄划了个把小时，一切依旧那样安静。

哟，这时候，我都差不多到了岛那头了。黑夜快过去了，空中吹起一阵凉凉的风，我拿桨一撑，把筏子掉转过来，头冲着岸边，然后拿起枪，跳上岸，钻进树林里去了。

我在那儿找了根大木头坐下，从树叶缝里往外看。过了一会儿，我看见树梢上出现一道灰白的亮光，我知道天快亮了。于是我拿起枪悄悄朝遇见营火的那地方溜过去，走几步就停下来听一听动静。不知道怎么搞的，我很不走运，那地方好像找不到了。

后来，我远远看见那些树中间分明有堆火。我就小心翼翼地朝火堆走过去。走到跟前一看，地下躺着一个人，差点没把我吓得昏过去。他头上蒙着一条毯子，脑袋差不多快要伸到火里去了。我在离他约莫六英尺的一堆树丛背后坐下盯着他。

这时候，天已经蒙蒙亮了。过了一会儿，他打了个哈欠，伸了个懒腰，一下就掀开毯子，哦，原来是奥恩小姐的基姆！看见他，甭提我有多高兴了。

我说："嗨，基姆！"说着我就从树丛背后跳了出来。

他猛地一下吓得跳起来，惊慌地瞪着我。接着就朝我跪下，两手合十，对我说：

"求你别伤害我，可别！我这辈子向来没得罪过鬼。我一向喜欢死人，为他们做什么都愿意。你是住在河里的，还是回到河里去吧，别老跟基姆过不去，我可一直都是你的老朋友呀！"

还算不错，我没用多少时间就让他知道了我并没有死。遇见基姆，我真是高兴极了，这下我可不孤单了。我对他说，我不怕他告诉别人我在这儿。我一直对他说话，说个不停，可他却一声不吭，只管愣愣地坐在那儿看着我。

后来我说："天大亮了。我们做早饭吃吧！把你那堆营火生旺了。"

"生火有什么用？草莓什么的又用不着煮。你带枪没有？咱别老是吃草莓呀，弄点儿好吃的东西去。"

"草莓什么的，"我说，"你就靠吃这些东西吗？"

"别的东西我又搞不到。"他说。

"哦，基姆，你到这个岛上有多久了？"

"你被人害死的那天夜里我就来了。"

"什么，待了这么久？"

"是的，没错。"

"可你除了吃那草莓没再吃别的了。"

"是的，一直没吃别的呢。"

"哎呀，这么说，你都快被饿死了，是不是？"

"我觉得这会儿我连匹马都能吃下去。你一个人在岛上待了多久？"

“从我叫人害死那天夜里就一直待到这会儿。”

“哦！那你都吃什么呀？不过你有枪，哦，对了，这就好。现在你去打点儿东西，我来生火。”

于是，我们去了放小筏子的地方。他在树林里的一片空草地上生火，我去筏子上取咸肉、咖啡、咖啡壶、平底锅，还有糖和杯子。一见我拿来了这些东西，基姆大吃了一惊，以为我是变魔法弄到这些东西的。我还捉到一条大鲶鱼，基姆用他的刀子把鱼收拾好，放到锅上炸熟了。

饭做好了，我们就在草地上一坐，舒舒服服地趁热开始吃了。基姆拼命大吃，因为他简直都快饿死了。等到我们吃饱喝足，肚子都填满了，就往地上一躺，消磨时间。

基姆说：“你倒是说呀，小哈克，在那间小屋里被弄死的人不是你，又会是谁呢？”

我就把事情的经过全都讲给他了，他夸我说那事干得漂亮，还说连汤姆·索亚也想不出这么妙的办法来。

我说：“你怎么到这儿来了？”他一听就开始紧张起来，一下子又说不上话来了。

过了一会儿，他才说：“我想，还是不说的好。”

“为什么，基姆？”

“哦，我有我的难处。如果我告诉了你，你可不能说出去，好不好，哈克？”

“好的，我如果说出去，就叫我下地狱，基姆。”

“好，哈克，我相信你。我——我是逃跑出来的。”

“基姆！”

“可是你要记住，你说过不会说出去的——是你亲口说的，哈克。”

“不错，是我说的。我说过不告诉任何人，我说到做到，决不骗你。可是，这一来人家一定要说我是个坏蛋，是个什么废奴主义者，还要小瞧我，因为我看见这事不作声——不过这没关系，我不会说的，反正我是再也不回去了。好吧，你就把这事的前前后后都讲给我听听。”

“好吧，事情是这样的。老小姐——就是那个奥恩小姐——一天从早到晚老挑我的毛病，对我很凶，她老说不会把我卖到奥尔良去，可是这一次，我看见一个黑奴贩子老在附近转悠，我就不放心了。

“一天夜里，很晚的时候，我悄悄地溜到门口，门没关严实，我听见老小姐对寡妇说她打算把我卖到奥尔良去，她原来也没想过要那么做，可是如果卖了我，她就能拿到八百块钱，她简直没法不要那钱。寡妇倒是劝她别那么做，可我没心思再往下听了。告诉你吧，当时我撒腿就跑出来了。

“我一出来就往山下跑，打算溜到镇上到河边偷个小筏子，可那时候还老有人走来走去的，我就在河边那个破破烂烂的桶匠铺里藏起来，想等到没有人看见的时候再说。嗨，我就在那儿待了一整夜。那地方的人一夜来来往往地没有断。

“大概到了早上六点，河上就有小筏子的动静了，到了快八九点的时候，每个过路的小筏子上都有人说你爸要到镇上来了，还说你被人杀死了。后来那些小筏子上就坐满了先生太太们，都是要到那儿去看热闹的。有时候他们的小筏子要先停在岸边歇一歇才过河，这时候我就能听见他们说话，听来听去才弄明白了事情的经过。听说你被人杀了，我伤心得要命，哈克，是真的，不过这会儿见到你，我可不伤心了。

“我在那一带的木头堆里躺了一天，肚子饿坏了，可是我不害怕，因为我知道老小姐和寡妇早上吃过饭就要去开个布道会，要走一整天的，她俩知道天一亮我就赶着牲口出去了，不会起疑心的，要到了天黑以后发现我不在也没办法了。

“天黑以后，我就顺着河边的大路往上游走，走了两三里地，到了没人住的地方。我打定了主意，一不做，二不休。你知道，我如果一直这么走下去，狗都能追上我，如果偷个小筏子过河去，那就没人知道我的下落了。

“过了一会儿，我见有个亮光从河拐弯的地方过来了，我看那大概是个木筏子，就跳到河里一直游到过了河中间的地方，混在漂在水面的木头中间，把头埋得低低的。顶着水往上游，直游到木筏子跟前。

“我上了木筏子，这时候天上有了云，开始黑了。我乘机爬上去，躺在木筏上。只见木筏上的人们都在中间那亮灯的地方待着。河水正往上涨，水流得挺急，我估算了一下，大概到早上三点，我就能到下游二十五里左右的地方，天亮前我就下了水，游到岸边，在伊利诺斯州上岸，钻到了树林里。

“但是很不走运，就在快到岛头的时候，有个人提着灯到木伐子后面来了。我知道再等下去没有好处的，就溜到水里，朝岛这儿游。原来我以为在哪儿都能上岸的，结果却不是那么回事——岸很陡。

“在快游到岛尾的时候，我才找到个上岸的好地方。一上岸我就钻进树林里，心想再也不到木筏上去了。我的烟袋、烟丝和火柴都在帽子里放着，没弄湿，我很安心。”

“这么说，你这些天一直没吃到肉和面包？干吗不捉海龟吃呢？”

“哦，你以为那些东西那么容易就能捉到吗？你没办法过去用手抓，就算用石头砸，你能砸得到吗？夜又是那么黑，你能看得见吗？我可不想在白天去岸边暴露自己。”

“嗯，说得也对。当然，你只好一直待在树林里。你听见他们放炮了吗？”

“是的，听见了。我知道那是他们在满世界地找你呢。我还看见他们打这儿过去了呢，我是躲在树丛背后看见的。”

有几只小鸟飞过来了，老是飞上一两米高就落一下。基姆说小鸟那么飞，一定就是要下雨了。我打算逮几只小鸟，可是基姆不让我逮。他说捉了小鸟会死人的。他还说那次他爸爸病得严重，正好有人捉了一只小鸟，他的奶奶就说他爸爸会死的，果然他就真死了。

基姆还说，用来做饭的东西千万不要数，一数就要倒霉。同样，太阳下山以后也不能抖桌布。他说如果有个养蜜蜂的人死了，你必须在第二天太阳出来以前把它告诉蜜蜂，否则蜜蜂就会精疲力竭的，不采蜜，慢慢都会要死掉。基姆说蜜蜂不会蜇傻瓜的，这我倒不信。

基姆真的是神了，不管好兆头还是坏兆头，他没有不知道的事情。他说他差不多什么都懂。我说好像所有的兆头都要给人带来灾祸的，就问他有没有那种叫人走运的兆头。他说：“简直是太少了——再说对人也没什么用处。好运气找上门来的时候，你为啥非要知道呢？莫非要避开好运气吗？”接着他又说，“如果你两条胳膊上和胸脯上长满了毛，那是你要发财的好兆头。不错，这还算是个最好的兆头。”

“基姆你的胳膊上和胸脯上是不是长满了毛？”

“你干吗要问这个？我胳膊上和胸脯上满是毛，难道你没看见吗？”

“那么，你有钱吗？”

“没有，不过我以前有过钱，以后还会有钱。以前我有过十四块钱，后来拿去做投机买卖，都赔光了。”

“你做的是什么投机买卖，基姆？”

“哦，先是买了件能生财的宝贝。”

“是什么生财的宝贝？”

“哦，是头牲口。一头牛，我把十块钱花在一头母牛身上。可我再也不想冒这个险了，不想买卖牲口了。那头母牛在我手里死掉了。”

“这么说你白扔了十块钱。”

“不，没有那么多。我只白花了差不多九块钱。我把牛皮和牛油卖了一块一毛钱。”

“你还有五块一毛钱。没做别的投机买卖吗？”

“做了。你知道普莱德老先生家的那个只有一条腿的黑人吗？瞧，他开了个钱庄，说谁要放一块钱进去，年底就能得到四块钱。那次，几乎所有的黑人都在那儿存了钱，可他们没多少钱。钱最多的就数我啦，所以我就叫他给我加利钱，要比四块多才行，否则我就要自己开个钱庄。那个黑人认为那地方的生意不够两个钱庄做，所以他就答应我存五块钱，年底给我三十五块。利息是最高的。

“我就这么做了。后来我打算拿这三十五块钱做买卖。有个叫鲍比的黑人捞到一条平底船，他的主人一点都不知道。我就把他那条船买了，叫他到年底去取那三十五块钱，不料那条船当天夜里就被人给偷走了，第二天那个一条腿的黑人说那个钱庄也完蛋了。这一来，大家的钱全部都泡汤了。”

“剩下的那一毛钱你是怎么花的，基姆？”

“唉，我倒是想把它花掉来着，可是我做了个梦，那个梦叫我把钱给一个黑人，那人叫巴蒂姆——人家都叫他笨蛋，他也算得上是个地道的傻瓜。可是人家都说他那人有福气。那个梦告诉我让巴蒂姆拿这一毛钱去做买卖，会给我赚些钱回来。于是，我就把那一毛钱给了巴蒂姆，他去教堂做礼拜的时候，听见牧师说谁如果接济穷人，就等于是把钱借给了上帝，就一定能收回上百倍的回报。他把那一毛钱送给了穷人，一心等着有好报呢。”

“那么，后来呢，基姆？”

“结果自然是什么也没有了，我连那一毛钱也没有了，巴蒂姆也没办法，以后我就决定不再借钱给别人了。那个牧师说什么一定能收回上百倍的钱来！哪有的事情哦，有一分钱回来，也算是公平的，也会叫我高兴的。”

“好了，基姆，你以后迟早还是会发大财的。”

“是的，这会儿我就发了财，看看吧，我成了自己的主人，要知道我值八百块哪！如果能拿到这那笔钱该多好哦，哈哈！”

第九章

岛中间的一个地方是我当初到处游荡的时候发现的，我想去看看，于是我俩就出发了，一会儿就到了，因为这岛很小。

那地方是个又长又陡的小山脊梁，大约有四十英尺高，要想上去是很费劲的。我们好不容易才爬到山顶上，那个坡陡极了，灌木丛也很繁密。我俩就在这小山脊梁顶上连走带爬，转了个遍，后来发现一个蛮不错的大石洞，就在朝伊利诺斯那边山坡的一个地方。石洞有两三间屋子那么大，基姆在里面能站直身子，还很凉快。基姆主张把我们的东西都搬进去，现在就要动手，可是我反对，我们总不能老那样爬上爬下。

基姆说，如果我们能把小筏子藏在一个好地方，把东西都放进石洞里，即使岛上来了人，我们也能飞跑到那儿去，他们如果没带着狗来，谁都休想找到我们。他还说那些小鸟告诉我们要下雨了，难道我想让东西都淋湿吗？

于是，我们就回到原来的地方，把小筏子划过来正对着石洞，把东西全搬上去。随后我们又在附近的柳树丛里找到一个藏筏子的好地方。我们从钓鱼线上摘下几条鱼来，接着我们就动手做晚饭。

石洞的口很大，连那种大木桶也能滚进来，口上有一边高出一点儿，上面很平，是个生火的好地方。我们就在那儿生着火，开始做饭。

我们在洞里铺开毛毯当地毯用，坐在上面吃了饭。我们把东西都放在洞后面的地方，用起来很方便。

不久，天黑下来了，接着就是电闪雷鸣，那些小鸟儿的预告果然准极了。紧跟着就下起了瓢泼大雨，还刮起了我从没见过的狂风，这是夏天常见的那种暴风雨。天一下子黑得很吓人，又急又密的雨点唰唰地打下来，像遮了一层蜘蛛网似的，连近处的树都看不清了；猛地又是一阵狂风，把树都吹得翻转过来，露出底下发白的那面；接着又卷过来一阵暴风，把树枝吹得乱甩，好像发了疯似的；接下来，就在黑得发蓝的天色好像变得最浓的时候——唰啦！天空一下子又亮了，而且很晃眼，霎时间，你能远远看见暴风雨里树梢在乱抽乱打，能看见比平时远出好几百米的地方；一会儿又是一片漆黑，这时候猛听一声巨响，接着就是轰轰隆隆的一长串的雷声，从天上一直滚到地底下去似的，又好像有空桶从楼梯上滚下来似的，当然得是通到天上去的长楼梯和老高的大木桶，这个谁都知道的。

“基姆，这儿真好，”我说，“我哪儿也不想去了，就待在这儿。把一大块鱼和几片玉米饼递给我。”

“哼，如果不是我基姆，你还不会到这儿来呢。你一定还待在树林里没吃饭，还被雨浇得湿透了，简直要淹死了，小鸟知道天要下雨的，孩子。”

河水一直涨了有十多天，到底还是涨上了岸。岛上的低洼处和朝伊利诺斯州那边的河滩洼地上积了三四英尺深的水。那边河水足有好几里宽，可是朝密苏里州这边，河水还和以前一样宽——半里地的样子——这是因为密苏里河岸边都是高高的峭壁。

到了白天，我们就坐上小筏子在岛上四处转。在密密的树林里凉快极了，就算外面的日头毒得跟火一样，里面也一样阴凉。我们在树中间绕来绕去，有时候倒挂着的藤萝太密，我们就只好退出来，划到别的地方去。哦，所有折断倒下来的树上都能看见野兔和蛇，还有别的小动物。它们找不到吃的东西，饿坏了，也变得温驯极了，你如果愿意，可以划过去把手放在它们的身上，不过遇上蛇和龟你可不能那么做。我们那个石洞上面的小山上到处是这些东西。如果想把它们养起来玩，那可是有很多呢。

一天夜里，我们捞到几块很不错的松木板，是从一个冲散了的木筏上掉下来的。木板有十二英尺宽，十五英尺长，漂在水上露出来有六七英寸，很像是一块又结实又平整的地板。有时候，我们在白天就能看见锯好的圆木从水上漂下来，可是我们不能去捞，让它们漂走算了，我们白天是不可以露面的。

又有一天夜里，天就要亮的时候，我们正在岛头上，看见从西边漂下来一座木头架的房子。房子有两层，在水里歪得很厉害。我们划到那儿，从二层的一个窗口爬进去。当时天还很黑，什么都看不清，我们就把小筏子系在上面，坐在筏子上等天亮。

还没到岛尾，天就亮起来了。我们又从窗口往里看，能看见一张床，一张桌子，两把旧椅子，地板上还乱搁着不少东西，墙上还挂着一些衣服。在最远的那个屋角里，地板上有样东西，看样子像是个人。

基姆就说：“喂，你怎么了？”

可那人一点都没有动。我就又叫了一声，接着基姆说：“那人一定不是在睡觉——他是死了。你待在这儿别动——我进去看看。”

他过去弯下腰看了看，对我说：“是个死人，一点儿都不错，还光着身子呢。有人朝他背上打了一枪。看样子他死了有两三天了。进来呀，哈克，但千万别看他的脸，孩子。”

听了基姆的话，我一眼也没去看那人。基姆拿几块破布盖在他身上。地板上乱扔着很多沾满油的旧纸牌，有几个空酒瓶，还有两个黑布做的面具，四面墙上用木炭胡乱涂抹着无聊的字和画儿。墙上挂着两件脏兮兮的破衣服，一顶女人用来挡太阳的帽子，几件女人的衬衣，还有些男人穿的衣服。我们把那些东西都收拣起来，放进筏子里，说不定以后会派上用场的。地板上还有一顶花的旧草帽，是男孩子戴的那种，我把它也留着了。还有个装牛奶的瓶子，上面还有奶嘴儿呢，瓶子破了我们没有要。有一只破破的旧木箱，一只鬃毛箱，上面的合叶都坏了。两只箱子里面一件值钱的东西都没有。东西全都四下乱扔着，看那样子，我们觉得那些人是急忙跑掉了，多半东西都没来得及带走。

我们找到一个旧铁皮灯，一个没把儿的杀牛刀，一把崭新的巴罗牌折刀，在任何一家商店里，这刀也值两毛钱，还找到些牛油蜡烛，一个锡做的蜡台，一把葫芦瓢，一只铁皮杯子，一条掉在床下的破破烂烂的旧被子，一个手提网袋，里面装着些针啦、线啦、扣子之类的东西，还有黄蜡和别的什么，另外还找到一把斧头和一些钉子，还有像我小拇指那么粗的一条钓鱼线，上面系着大得吓人的钓鱼钩，还找到一卷鹿皮，一条套狗脖子的皮圈儿，一个马掌，几个没有标记的药瓶儿。

在我们正打算离开的时候，我又找到一把还算不错的马梳子，基姆又找到一个破旧的提琴弓子，和一条木头做的假腿。假腿上的皮带断了，还算不错的。另一条在屋里翻了个遍，还是没找到。

所以，从各方面来说，我们可真是满载而归了。收拾停当打算撑开筏子离开的时候，我们已经漂到岛下面四分之一里的地方了，天也大亮了，所以我就叫基姆躺在筏子底上，再用那条被子盖住他，因为如果坐着的话，人们老远就能看出他是个黑人。我先划到伊利诺斯州那头的岸边，这样就又往下漂了大约半里路。我紧贴岸边往上划，一路上什么岔子都没出现，什么人也没看见。我们总算平平安安地回到了岛上。

第十章

吃过早饭，我想聊一聊那个死人，以及他是怎么被杀死的，可是基姆不愿意说。他说聊死人会倒霉的，那死鬼说不准会缠上我们，他还说死了没埋的人爱到处作祟，安安稳稳地埋进土里的人才会老实呢。那话听起来有些道理，我也就不再说什么了，可是心里又没法不琢磨，老想究竟是谁开枪打死了那个人。

我们把拣来的衣服又细细搜了一遍，搜出了八块银币，是缝在一件旧大衣里面的。基姆说他觉得这件大衣是那房子里的人偷来的，如果是自己的，肯定知道里面有钱的，不会扔在那儿不管了。

我说："这会儿你觉得说死人就会倒霉，可是前天我从山顶上拣到蛇皮拿回去的时候，你是怎么说的？你说世上最倒霉的事就是用手去摸蛇皮。瞧呀，这就是你的倒霉事！捞到这么多东西，外加八块银币。基姆，这种倒霉事咱如果天天有，那该有多好哦。"

"别急，我的宝贝，别急。别高兴得太早喽，好事就会来的。别忘记我是怎么说的，好事一定会来的。"

但是不久，倒霉事果然来了。我们说话的那天是星期二。星期五吃过晚饭，我们一起躺在山脊梁的草地上歇着，烟丝抽光了，我回石洞里去拿，却撞见一条响尾蛇。我把它打死，盘起来放在基姆的毛毯脚下，看上去跟活的一样，心想基姆回来见了，该多有意思。可是到了晚上，我早把蛇的事忘了个一干二净，正要划火柴点灯，基姆刚侧身就躺在了毯子上，嘿，那条死蛇的同伴正在那儿守着，趁机就咬了他一口。

他大叫一声跳了起来，灯亮了，我们看见那条毒蛇蜷起身子准备再次对他发起进攻。说时迟，那时快，我抓起根棍子就把它给干掉了，基姆抓过我爸爸的威士忌酒就往肚子里倒。

当时他光着脚，蛇正好咬在了他后脚跟上。那都怨我，我真是个大傻瓜，忘记了不管人把死蛇放在哪儿，它的伙伴都会找过来的。基姆叫我把蛇头剁下来扔掉，剥掉蛇皮，烤一块蛇肉。我按他说的做了，他把那块烤好的蛇肉吃下去，说吃了这肉伤口会好得快。他还叫我把蛇的响鳞弄下来拴在他手腕上，说这也能让伤口好得快呢。后来我悄悄溜出去，把两条死蛇扔到远远的树丛里去了，为的是不想让基姆发现这是我干的好事。

基姆抱着酒罐喝个不停，隔一会儿就撒一阵酒疯，跌过来倒过去，尖声怪叫着，每次一清醒过来，总是抱住酒罐继续喝。他的脚肿得很厉害，腿也一样，不过后来酒还是起了点作用，我估计他会没事的。然而我可不愿意喝我爸的威士忌，宁肯被蛇咬也不愿意。

基姆整整躺了四天四夜，消了肿，他才又可以起来走动了。我以后再也不想去碰蛇皮了，因为我已经知道那样做的结果了。基姆说他猜我下次就会信他的话了，还说玩蛇皮会倒大霉，说不定我们的霉还没倒完呢。他说他宁肯侧着肩膀扭头看一千遍月牙儿，也不愿意把蛇皮拿在手里。是啊，我自己也觉得是那样的。不过，我感觉看月牙也没什么意思的。

有一次，班克曼那老头儿就看过，还拿那事吹牛。可是不到两年，他就喝酒喝上瘾了，天天搞得醉醺醺的，后来从厕所顶上摔了下来，人都摔成一块肉饼了。人们拿了两块谷仓门板钉了个棺材，把他给塞进去，就那么埋掉了，大家都是那么说，但是我没看见。那事是爸爸告诉我的。不管怎么说，那就是傻子一样看月亮的结果。

眼下，我们的日子就这么一天天过去了。河水退下去了，又回到了原来的位置，以后，我们做的第一件事，就是把个剥了皮的兔子挂在一个巨大的钓钩上当鱼饵，放在河里，结果钓起有人那么大的一条鲶鱼，足足有六英尺两英寸长，两百多磅重。我们当然拉不动它，它太大了，好像一用劲就能把我们甩到伊利诺斯州那边去似的。

后来，没有办法，我们只好干坐着瞧它在水里翻滚折腾，它总算被累死了。我们在他的肚子里找到一颗铜扣子，一个圆球儿，还有一大堆乱七八糟的东西。我们用斧子砍开圆球儿，原来里面有个绕线轴，基姆说线轴在鱼肚里时间很久了，里面的东西把它包了一层又一层，慢慢形成了一个圆球儿。我估计这是从密西西比河里钓起来的最大的一条鱼，基姆也说他从来没见过比这更大的鱼，拿到镇上准能卖个好价钱。市场上这种大鱼都是论磅卖的，人人都会买一点，鱼肉雪白，用油一煎好吃极了。

第二天早上，我对基姆说，日子过得乏味极了，真想找点有意思的事做做。我说我想跑过河那边去打听一下，看有什么新鲜事。基姆觉得主意不错，但他说我只能在黑夜出去，要特别留神才是。

后来，他又想了想，可以把那些旧衣服穿上，打扮成个女孩。真的是个好主意。于是我们就取出一件花布裙子来，剪短了点，我把裤腿卷到膝盖上面，穿上了那条裙子。基姆用钓鱼线给我弄了弄，显得很合身的样子。我戴了顶太阳帽，把带子在下巴底下捆紧，这样，谁如果想看到我的脸，就没那么容易了。基姆说谁也不会认出我来的，即使是白天也认不出来。我苦练了一天，学女孩的样子，后来总算学得像那么回事了，可是基姆说我走路不像女孩，还告诉我不要老把裙子提起来，我都记在心里了。

天一黑，我就上了我们的小筏子，顺着伊利诺斯州那头的岸边往上划去。

在渡船码头靠下一点的地方，我开始朝镇上划过去，一道急流把我冲到了镇子下头。我把筏子系好，沿着河岸走去。有个好像很久没人住过的小茅屋里亮着灯，我想看看谁在里面，就跑过去从窗口往里偷看。里面有个四十来岁的女人，正坐在一张松木桌上的油灯旁边织毛活儿。我不认识她，不用问，是个陌生人，因为镇上以前还没有哪张脸是我不认识的。我还真走运，这会儿我就怕遇上熟人。不过，如果这个女人在这个镇上哪怕才住了两天，我就能把想知道的都在她这搞清楚的。所以我就走上去敲门，心想可千万别忘了自己是个女孩。

第十一章

“谁哦？进来吧。”那女人说。

我推开门进去了。

她说：“坐下吧。”

我就坐下了。她用那对亮亮的小眼睛把我上下打量了一遍，然后说：

“你叫什么名字呀？”

“萨拉·彼得。”

“你住在哪儿？就在附近吗？”

“不。在胡克维尔，离这儿有七里地，一直往下走。我一路上都是走过来的，可被累坏了。”

“大概饿了吧。我给你弄点吃的去。”

“不，谢谢。刚才我是饿坏了，就在下面离这儿两里地的一个村里吃了点东西，这会儿不饿了。所以我这么晚才到了这儿。我妈妈生病了，家里没有钱，什么都没有，我来这儿是想把这事告诉我舅舅的。妈妈说他就住在这个镇子里。我以前没来过这儿。您认识他吗？”

“不认识，这地方的人我还没认全呢。我在这儿才住两星期。从这儿到镇子上头要走一阵子哪。你就在这儿过夜好了，把帽子脱掉吧。”

“不，”我说，“我就想休息一下，我要继续赶路的。我不怕黑。”

她说，她不能让我一个人走，她丈夫也许再过一个多小时就回来了，她要让她丈夫陪我去。随后她就谈起她丈夫，谈起住在上游和下游的亲戚，谈起她家过去的日子多么多么好，后来错走了一步，搬到这个镇上来了，真不如在老地方好好过下去——这些婆婆妈妈的事她一说起来就没完没了，说得我都担心真不该到她这儿来打听镇上的消息。

可是，后来她说起了我爸爸和那场谋害的事儿，这时候我就很想听她一直唠叨下去。她说到我和汤姆·索亚每人弄到六千块钱（不过她说成一万啦），还说了半天我爸爸的事，说他糟糕透了，我也糟糕透了，后来她说起了我是在什么地方被人给谋害的。

我说：“你知道那是谁干的？这件事我们也听说了不少，可是我们没弄清到底是谁杀了哈克·芬呢。”

“哦，我看这儿的人也都想弄明白究竟是谁杀了哈克·芬。有的人怀疑是他爸爸自己干的呢。”

“不会吧——怎么会是他自己呢？”

“开始大家都是那么看的，还差点把他私下里弄死。天快黑的时候，他们改了主意，认定是那个逃跑了的黑奴干的，他叫基姆。”

“哦，是他——”

我停住没说下去。我觉得还是别吭气儿的好。她又接着说起来，根本没留意我插了句嘴。

“那个黑奴就是在哈克·芬被人谋害那天夜里逃走的。有人出了赏金捉拿他——三百块，还出了赏金捉拿哈克·芬的爸爸——两百块。你瞧，头天夜里出了那件杀人的事，第二天一早他就到镇上来了，见人就讲这件事，还跟大家一起搭上渡船打捞尸体，可是后来他就不见了。天还没黑的时候大家想私下里把他弄死，但是，他早跑得没影了。

“第二天，他们发现那个黑奴也逃跑了，后来他就再没露过面。所以他们就把这事放在他头上了，你瞧，这下他们就没完没了地开始谈论这件事。第二天老哈克回来了，哭着喊着找撒切尔法官要钱，要去伊利诺斯州去捉那个黑奴。法官给了他些钱，当天晚上他就喝醉了，有人看见他和两个凶神恶煞的大汉一直在镇上待到半夜，然后才和他们一块儿走了。唉，以后他就再没回来过，人们都说等到这事平静下来的时候，他才会回来，因为人们都觉得是他杀死了自己的孩子，又布置了一个虚假的现场，好让人相信是强盗干的，这一来他用不着花很长时间打官司，就能把小哈克的钱弄到手。人们说他这人能干出这种事呢。哟，我看他可真够狡猾的。如果一年以后他还不回来，那他就没事了。你瞧，根本抓不住他的把柄，到了那时候，一切都会平静下来的，就这样，他不费什么力气就可以把小哈克的钱弄到手。”

“对，我也觉得是那么回事，我看这事再明白不过了。很多人怀疑是那个黑奴吗？”

“哦，也不是所有的人。只有少数人觉得那是他干的。反正他们用不了多久就会捉住他的，到那时，也许他就招了。”

“怎么，他们还要捉他吗？”

“哎，这你可就不知道啦。难道天天都有三百块钱放在那儿随便让人拿吗？有些人觉得那黑奴没有跑远，我也这么看——不过我倒没有到处跟人说去。几天前，我跟住在隔壁那个木头房子里的老两口聊天，他们偶然说到河上有个岛，叫文帝斯岛，从来没有人到那个岛上去。莫非岛上没人住？我问了一句。他们说没人住。我没再说什么，可我琢磨了一下。我差不多能肯定就在一两天以前，我看见那个岛头上还冒过烟，所以我心里想，没准儿那个黑奴就在岛上藏着呢。我想怎么说也值得去那岛上搜一搜。打那以后，我就再没看见那冒烟，所以我又想，要真是他的话，也许已经又跑掉了。不过我家那老头子还是要过去看看，打算叫个人一块儿去。他本来出门到上游办事去了，可今天回家来了，两小时前他刚到家，我就把这事告诉了他。”

一听这话，我可就急得坐不住了，两只手也不知该做点什么才好，我就从桌上捏起根针，往针鼻里穿线。可是两手直打哆嗦，穿也穿不进去。这时候那女人停下来不说了，我抬头看了她一眼，她正用好奇的眼光笑眯眯地看着我。我把针线搁在桌上，假装听得入了神，顺口说：

“三百块可真是一大笔数目呢。我妈要能得到这笔钱就好了。”

“哦，对了。我家老头子刚才和我说过的那个人他们一块儿到镇上去了，他们要去弄条船，还要看看能不能再借一杆枪。他俩后半夜就要动身到那儿去呢。”

“白天去不是看得更清楚吗？”

“是的，可是那黑奴不是也看得更清楚了吗？后半夜他没准会睡着的，他俩就能摸黑穿过树林，如果他还在生着火，天越黑就越好找的。”

“那我可没想到哦。”

那女人又开始好奇地看着我，看得我浑身不舒服。

过了一会儿，她说：

“姑娘，你刚才说你叫什么名字来着？”

“玛……玛丽·洁菲斯。”

可是，我记得好像刚才说的不是玛丽，我就没敢再抬起头来，所以我有些感觉不自在，生怕脸上露出破绽来。我巴不得那女人再说点什么，她越是不吭气儿，我越觉得不自在。

过了一会儿，她总算又开始说了：“姑娘，我记得你刚进来的时候说你叫拉迪，对吗？”

“哦，是的，阿姨，我是这么说的。我的全名是拉迪·玛丽·洁菲斯。拉迪是我的名字的头两个字。有的人叫我拉迪，有的人叫我玛丽。”

“哦，是那样吗？”

“是的。”

这下，我才觉得自在了些，可还是想尽快离开那儿，还是不敢抬起来看她一眼。

谈着谈着，那女人终于把话题扯开了，说起这收成多么坏，她家过得多么寒酸，家里老鼠大摇大摆地跑跳，简直都成窝了，东扯西扯说了一大堆，这一来我就又自在了。老鼠的事儿她说得真没错，当时就有一只老鼠从屋角的一个洞里不停地伸出鼻子来，她说她一个人待在屋里的时候，手边总得放点东西，好随时扔过去打老鼠，要不它们就搅得她不得安宁。

一会儿，她拿出一个粗铅丝拧成的疙瘩给我看，说她平时拿这玩意儿打老鼠很准的，可是她两天前把胳膊给扭了，这会儿不一定能打得准。她一边说着一边就瞅准个机会，嘭的一声朝一只老鼠扔了过去，可是没有打住，差得远着呢。她“哎呀”一声，看样子把胳膊弄疼了。她说再有老鼠出来就叫我再打一次试试，可我想赶紧走掉，免得老头儿回来找我的麻烦。不过我倒没有露出马脚，我照她的吩咐拿起铅丝疙瘩，朝一个露出鼻子的老鼠扔过去，如果那家伙待在那儿不动，非砸得它蹬了腿不可。她说我这两下子真是没得说，再有老鼠出来准能打中。她把铅丝疙瘩拿回来，还取来一些绵线，叫我帮她绕。我举起两只手，让她套上线，她一边绕一边又说起她自己和她男人的事来。

说着说着，她忽然停住话头，吩咐我："盯着点老鼠，干脆把铅丝疙瘩放腿上吧，用起来方便。"

她一边说着，一边就把那块铅疙瘩往我腿上一扔，我两腿一夹，把它给夹住了。她接着又唠叨起来，不过只唠叨了一会儿，就把线从我手上取下来，盯住我的脸，样子倒挺和气，问我说："好了，你到底叫什么名字？"

"什——什么，什么？"

"你到底叫什么名字？是叫德比、汤姆、鲍比，还是别的什么名字？"

我觉得自己当时像树叶一样发起抖来，一时竟没了主意，不知道该怎么办才好。可我还是开口说了话："哦，我是个可怜的女孩子，千万别拿我开心哦。如果我在这儿让您不高兴了，那我就——"

"不，姑娘，别多心，坐着别动，我不会伤害你的，也不会揭你的底儿。尽管把你的秘密告诉我，相信我吧，我会替你保密的；另外，我还要帮你的忙。如果你愿意，我男人也会帮你的。我看，你准是个学徒，从东家逃跑出来了——没问题。那算不了什么，不是什么过错。东家对你不好，你就打定主意跑呗。上帝保佑你，孩子，我一定不会揭你的底儿。对我全说了吧——好孩子。"

听她这么一说，我感觉再装下去也没什么用了，全对她坦白了吧，不过她可不能说话不算数。然后我才告诉她我父母全死了，法官把我判给一个刻薄的老农民做长工，这人住在离河三十里的乡下，待我坏极了，我实在受不了。

有一次，正好他要出门去两三天，我就趁机偷了他女儿几件旧衣服跑走了。这三十里地我走了整整三夜。我夜里赶路，白天躲着睡觉，我带了一袋肉和面包，吃了一路，还剩下不少。我说我相信我的舅舅会收留我的，就为这我才跑到这个镇上来。

"孩子？这是圣彼得堡。你确定你的舅舅真的在这个镇上吗？"

"哦，我说，我想，我的舅舅应该就在这里呢。"

“哦。孩子，等一等，我给你弄点东西吃。你大概饿了。”

她给我弄了点吃的，随后说：“我问你，卧着的牛要站起来的话，哪头儿先起来？我要你马上回答，别琢磨。哪头儿先起来？”

“尾部先拱起来。”

“好，那么，马呢？”

“也是尾部。”

“树的哪面长青苔？”

“北面。”

“有十五头牛在山坡上吃草，脑袋朝一个方向吃草的有几头？”

“十五头都朝一个方向。”

“好了，看样子你是住在乡下的，我还以为你又在哄我呢。那么你到底叫什么名字？”

“萨拉·彼得，阿姨。”

“那好，你要把这个名字牢牢记住，别忘了。别到走的时候又告诉我说叫什么亚历山大，等我抓住你的错儿，你又说叫萨拉·彼得，哄我放你出门。别穿这身旧花布裙在女人跟前打转转，你装女孩子装得太不像了，哄哄男人兴许还将就。孩子，往针眼里穿线的时候，别死死抓住线不动，光动针，要抓住针不动，拿线往里穿，女人都是这么做的，男人的做法正好相反。扔东西打老鼠的时候，要踮起脚尖来，手要举过头顶，怎么笨就怎么来，还千万别打中老鼠，要差上七尺八尺的才好。扔的时候胳膊不要僵巴巴的，就像肩膀上有个能转动的轴一样——要像个女孩子；别把胳膊伸到一边，用手腕和胳膊往外甩，那就像个男孩子了。还有件事要提醒你，女孩子用腿接东西的时候，是把两个膝盖分开，可不是像你接那个铅丝球一样，把两膝夹在一块儿。瞧，你往针眼里穿线的时候我就看出你是个男孩子了，后来我又想出别的办法来，为的是确定一下。现在，快去找你的舅舅吧，萨拉·亚历山大·彼得，如果你遇上麻烦，就给我捎个话来，我会尽量帮你摆脱麻烦的。”

我顺着河岸往上走了五十来米，随后又折回来，找到了我的小筏子，这儿离那所房子还远着呢。我跳进筏子里，赶紧划开了。我往上游划了一大截儿，算准走多远才能划到岛头上，这才横着划过去。我把遮阳帽脱掉，因为这时候也用不着遮脸了。

划到河中间的时候，我听见钟声响了，就停下来听了一会儿，钟声传到水上已经很微弱了，但是能清清楚楚地听见是十一下。在岛头上一靠岸，我已经累得气喘吁吁，可我连喘口气儿的工夫也没耽搁，就马上钻进了树林里，来到我最初宿营的地方，在一块干燥的高地上生了一堆旺旺的营火。

接着我又跳进小筏子里，使劲朝下游我们住的地方划过去，划了一里半的样子，上岸穿过树林，爬上山脊梁，钻进石洞。基姆正在地上躺着，睡得很熟。

我把他叫醒，说："起来，打起精神，基姆！一分钟也不能耽搁，他们追上来了！"基姆什么也没问，一句话也没说，但是在接下来的半小时里，他那股劲头显出他心里是多么的害怕。这时候，我们的东西全都搬上了藏在水湾里柳树下面的木排上，可以撑出去上路了。我们先把洞口的营火扑灭，后来在外面连一支蜡烛的亮光也没有暴露。

我把筏子从岸边撑开，四外张望了一下，不过就是附近有只船，我也看不见，因为在星光下和黑影里，什么都瞧不清楚。随后我们撑出木排，顺着树影一直往下溜，轻轻溜过岛尾，我们始终连一句话都没有说。

第十二章

我们离开岛尾的时候，快到一点了，木排好像走得慢极了。如果有条船走过来的话，我们就打算溜到小筏子上，朝伊利诺斯州河岸划过去。幸好没有船来，因为我们根本没有想到把枪或者钓鱼线以及什么吃的东西放在筏子里。我们走得太急了，来不及想那么多。把所有的东西一股脑儿全放在木排上可不是个高明的想法。

如果有人到了岛上，我真希望他们发现我生的那堆火，在那儿守上一夜，等着基姆回去。不管怎么说，我们总算远远离开他们了，如果我生的那堆火骗不了他们的话，那也不能算是我的过错。我玩的这个把戏也实在是够损的。

天边露出亮光的时候，我们在伊利诺斯州岸边的一个大水湾里靠了岸，把木排系在沙洲上，用斧头砍了些杨树枝盖在上面，让它看上去就像岸边塌进去一块似的。沙洲上本来就长满了茂密的杨树。

密苏里河岸上全是山，伊利诺斯河岸上盖满了密密的树林，河里的那股急流在这一段是顺着密苏里河河岸流的，所以我们用不着担心碰上人的。我们在那儿躺着休息了一整天，瞧着木排和汽船沿着密苏里河岸顺流飞奔，逆水行驶的汽船在河中央吃力地向上爬行。我把我和那个老女人胡扯的事儿从头到尾讲给基姆听，基姆说那女人是个滑头。如果她来追我们，恐怕是不会守在那堆火边死等着的，不会的，真的，她准会带条狗来。我说，那她怎么就不会告诉她男人也带条狗来呢？基姆说他敢打赌那些男人出发的时候，那女人肯定想到带狗的事儿了，基姆相信他们肯定到镇上走了一趟去找狗，所以才耽误了那么久，要不我们就来不了村子下边十六七里的这块沙洲上了。没错，真的，我们真的会让人家抓回那个老镇上去的。所以我说我倒不在乎他们没抓住我们到底是什么原因，只要没抓住就好。

天黑下来的时候，我们从那层密密的杨树枝里探出脑袋，四下里张望了一阵，什么也没看见后，基姆才把木排上面的木板拿起来，搭了个舒舒服服的小窝棚，能挡住火辣辣的太阳，遮风挡雨，还能把东西放进去，免得被雨淋湿。

我们在窝棚的正中间铺了一片土，差不多有半尺厚，四周围上，免得散开。基姆在窝棚里铺了一层地板，比木排高出一尺多，毛毯和别的东西放在上面，就不怕被汽船翻起的浪头打湿了。我们还做了个备用的船桨，碰上水里的树杈，折断旧的，就换上新的，还在木排上竖起一根带杈的木棍，好把那个旧马灯挂在上面，只要遇见上游下来汽船，就得点上灯，免得被它撞翻。遇到往上游开的船，就用不着点灯了，除非我们漂到了他们叫作“十字路口”的地方。因为这时候水还相当深，岸上太低的地方还都淹在水下呢，所以往上游去的船并不老在急流上开，说不定也会跑到静水里来。

第二天夜里，我们在水里划了七八小时，急流一小时流了四里多。我们一边钓鱼，一边聊天，一会儿又下水游泳，要不就打会儿瞌睡。那情景真美，在静静的大河上漂荡，躺在木排上仰望星星，我们都不想大声说话，也很少大笑，只是偶尔悄悄地小声笑一笑。天气好极了，我们什么事也没遇到，当天夜里、第二天、第三天的夜里也都没有遇到意外的事情。

每天夜里，我们都能经过几个镇子，有些镇子在远处的山坡上，只能看见亮亮的一片灯光，一座房子也看不到。第五天夜里，我们经过了圣路易，只见灯火通明，好像整个世界都是亮的。在圣彼得堡，听人们说圣路易有两三万人，可我一直不相信，直到那个万籁俱寂的子夜里两点的时候，我们亲眼看见了那片灯火，才知道那话真的没有错。那里没有一点声响，所有的人都睡着了。

在这段日子里，每天夜里十点，我们都要溜到岸上的小村子里去，买上一两毛钱的面饼或者腌肉，或是别的什么吃的东西。偶尔我也会顺手抓住不老老实实待在窝里歇息的小鸡，把它带回来。我的爸爸常说，看见小鸡能抓就抓，你用不着，总有人用得着，做了好事别人忘不了。我倒从来没见过爸爸抓了鸡自己不要的时候，可他老爱那么说。

天亮前的早上，我常常溜进玉米地里找东西吃，有时候是颗甜瓜，有时候是颗南瓜，有时候是个刚长熟的玉米。爸爸常说借点东西没什么害处，只要你记着有朝一日还人家就行。可寡妇说那就是偷，只不过说得好听一点儿罢了，正经人是不会干那种事的。基姆说寡妇和爸爸的话都有点儿道理，最好的办法是从那些东西里挑出两三样来，就到此为止，再也不借了，这样一来，往后再借就没关系了。

关于借的话题我们谈了整整一夜，任木排在水上随便漂流，一心想拿出个主意，到底是舍掉什么东西，是西瓜、甜瓜，还是别的什么。天快亮的时候，终于有了个让人满意的决定了：舍掉沙果和柿子。在那以前，我俩一直觉得借东西这事不大好呢，现在有了这个决定，一下就心安理得了。我对这个结果挺满意，因为我从来就不爱吃沙果和柿子。

有时候，我们也能打到水鸟，是那种早上起得太早，或者是夜里睡得太迟的水鸟。总的来看，我们的日子过得还是挺痛快的。

第五天的后半夜，我们在圣路易遇到一场暴雨，雷雨交加，大雨铺天盖地倾泻下来。我俩待在小窝棚里不出来，让木排漂到哪儿算哪儿。电光一闪，我们就能看见眼前是一条笔直的大河，两岸是高高的悬崖峭壁。

过了一会儿，我说："喂，基姆，瞧那边！"那是条撞到礁石上的汽轮。我们正冲着它漂过去。闪电的亮光把它照得很清楚。它歪向一边，部分甲板露出水面，一个闪电就能清清楚楚地看见一条条固定烟囱的铁索。还有一个大钟在旁边，一把椅子，椅背上挂着一顶旧帽子，帽缘已经耷拉下来。

深更半夜，伴着狂风大雨，一切都显得那么神秘，这时候我看见大河中间那条孤零零的破船歪在那儿，心里的感觉和别的孩子一样。我想到船上去溜一圈，瞧瞧上面有什么东西，就说："基姆，我们上去瞧瞧吧。"

基姆一听就拼命反对，他说："我可不想到破船上去浪费工夫。我们现在日子过得挺不错，我们还是不管它好了，《圣经》上就是这么说的。再说那儿一定有人在那守着船。"

"去你奶奶的，"我说，"除了顶舱和舵舱，根本没什么可守的。在这种暴风雨天，那船随时都会烂成碎片，顺水漂下去，你以为谁会为个顶舱和舵舱搭上一条命吗？"

听了我的话，基姆什么也说不上来，他不吭气了。我接着又说："说不定我们能从船长室里借点什么值钱的东西。比方说雪茄烟，一定有的，一根值五分钱。汽轮上的船长都很阔，一个月能挣六十块钱，他们花钱很大方的，你知道，只要遇上想要的东西，不管多贵掏钱就买。哪怕找根蜡烛塞进口袋里也行，基姆，如果不上去搜一搜，我就不安心呢。你想这如果叫汤姆·索亚遇上的话，他能眼看着就走过去吗？决不会，他肯定会上去的。他会把这叫作一次冒险——他准会这么叫的。哪怕上去会要了他的命，他也一定要上去看个明白的。他这么做多气派哦？我真希望汤姆·索亚也在这儿。"

基姆埋怨了一两声，终究还是让了步。他说我们尽可能不要讲话，要讲就尽量压低声音。又是一个闪电，我们看清了船的位置，于是，我们找到了右舷上的吊车，把木排系在上面。

天黑得什么也看不见，那甲板跷得挺高，我们顺着甲板上的斜坡摸黑往左舷溜，打算溜到顶舱去，我们的两只脚在甲板上摸摸索索探路，双手在前面伸开挡开吊索。

不一会儿，我们就摸到了天窗朝前面的那一边，在那儿爬了上去，再走一步就来到船长室门口，门开着，天哪，只见顶舱大厅里远远亮着一道光！就在这一瞬间，我们好像听到那儿有低低的声音！

基姆悄悄告诉我，说他觉得心里直发毛，叫我赶快撤。我说那好吧，就打算回到木排上去。就在这时，我听见一个声音哭喊着说："啊，伙计们，饶了我吧，我发誓决不说出去！"

另一个高亢的声音说："骗人，一堆鬼话，文森特。你从前就要过这种花招。分东西的时候你老想占便宜，因为你发誓说占不了便宜就去告发。这次你又这么说，是该你倒霉的时候了。你是天底下最卑鄙、最阴险的浑蛋。"

这时候，基姆已经朝木排那儿走去了。我感到特别好奇，就对自己说，汤姆·索亚在这种时候决不会溜走的，所以我也没有走。我要看看这儿到底出了什么事。

于是，我就在小小的过道里趴在地上，摸黑朝船尾爬，一直爬到和顶舱大厅只隔着一个特等舱的地方。我看见那儿地板上躺着个人，手脚都被捆着，旁边站着两个人，一个人手里提着个昏暗的马灯，另一个人拿着一把手枪。拿枪的人用枪口对着地上那人的脑袋，说："我真想一枪结果了你，也真该结果你了，你这卑鄙的臭家伙！"

地板上的那个人吓得蜷成一团，战战兢兢地说："啊，饶了我吧，德比，我绝对不说出去呀。"

他一说这句话，提灯的那人就哈哈大笑着说："没错，你当然不会说出去！"过了一会儿他又说："只管叫他求饶就是了！如果我们没有把他制伏捆住的话，他早送咱俩见阎王了。到底为了什么？就是为了吞了咱俩该拿的那一份，就这么简单。这下你可就谁也吓唬不成了，把枪收起来吧，德比。"

德比说："那可不行，卡尔德。我要杀了他。他不是把老菲尔德给杀了吗？难道不该也把他这么杀掉吗？"

"可我不想这么快就把他给杀死，我有我的道理。"

"你帮我说了好话，上帝会保佑你的，卡尔德！只要我活着，就不会忘了你的大恩大德！"地上那人带着哭腔说。

德比根本不听那一套，他把马灯挂在一个钉子上，朝我待的这块地方走过来，一边还招呼卡尔德也过来。我赶紧往后爬，只爬了两米的样子，因为船斜得厉害，我简直躲都来不及躲，手忙脚乱地爬进了一个特等舱里，免得被人家踩住、抓到。那人摸黑走过来，等到卡尔德走进我待的那个特等舱门口，他就说："这儿，快到这儿来。"

说着，他就走了进来，德比跟在他后面。不过还没等他们进来，我就先爬到上铺去了，没有退路，我只好缩在一个角落里，心里直后悔不该到这个舱里来。紧接着，那两人就把手搁在床架子上，站在那儿说起话来。

我虽然看不见他们，可是能闻到他们身上的强烈的威士忌酒味，知道他们在哪儿站着。幸好我没喝威士忌，不过喝没喝都没关系，因为我在上面压根儿就不敢出气儿。我吓得要死，再说谁听了他们的谈话，恐怕都不敢出大气儿了。他们说得很低，很认真。德比想杀掉文森特。他说："他说他要说出去的。现在反正也闹僵了，也把他收拾得够呛，哪怕把咱俩那份都给了他，怕是也不顶事了。没错的，他准会去告发的。你还是听我的吧，我看就别叫他活受罪了，干脆把他干掉算了。"

"我看也是。"卡尔德说，他的口气很平静。

“真见鬼，我还以为你不想干掉他呢。好，那么我们就去动手吧。”

“等一等，我的话还没说完。你听着，用枪把他干掉当然不错，可是这事如果非干不可的话，还有没有别的闷声不响的办法。我想能不能找个法子既办了事，又不惹祸，免得我们犯法，脑袋往绞绳套里钻。你说呢？”

“没错，说得可真对。你打算怎么办呢？”

“我是想这样：我们动手把那些特等舱里剩下的东西拿走，弄到岸上藏起来。干完就等着。我看用不了两小时，这条破船就会烂成碎片，叫水冲走。知道吗？这样他就会被淹死的，谁也怨不着谁，只能怨他自己。我看这种结果要比杀了他好得多。我觉得杀人这事，能免就免。那么做毕竟是不聪明的，也不是很道德的。你说，我说得对不对？”

“对，我看你说得不错。可是船不碎，冲不下去怎么办？”

“反正我们要等上两小时看看再说，怎么样？”

“那好吧，我们走。”

他们终于一起都走了，我已经被吓得出了一身冷汗，我赶紧溜出来，朝前爬去。面前漆黑一片，我哑着嗓子悄悄叫了一声“基姆！”就听见他在我胳膊肘旁边答应了，那声音好像是在哼哼。

我说：“快，基姆，这可不是哼哼的时候；那儿有一帮杀人的凶犯，我们如果不去找到他们的救生船，解开缆绳让它漂下河去，他们当中有一个可就惨啦。如果我们找到他们的救生船，就能叫他们全都遭殃，警察就会来抓住他们的。快——快点儿！我去左边找，你到右边找。你从木排那儿找起，还有……”

“啊，我的上帝呀，上帝呀！木排？木排不见啦，我们的木排被冲走了！我们走不了啦！”基姆说。

第十三章

哎哟，我吓得倒抽了一口凉气，差点儿昏过去。

和这么一帮匪徒一块儿困在这条破船上！可现在不是唉声叹气的时

候。我们得找到那条船，为了我们逃命，非找到那条救生船不可。于是我们趺趺撞撞，连滚带爬，沿着右舷往后挪，挪得慢极了，好像走了一个星期才来到船尾，可是连救生船的影子都没看见。基姆说他再也走不动了，吓得浑身连一点儿劲儿也没有了。我说走吧，如果我们困在这条船上，非倒大霉不可。我们这才又摸摸索索往前走，朝顶舱靠船尾那头走去，到了那儿，只见天窗已经淹在水里了，我们只好抓住天窗上的木板条，悬在空中一点儿一点儿挪过去。来到厅堂门口一看，谢天谢地，小船就在那儿，没错！我能模模糊糊看见它。

本来，我们马上就能上去，可偏偏就在这个节骨眼上，门开了。一个人伸出头来张望，距我只有两三尺远，我想这下我可完蛋了。不料他一下子又把脑袋缩了回去，还说："快把那个该死的灯拿开，德比！"

说着，他把一袋子东西扔到小船上，自己也爬上去坐好。那是卡尔德，紧接着，德比也上了小船。卡尔德低声说："都收拾好了，开船！"

我浑身发软，简直抓不住窗板了。可是德比说："等一等，你搜了他身上没有？"

"没有。你也没有吗？"

"没有。这么说他分到的那份钱还在他身上。"

"那好吧，来呀，不能光拿东西，把钱留在那儿。"

"伙计，那他会起疑心的，猜出我们的用意来呢？"

"大概不会吧。可不管怎么说，我们都得去拿。来吧。"

于是他们下了小船，又去舱里了。

他们一进去就砰地把舱门关上了，我立即跳进小船，基姆也紧跟着趺趺撞撞地进来了。我掏出刀子割断缆绳，一眨眼的工夫我们就开船跑掉了。

我们没动船桨，两人都没吭气，连悄悄话也没说，甚至连大气也没敢出一口。小船飞快地顺流漂下去，一点儿声响也没弄出来，周围静得像坟墓，转眼间，就漂到了破船下边一百米的地方，回头一看，只见漆黑一片，破船连个影子也看不见了，我们总算脱离了危险，这才松了口气。

我们顺流走了三四百米的样子，才远远看见那个马灯像颗小火星一样从顶舱门口闪了一下。我俩清楚那两个恶棍发现他们的小船不见了，他们总该慢慢明白，他俩和文森特一样倒了霉。

随后，基姆划开了船桨，加快速度去追我们的木排。到这会儿，我才替那些人担心起来——刚才或许是没工夫往这上面想。我开始琢磨，就算是凶手，被逼到这种绝路上，也实在是够可怕的了。我心想，没准我自己有朝一日也会变成凶手，都是说不定的事，到那时候如果弄到这种地步，我心里会好受吗？

于是我对基姆说："一看见亮光，咱就在附近一百米左右的地方靠岸，你把小船藏起来，我就上岸去编个故事，叫人去把那帮家伙救出来，等到他们死期到了的时候，好让人家把他们吊死。"

可是我这个主意还是落空了，因为就在这时候又起了风暴，而且比上次还猛烈得多。雨水哗哗地直往下泼，黑压压的一片，看不见一丝儿亮光。

看样子，所有的人都在睡觉。我们在河面上箭一样直往下冲，瞪着眼睛找亮光，一边找我们的木排。过了很久，雨才停下来，可是黑云还没散，还在不停地打雷。

后来一个闪电照亮了我们前面漂着的一个黑乎乎的东西，我们急忙追上去。原来是我们的木排，我们高兴极了。这时候只见远处右边岸上有个亮光，我就说要到那儿去。那帮匪徒从破船上偷来的东西都装在这儿，把小船占了一半。我们把东西搬到木排上堆起来，我让基姆上木排一直往下漂，差不多漂出两里地就挂个灯，让灯一直亮着等我。

然后，我一个人划起船桨，直奔向岸边的那个亮光。一路上又看见三四处的灯光，都在一个小山腰上。慢慢走近才看出那是个村子。我在靠近岸上那处亮光的地方停住桨漂过去。漂过亮光的时候，看清楚那是一条双壳渡船的旗杆上挂着个马灯。我加快速度绕过渡船，想找见看船的人。

找了一会儿，才发现那人在前面缆绳柱上蹲着，脑袋耷拉在两个膝盖当中。我轻轻推了推他的肩膀，接着就不由得大声哭起来。

他猛地惊醒过来，一见眼前就我一个人，他就不慌不忙地打了个哈欠，伸了个懒腰，这才说："嘿，什么事？小兄弟，出什么事了？别哭呀。"

我说："我爸，我妈，我姐，还有……"

说着，我又大哭起来。他说：

"呀，行了，别那么难过，谁都难免遇上倒霉事，过去就好了。他们怎么啦？"

"他们……他们……你是不是看船的？"

"不错，"他说，还显得有点得意，"我又是船长，又是船主，又是大副，又是舵手，又是看船的，有时候还是坐船的，有时候还是船上的货物。我还不如老霍恩罗克有钱，不能和他一样，对随便什么人都那么大方，拿着钱到处乱给，不过我可对他说过无数次了，要叫我和他换一下，我还不干哩。我对他说，咱就是吃水手这碗饭的，如果叫我住在离镇子两里的地方，什么事也不做，那非把我憋死不可，哪怕把他所有的钱全给了我，我也不干。我说……”

我插嘴说：“他们遇上倒霉透顶的事了，还……”

“谁？”

“哦，我的爸爸、妈妈、姐姐，如果你把渡船开上去……”

“开到哪儿去？他们在哪儿？”

“在一条碰坏了的船上。”

“那条碰坏的船哪？”

“哦，就是那条吗？”

“什么，难道你说的是‘华尔特·司各特’号？”

“是的。”

“天哪！他们怎么上那儿去了？我的上帝。”

“唉，他们不是故意要上那儿去的。”

“我敢说当然不是的！上帝，如果他们不赶紧下来的话，那可就没指望了！唉，他们是怎么搞的，跑到那个鬼门关去了？”

“说起来挺简单，我的姐姐要到一个镇上去看个人……”

“对，罗布思码头”——我接着说。

“她要去罗布思码头那儿去看个人，天快黑的时候，她带着她的黑女佣人，坐上运马的渡船过河，打算到她朋友家去过夜，我想不起她朋友的名字了。那船把舵桨丢了，船掉了个头，尾冲前漂下去。大约漂了两里地，一下子就撞在那条破船上，然后就撞翻了。

“后来，那个撑船的和那个女佣人当时就淹死了，船上的马也都掉进水里淹死了，可是我的姐姐拼命抓住那条破船的拦杆，爬了上去，当时天已经黑了。又过了一个来小时，我的爸爸妈妈和我坐着我们家运货的船到了那儿，这时候天都黑了，眼前一片漆黑，什么也看不见，结果也撞上去了。不过我们被救起来了。多亏了卡尔德和德比先生。”

“天哪！真是天大的不幸，从来没见过。后来你们怎么样了？”

“唉，我们大声叫喊，急得要命，可是那儿河面太宽，谁也听不见我们叫喊。爸爸说要有人上岸去叫人来救我们。会游泳的就只有我一个，我只好硬着头皮应承下来了。我的姐姐说如果找不到人来搭救，就到这儿来，说不定会遇到人的。

“我在下游一里远的地方上了岸，一直转悠到这会儿，想找人帮忙，可是能找到的人都不乐意去. 他们说：‘什么，这么个黑夜，河水流得那么急？那不是要人的命吗？去找那种摆渡汽船吧。如果您愿意去……”’

“上帝，我当然愿意去，如果不愿意去，我就不是人。可是你倒说说看，去了谁付钱给我呢？你爸爸他……”

“瞧，那绝对没问题，我的姐姐特地告诉我了……”

“哎呀！你看见远远那个亮灯的地方吗？先走到那儿，再朝西拐，走不了半里地，就能看见个小酒店，酒店里的人会带你到我的舅舅家里去，他会付这笔钱的。你千万别磨蹭，因为他一定想知道这个消息。好了，你自己去吧，我到拐角那儿去把开船的叫醒。”

然后，我拔脚就朝那个亮灯的地方走去，可是等他一拐弯，我就急忙折回来，跳上小船，把船肚里的水舀出来，沿着岸边往上划了六百米，然后钻进一片木船里躲了起来，因为我要看见那条渡船出发，才能放心。要说为那帮家伙费了这么大的劲，我心里倒也挺舒服，说实在的，没什么人肯下这个工夫。真希望这事能传到寡妇的耳朵里。我想她一定会为我感到骄傲的，因为我帮了那些坏蛋的忙。寡妇和好心人对坏蛋和骗子可是最关心的了。

没多久，那条破船就过来了，黑乎乎的一团，正顺水往下漂！我禁不住打了个冷战，定了定神，就朝它划过去。这船已经沉下去很深了，我一眼就看出上面如果有人，也没救了。我绕着它转了一圈，叫了几声，可是连一点儿反应也没有，静得像坟墓。想到那帮家伙大概遭了殃，我心里多少有点儿难受，不过倒也没什么，我心想只要他们能受得了，那我也能受得了。

那条渡船跟着也下来了，我赶紧把船头一转，拐进一截儿斜冲下来的急流里划了一阵，接着朝河中心划过去。一直划到我觉得眼睛看不见的地方，我才收了桨，回头望着渡船绕着那条破船转来转去。不一会儿，渡船不再绕圈了，知道没指望了，就掉转船头朝码头开去。我赶紧行动起来，箭一样往下冲去。

过了很长一段时间，基姆的灯光才总算露出来了，可是看上去好像还在一千里以外的地方呢。等我到了那儿的时候，东边天上已经露出一点儿灰白色，我们赶紧朝一个小岛上划过去，把木排藏起来，把小船沉到水里去，随即钻进小窝棚，然后躺倒像死人一样就开始睡。

第十四章

后来，我们醒过来了，一起来就把那帮坏蛋从船上偷来的东西翻腾了一遍，里面有靴子、毛毯、衣服，还有别的一些东西，有很多的书，有个望远镜，还有几盒雪茄烟。我俩这辈子谁也没有这么阔气过。雪茄烟是头等货色。我们整个下午都在树林里歇着，聊天看书，过得很快活。

接下来，我把在破船上和渡船上遇到的事一五一十地讲给基姆听，我说这些事就算得上是冒险了，可是他说他再也不想冒险了。他说当时我到了顶舱，他爬回去却发现木排不见了，他说他那时差点儿吓死掉呢，他估计这回他算是完蛋了。因为他如果不能得救，就得淹死，如果得救的话，不管是谁救的，都会把他送回原来的地方领赏金，然后奥恩小姐就会把他卖到南方。嘿，他还真说得不错，在黑人里面，他可算得上是个了不起的聪明人了。

我给基姆念了不少关于国王、公爵一类贵人的故事，故事里说他们穿得多么华丽，多么气派，互相称呼不是叫先生，叫的是陛下、殿下、阁下。

基姆听得入了迷，眼睛都鼓出来了。他说："我真不知道这么多，我可都没听说过，只听说过一个叫所罗门的老国王，除非你把扑克牌里的国王都算上。国王能挣多少钱？"

"挣钱？"我说，"只要他们愿意，一个月就能挣一千块钱，他们想要多少就有多少。什么东西都是他们的。"

"那有多么快活呀！他们每天都干什么，哈克？"

"什么也不干！你怎么连这都不懂。他们每天就是在宫殿里待着。"

"不会吧，真的是那样？"

"当然是的，每天就是在宫殿里坐着。打仗的时候就不一样了，他们也去打仗。不打仗的时候，他们就到处玩，要不就去放鹰，除了放鹰就没别的事了——嘘！你听见声音了吗？”

我们溜出去看了一下，原来是条小汽船的明轮打水的声音，还在下游老远的地方呢，这时候正转过弯了，我们放心了，就又回到睡觉的地方。

“是的，”我说，“不打仗的时候，他们闲得无聊，就跟国王过不去。谁要敢违背国王的心意，他就砍掉谁的脑袋。不过他们大部分的时间都在后宫胡混。”

“在什么地方？”

“后宫。”

“后宫是什么地方？”

“笨蛋，后宫就是那有一群老婆住的地方。你连后宫都不知道吗？所罗门国王就有个后宫，他差不多有一百多个老婆。”

“哦，对了．没错，我——我把这事给忘了。后宫就是个大房子，我看没错。我看那群老婆整天也会吵个你死我活的。这样一来，里面可就热闹了。可是大家都说所罗门是个聪明绝顶的人，从古到今谁都比不上。我可不信那一套，因为哪个聪明人会一直住在那个闹哄哄的地方呢？不，决不会的。”

“哦，可不管怎么说，他都是个聪明绝顶的人，那寡妇告诉我的，是她亲口对我说的。”

“我不管寡妇怎么说，反正他不是个聪明人。他有些事是干得可恶极了，真让人吃惊哪。你知不知道他把一个小孩劈成两半的事？”

“知道，寡妇把这个故事从头到尾讲过的。”

“这就对了！这还不算最坏的人吗？你想想看吧。比方说那个树墩，就算是个婆娘，你就算是另一个婆娘，我就算是所罗门。这儿是张一块钱的票子，就算是个小孩吧。你俩都说这是自己的票子。我该怎么办？我是不是该到街坊邻里四下打听打听，看看这张票子到底归谁，就把它给了谁，完完整整的，恐怕傻子都会这么办吧？不行——我偏不这么办，非把这票子撕成两半，一半给你，一半给那个婆娘。所罗门就是这么对付那个孩子的。我倒要问问你，那半张票子有什么用？拿它什么也不能买。那半个孩子又有什么用？哪怕有千千万万，也是屁用都没有的。”

“见你的鬼去吧，基姆，故事里的道理你一点儿都没弄明白——你他妈的差了十万八千里呢。”

“谁，我？去你的吧，不要跟我讲你的道理。有没有道理我还看得出来，这件事里根本没什么道理。这两个婆娘争的又不是半个孩子，她们争的是一个完整的孩子。谁如果以为能拿半个孩子给人家，免得人家为一个孩子争吵，那他就是个糊涂蛋，傻得连下了雨都不知道进去躲躲。别跟我说所罗门了，哈克，我算是看透了那个人了。”

“可是我告诉你，你没有把里面的道理弄明白呢，基姆。”

“让你的道理见鬼去吧！该清楚的我都看清楚了。你要知道，真正的道理还得往深里看哦。这个道理就在于所罗门有什么样的身世。

“打个比方吧，有个人只有一两个孩子，这人肯把孩子随便仍掉吗？不，他决不会。这孩子他扔不起。他懂得怎么去疼自己的孩子。可是有个人养了千千万万个孩子，满街乱跑，那他就不在乎把个孩子劈成两半了，觉得跟劈一只猫没什么两样。反正孩子他有的是，多几个少几个没关系的，这该死的所罗门！”

像基姆这样的黑人的脑子里一旦有了个主意，谁都劝不开了。在我见过的黑人里面，他算是最讨厌所罗门了。所以我就说起了别的国王，把所罗门撇到一边不说了。我提起了路易十六，说多年以前，他在法国被砍掉了脑袋，还说起他儿子，就是法国皇太子，本该继承皇位的，可是被人家抓去关进了监狱，传说，他后来死在监狱里了。

“可怜的小家伙。”

“可是也有人说他逃出了监狱，跑掉了，后来到了美国。”

“那可真好！可是他一定很孤单，对不，哈克？”

“没有。”

“那他就什么也干不成了。他找到了什么干的吗？”

“哦，这我倒不清楚。跟他一块儿逃出来的人，有的人当了警察，有的教人说法语。”

“哦，哈克，法国人不跟我们说一样的话吗？”

“不一样的，基姆，他们说的话你连一句也听不懂的——甚至连一个字也不懂。”

“啊，是这样的，真要命！那是怎么搞的呢？”

“我也不知道，反正没错。他们的话跟鸟叫差不多，我从一本书上学了一点儿。如果有人过来对你说‘巴雷乌伏航塞’[1]，你是什么

---

[1] 此处指法语“Parlez-Vous Fram cais”意思是“你会说法语吗？”

感觉？”

“什么感觉也没有。我要把他的脑瓜敲开，我可不许黑人叫我这个。”

“呸，那不是叫你。只不过是问你会不会说法国话。”

“嘿，那他怎么不直接说呢？”

“哎，他就是这么说的呀。法国话就是这么说的呢。”

“嘿，真他妈的怪，那种话我可不想听，听不出个名堂。”

“瞧，基姆，猫和我们说一样的话吗？”

“不，当然不一样。”

“那么牛呢？”

“不，当然也是不一样。”

“猫说话和牛一样吗？牛说话和猫一样吗？”

“不是的，都是不一样的。”

“它们各自说话都不一样，这没什么错，是很正常的事情，对不对？”

“当然喽！”

“猫和牛说话跟我们不一样，这也没什么错，也是很自然的，对不对？”

“哦！肯定没错。”

“那么，法国人说话和我们不一样，这又有什么错，也是很正常的哦？你倒是说呀。”

“猫是人吗，哈克？”

“不是。”

“那好，猫说人话就没道理。牛是人吗，牛是猫吗？”

“不是，它既不是人，也不是猫。”

“那么，它就用不着说人和猫的话了。法国人是人吗？”

“是。”

“这就对了！那他怎么就不说人话？你倒是说呀！”

我看跟基姆说话全是废话，一点儿用也没有——你压根儿没法跟一个黑人交流。所以，我就不再和他说什么了。

第十五章

我和基姆断定再过三天，我们就能漂到伊利诺斯州最南端的索罗镇，俄亥俄河就在那儿流进了密西西比河，我们就想到那儿去。到那儿以后，我们就卖掉木排，搭上一条汽船，沿着俄亥俄河往上，到那些自由的州去，那样不用整天东躲西藏的了。

第二天夜里，下起了雾，我们划到一个沙洲上去，打算把木排栓住，因为在雾里没法走。可是我坐着小筏子划上前去，拿着缆绳打算拴木排的时候，却找不到拴缆绳的地方，只有些细细的小树苗能将就拴一下。我把缆绳绕在陡岸边的一棵小树上，不料来了一股急流，把那棵小树连根拔了起来，把木排一下就冲出去老远，急流冲着木排一直往远走。

我看见雾越聚越浓，心里又急又怕，一下子愣在那儿差不多有半分钟——再一看，木排就不见了。二十米开外什么也看不见，我连忙跳进小筏子，奔到船尾，抓起桨就划，可它连动也不动。原来是我着急得忘记解开缆绳了。我赶紧站起来解缆绳，可是慌慌张张，两手直哆嗦，简直什么也干不成了。

一划出去，我就沿着沙洲往下冲，拼命去追木排。开始一段还算顺利，可是沙洲还有六十米长，刚冲过这段，就一头扎进了一片浓密的白雾里，一时间，我就像个瞎子一样，不知道该朝哪个方向走了。

我想不能用桨再划水了，要不会撞到岸上去，或者沙洲上和别的什么东西上去。我得老老实实坐着，让筏子自己漂，可是在这个节骨眼上，两只手却放下动也不动了，可真叫人心急火燎。

我叫了几声，听了听。远远传来基姆一声低低的喊叫，我的精神顿时为之一振，赶紧追过去，又仔细听了听。那个声音又传过来的时候，我发现我的方向没正冲着它，而是偏向它的右面。又一次听到叫声的时候，我又偏到了它的左面，也没靠近多少，因为我老是忽左忽右的，可那声音却是笔直地往前走。

但愿那傻瓜能想到找个铁盆子敲，一直不停地敲，可他没这么做，他隔一会儿叫一声，声音一落，我就麻烦了。唉，我就那么一直追下去，忽然又听见那叫声在我背后。我简直被搞糊涂了，那是另一个人的声音，要不就是我拐了个弯儿。

我把桨扔到一边，让筏子自己漂。这时候又听见了那个声音，还在我背后，但位置又变了。声音不断传来，可是发出声音的地方不停地换，我也不停地答应着，过了一会儿，它又跑到我前面去了。我明白在急流里我的小筏子这会儿是头冲下。如果那个叫喊的人不是别人，就是基姆，那我就算走运了。在雾里我分不清声音，因为在雾里一切都变了样，声音也变了样。

喊声还是不时地传过来，突然我的小筏子一头撞到了陡峭的岸上，岸上的大树好像一个个从烟雾里冒出来的鬼影一样。急流把我冲到了左边，水底下伸出许多树干，那股急流箭一样从中间哗哗地冲过去。

再一转眼，我的周围成了白茫茫的一片，一点儿声音也没有了。我坐在筏子里动也不动，听着自己的心砰砰地直跳，好像数了一百下以后，我才换了口气。

这时候，我是一点办法也没有了。我知道这是怎么回事，刚才撞上的陡岸根本不是河岸，是个岛，基姆被冲到岛那边去了。如果有个沙洲的话，十来分钟也就过去了，可这岛也许有五六英里长，半英里来宽。

我闭紧嘴巴，竖起两耳，仔细听了一会儿。当然喽，我是一直不停地往下漂去的，每小时漂了四五英里。可是你决不会想到有那么快，不会的，因为你会觉得自己好像钉在水上动也不动。就是水里伸出一棵树桩来，你偶尔看见的话，也不会想到自己会漂得那么快，你会吃惊得连气也喘不上来，天哪！那树桩漂得才快呢。你要觉得在一个下起了大雾的黑夜，一个人坐在筏子上在河上漂，不见得有多可怕，也不闷得慌的话，那你就去试试好了——否则你就不会明白的。

就这样，又过了半个来小时，我隔一会儿就叫一两声。后来我总算听到有答应的声音，马上跟过去，可老贴不上。我突然意识到自己是被冲到沙洲当中去了，两边能模模糊糊地看见好像沙洲一样的东西。有时候水面很窄，有时候沙洲又根本连个影子也看不见，可我还是知道的确有，因为能听见岸边的小树和其他的杂七杂八的东西，被急流冲得哗哗响。

嘿，我漂在沙洲当中，没过多久就听不见喊声了。我可不想就这么一直跟下去了，说实在的，鬼火也没有那么难追呢。这个声音老是跟我捉迷藏，躲来躲去的，溜得那么快，我还从来没碰见过这种事呢。

有那么四五次，小筏子差点撞到岸上，我赶紧使劲地把它划开，免得把小船撞碎，没准儿小岛也会跟着遭殃，给撞得再也找不到了。估计木排也老往岸上撞，要不早就走远了，我也早该听见上面传来的声音了——木排比我的小船漂得稍微快一点儿。

过了不久，我觉得好像又漂回到宽阔的河面上去了，但喊叫的声音可是连一点儿都听不见了。我琢磨基姆大概撞到了树桩，玩完了。这么一想，我可就一下子累瘫了，只好躺在小船里想心事，觉得着急也没用，该怎么办就怎么办吧。我当然不想在这种时候睡着，可实在困得撑不住了，就想打个盹儿。

但是，我一下子就睡过去了，醒来一看，星光明亮，雾也散尽了。小船正沿着一个大河湾飞快地往下漂，头冲后，尾朝前。乍一醒来，我一下没反应过来自己在什么地方，还以为是在梦里呢。等到把刚才的事慢慢想起来以后，又觉得不像是刚才发生的，好像个把星期前发生的事似的，只朦朦胧胧记住一点呢。

眼前的河面宽得要命，河两岸都长着又高又密的树林，在星光下，看上去好像两堵高墙似的。朝下游远远望去，看见水面上有个小黑点，赶紧追上去，追到近处却又什么都不是，原来是两根捆在一块儿的木头。后来又看见一个小黑点儿，又急忙追上去，结果又落空了。等到下一次瞧见个黑点儿追上去的时候，才追对了，总算是找着了我们的木排。

追到近处，我看见基姆正坐在上面，脑袋耷拉在两个膝盖中间，睡得正香呢，右手还搭在船桨上，另一支桨早撞得没影了，木排上面粘满了乱糟糟的树叶、树枝和污泥。看样子也经过一番出生入死的磨难。

我把小船系牢，上了木排躺在基姆身边，打了个哈欠，朝他伸过一个拳头去，一边说："嗨，基姆，我是不是睡了一觉？干吗不把我叫醒呀？"

"我的天哪，真的是你吗，哈克？你还活着——难道你没被淹死——真的又回来了吗？这不是做梦，那可真是太好了，宝贝儿，那可太棒了。快让我看看你，孩子，让我摸摸你。呀，真的呢，你还活着！又回来了，还这么结实，还跟从前的哈克一样一点儿没变。哎呀，谢天谢地，我们又见面了。"

"你这是怎么啦，基姆？该不是喝醉了吧？"

"喝醉了？你是说我喝醉了？我还有工夫喝酒吗？"

“但是，你说话怎么那么离谱呢？”

“怎么离谱了？”

“还问我怎么个离谱法儿？呸，你不是说我回来了吗？还有那些不着边际的怪话，好像我到什么遥远的地方去了似的。”

“哈克——哈克·芬，抬起头来看着我的眼睛，看着我的眼睛。莫非你压根儿就没走开过吗？”

“走开过？嘿，你这是开什么玩笑呀？我哪儿都没去呀。你说我能到哪儿去呢？”

“噢，你瞧，少爷，恐怕是出了什么错子，没错。我还是我吗？如果不是又会是谁呢？我还在这儿吗？要不在又会在哪儿呢？这会儿我一定非要弄清楚不可。”

“哦，我看你明明就在这儿，不会错，不过你这糊涂蛋是昏了头，基姆。”

“我？我是糊涂蛋？那好，我倒要问问你，你不是划走小船，拿了木排上的缆绳，要捆在沙洲上的吗？”

“没有，压根儿没这事。什么沙洲不沙洲的，我根本没看见。”

“没看见？嘿，你拴的缆绳松开了，木排一下子就给冲走了，你坐在小船上，撇在大雾里看不见了，难道没有那么一回事吗？”

“什么大雾？”

“嘿，大雾就是大雾呀！就是那一夜没散的大雾呀。你不是一直叫喊来着？我不是也一直叫喊来着？后来那些小岛把咱给弄糊涂了，咱俩都迷了道儿，搞不清自己在什么地方。难道不是？我不是还撞了不少小岛吗？险些儿遭了殃，要了我的命。你说这还能有假吗，少爷，这还能有假吗？你倒是快说呀。”

“哎哟，这就叫我摸不着头脑了，基姆。什么大雾啦、小岛啦、遭殃啦，你说的这一套，我连看也没看见。一整夜我都和你坐在这儿聊天，一直聊到现在，你睡着了，大概我也睡着了。就这么一会儿的工夫，你倒是绝对不会喝醉的，那就只能是做梦了。”

“真见鬼，这么一大堆事儿，我怎么能在十分钟里就全梦到呢？”

“哦，别嘴硬了，不是你梦见的还能谁梦见？再说你讲的那些事，没一件是真的。”

“可是，哈克，这些事全是明摆着的，我看……”

“再明摆着的也是没用的，反正根本没这回事，别想瞒我，我可是一直待在这儿来着。”

憋了五分来钟，基姆都没说话，就坐在那儿自己在心里琢磨。后来他说：“也罢，那就算我做了一场梦吧，哈克。可我这辈子还从来没做过这么真的梦呢。我还从来没被一场梦搞得那么累过呢。”

“噢，行了，别费神了，有时候做梦和别的事一样，也挺累人呢。可这个梦真是不一般，从头到尾给我讲讲吧，基姆。”

于是基姆就讲开了，把前前后后的经过全给我讲了一遍，还活灵活现地编出不少瞎话来。讲完以后他说还要好好琢磨一下，要把这个梦圆一圆，说这是老天给我们降下的训诫。他说第一个沙洲代表一个对我们行善的人，那股急流是另一个人，就是不让我们靠近那个善人。喊声代表我们常听到的训诫，我们无论费多大劲也要把它弄明白，不然它就不能替我们消灾解难，反而会给我们惹是生非。

后来，我们遇见的那些沙洲指的是我们要遇到的麻烦，就是各式各样的小人要和我们过不去。不过，只要我们事事小心，不管闲事，不得罪人，不惹是非，就能逢凶化吉，钻出大雾，回到开阔的大河里，也就是说能到达废掉蓄奴制的自由州，以后就再不会遇到什么灾难了。

我上木排那会儿，天色黑压压的，这时候，乌云又散开了。

“哦，不错，这梦你圆得挺好，基姆，”我说，“可是这些东西又代表什么呢？”

我指的是木排上那些树叶和一些乱糟糟的东西，还有那支撞断了的船桨，这些东西现在能看得一清二楚了。

基姆朝这些乱糟糟的东西上看了一眼，又看看我。又转过去看看东西。他满脑子都是那个梦，似乎暂时摆脱不掉，一下回不到现实中来想有用的事。

等到他终于明白过来，就睁大眼睛瞪着我，一本正经地说：

“知道这些东西代表什么吗？告诉你吧。我拼命划木排，大声叫你，累得半死，后来困得打起了瞌睡，你一直不露面，我难过得要命，哪里还顾得上木排往哪儿漂，昏昏沉沉就睡着了。一醒来见你一根毫毛也没伤着，好生回来了，我就谢天谢地，高兴得流出了眼泪，恨不得跪下抱住你的脚亲一口。可你尽编瞎话捉弄老基姆。这些乱糟糟的东西全是狗屁，拿屎盆子往朋友头上扣，给朋友难看的家伙都是浑蛋。”

说罢，他就慢慢站起来走到小窝棚口上，没再吭气就钻进去了。可是他这一招真够叫我受的，我一下子觉得自己真的是缺德透顶，恨不得过去亲一亲他的脚，叫他把那些话收回去。

我灰溜溜地单独待了一会儿，才终于鼓足勇气，要去向一个黑人朋友认错道歉——我总算是这么做了，我可从来没有后悔过。以后我再也不会捉弄他了，早知道开这个玩笑会叫他那么伤心，我可绝对不会这么冒失的，现在，我真的开始后悔了。

第十六章

我们差不多睡了整整的一个白天，到了夜里我们就继续上路了。我们紧跟在一个特别长的木排后面，它在河里往下漂的样子，活像是一长列的游行队伍。这个木排两边各有四个长长的桨，看样子上面足能坐三十多人。上面搭着五个窝棚，互相离得挺远，当中烧着一堆大火，两头各有一根高高的旗杆。这个木排真是气派极了，能在上面当个水手，可真了不起，我想。

夜色越来越黑，天气越来越热。我们一路漂下去，漂进了一个大河湾。河面很宽，两岸是密密的树林，活像两堵大墙，半天也瞧不见一个豁口，不见一丝儿亮光。

我们谈起了索罗镇，可是不知道什么时候才能到那儿，能不能认出那地方。我说大概认不出来了，因为听说那地方只有十来户人家，如果恰好他们都没点灯，我们怎么会知道那是个小镇子呢?

基姆说，有两条河在那儿流到一块儿了，还是能看出来的。我说那也会当成是刚经过个岛尾，还是在大河里面。基姆听了心里有点着急，我心里也急着呢。这下问题就来了，怎么办？我说要再看见有亮光，就靠岸，遇上人就说我爸爸在后面，开着一条做生意的大船。说他刚干上这一行，还不太熟悉，想打听一下这儿离索罗镇有多远。基姆觉得这主意不错，于是我们又抽着烟开始聊天，等待时机。

眼下，唯一的办法就是一直盯着前面，免得经过小镇子还不知道。基姆说那地方他一眼就能看见，因为他一看见索罗就会成为自由人。如果错过去的话，就会又走到蓄奴州去的，再想获得自由可就难了。他每隔一会儿就跳起来说："那就是！"

可是，他说的根本不是索罗镇，不是片鬼火，就是萤火虫。他只好又坐下，还像原先那样呆呆地望着前面。基姆说他一想到马上就要获得自由，就激动得浑身颤抖发热。

哦，说实在的，听他这么说，我也觉得浑身颤抖、发热呢，因为我琢磨着他确实是快要自由了——这该怨谁呢？唉，都怨我，我怎么也没法儿让自己的良心平静下来。为这事，我心里真是烦透了，老是坐立不安，不能老老实实地在一个地方待下去。

以前，我可从来没朝这方面想过，一点儿都不明白自己干的这事会有多么严重。现在这个疙瘩怎么也解不开了，弄得我心里很不是个滋味。我老想安慰自己说这事不怨我，因为又不是我叫基姆从他主人家里逃出来的。可这个办法不灵，我的良心老对自己说："你明明知道他就是要逃出去找自由的，你完全可以上岸去把这事告诉别人。"真的是这样——我推不了自己的责任，麻烦就麻烦在这儿啦。良心对自己说："可怜的奥恩小姐有什么地方对不住你的呢？难道你就这样眼睁睁看着她的黑奴从你眼前跑掉，连句话也不说吗？可怜的女人到底什么地方得罪了你，你竟这样缺德地对待他？她费尽辛苦教你念书，教你懂礼貌，想方设法对你好，她可是始终对你很好的呀。"

我越想越感觉自己可恶透顶，可耻透顶，还不如死了算了。我心慌意乱，在木排上走来走去，心里老在骂自己。基姆跟我一样，他也在我身边走来走去。我俩的心里有话都憋不住了。每次从我身边过去，他都要转过来兴奋地说："那就是索罗镇！"一听这话，我简直就像中了一枪似的，心想那要真是索罗镇，我可就难受得要命了。

我一直在想我的心事，不说话，可基姆老是粗声大气地说话。他说的是一到了自由州该干什么，说要好好攒钱，一个子儿也不乱花。把钱攒够就到奥恩小姐老家附近那个农庄上去，从那儿把老婆赎回来，以后他俩就能一直干活，再把两个孩子也赎回来。如果他们的主人不肯卖，就去找反对蓄奴的人帮助他们。

我一听他这话，心里就凉了半截儿。如果是从前，这话他连想也不敢想。瞧他这样儿，还没变成自由人，就狂妄起来了。记得有句老话说："黑奴该死，得寸进尺。"我心里琢磨，这就是自己不动脑子的结果。眼前这个黑人真可以说是我帮他跑掉的，这会儿他还说什么要把孩子偷出来——孩子的主人我可压根就不认识，人家可从来没得罪过我呀。

我听基姆说这种话，心里真不是个滋味。他打这个主意真是可耻透了。良心把我折磨得难受死了，后来我就对良心说："饶了我吧——现在还不迟——再看见亮光，我就上岸去告发他。”

那样一来，我的心里就感觉轻松多了，轻轻得像根鸡毛，一点儿也不烦恼了。我仔细注意着岸上，想找到亮灯的地方，这会儿我真快活，好像心里在唱歌。

没过多久，果然就看见一个亮光，基姆兴高采烈地喊叫起来：“这下我们可算平安无事了，哈克，我们平安无事了！赶紧跳起来吧，立正敬礼吧！那就是索罗镇．是那个好地方。总算到了，这回可绝对错不了！”

我说：“我先让小船划过去瞧瞧吧，基姆。你知道，也许这次还不是。”

他立刻跳过去备好小船，还把他那件旧上衣铺在船上让我坐，再把桨递给我。我已经划出去了，他又说：“用不了多久，我心里就会乐开了花，就会大喊大叫起来。我要说全凭哈克帮忙，我成了自由人，如果没有哈克帮我，我就成不了自由人，这全凭哈克帮忙。基姆这辈子忘不了你，哈克，你真是基姆的好朋友，我这辈子还没有遇到过像你这么好的朋友呢。老基姆现在也就你这么一个朋友啦！”

我刚要上岸去告发他，他却说了这么一番话，一下子就让我泄了气。我也就划不快了，真不明白我独自划走是凶还是吉。

划出去五十米远的时候，基姆说：

“你要到那儿去了，我真正的老朋友哈克，白人里面就你一个人对老基姆讲信用。”

我听了心里更加不是滋味，可我心里却说，非这么做不可——没其他的路可走。就在这时候，来了一只小船，里面坐着两个带枪的人，他们停住了，我也停住。有一个人问我：

“那儿是什么东西？”

“那是半截儿木排。”我说。

“你是不是那上面的？”

“是的，先生。”

“上面还有人吗？”

“就我一个，先生。”

“是这样的，今天夜里，从河湾上边跑了五个黑鬼，你那木排上是个黑人还是白人？”

我没有立刻答话，本来想一口气说出来，可不知怎的却说不出来。稍停了一会儿，想打起精神说了算了，可就是没胆子说出口——连兔子的胆量也没有。我清楚自己败下阵来了，就干脆打消了这个念头，脱口就说：

“是白人。”

“我看我们还是上去瞧瞧的好。”

“我还巴不得你们来瞧瞧呢。”我说，“如果那人是我爸爸，没准儿你们能帮我个忙，把那木排撑到岸上去，就到那个有灯光的地方。我爸爸生了病——我妈和玛丽安也病了。”

“嘿，真他妈的，我们正忙着哪，小家伙。可是看样子还非去不可了，那好，用劲划吧，我们赶紧去就是了。”

我抓紧使劲地划，他们也使劲划。刚划了几下我就说：“我爸爸会好好谢谢你们的，我一直求人帮我把木排划上岸去，可是人家都不干，我一个人又没那么大的力气。”

“嘿，真他妈的没心肝。真是怪事，小家伙，你爸爸得了什么病？”

“得了……呃……就是……唉，倒也不要紧。”

那两人停住不划了。这时候离木排已经没多远了。他俩有一个说：“小家伙，你说了谎。你爸爸到底得了什么病？老老实实讲，要不对你没好处。”

“那我老实说吧，先生，可是你们千万别走开，求求你们了。他得的……是……先生们，你们只要划到前面，接住我的缆绳就行，用不着靠近木排——行行好，帮帮忙吧。”

“往后退，我的伙计，往后退！”其中一个说。他们就一起往后退去了。

“快划到一边儿去，小家伙——别待在风头上。真倒霉，怕是早叫风刮到我们这儿了。你爸爸得的是天花，你明明知道，怎么不老老实实告我们？打算叫这病传染我们吗？”

“哦，”我哭着说，“我本来对谁都一直说老实话的，可是人家一听就撇下我们不管了。

“可怜的小鬼，原来是这么回事。我们也为你难过着哪，可是我们——唉，他妈的，我们可不想害天花，你要知道。听我说，我来告诉你怎么办。你可别打算自己划着木排靠岸，你去准得撞个稀巴烂。就这么一直往下漂吧，大概漂上个二十里，河左岸有个镇子。到了那儿，太阳就会出来了。你求人帮忙的时候，就别再说你的家人生了病，别再犯傻了，让人家一猜就知道是怎么回事。我们为你好，你要划出二十里地再说，好孩子。在亮灯那地方靠岸没什么好——那不过是个锯木厂。嗨，孩子，如果你爸爸很穷，看样子也不会走运的。我这儿有二十块钱的金币，我把它放在这块木板上，漂到你跟前，你就把它收起来。我觉得撇下你实在不好意思，可是，上帝！天花可不是闹着玩的，你懂吗？”

“等等，伙计，”另一个人说，“我这儿也有二十块，一块儿搁在板子上吧。再见，小家伙，你就照我们的话去做吧，肯定错不了。”

“没错，孩子——再见，再见。如果你瞧见了逃跑的黑鬼，就叫人抓住他们，你可以换点儿钱花。”

“再见了，好心的先生，”我说，“只要我看见了，就绝不叫逃跑的黑鬼从我身边溜掉。”

他们总算走开了，我也回到了木排上，心里挺难受的，很不是滋味，因为自己做错了事，心里也明白，看样子要想叫我不做错事是办不到了，就是学也学不会。一个人如果从小就没学好，长大也没出息，一到紧要关头就会泄气，什么也就干不成了。再一琢磨，心里就又对自己说，倒也未必，假如我把这事做对的话，也就是把基姆交出去，难道心里就能比现在好受吗？不会，我说，我也会难受的，和现在没什么两样。那么，学会把事做对又有什么用呢？把事做对了也要惹麻烦的，做错了反而倒不麻烦，再说道理都一样的。这可把我搞糊涂了，这个问题我真回答不了。于是，我觉得不必再为这事伤脑筋了，以后怎么想就怎么做好了。

我钻进了窝棚，基姆不在里面，我四处张望，哪儿都没他的踪影。我就叫了一声：“基姆！”

“我在这儿哪，哈克，他们走远了吗？别大声说话。”

他在河里泡着，藏在舵桨底下，只把鼻子露在外面。我说那些人已经走得没影了，他这才爬上来说：“你们刚才说的话我全听见了，一害怕就溜下水了，假如他们到木排上来，我就要游到岸上去，等他们走远我再游回来。可是，噢，你把他们哄得真逗，哈克！你这一招可真漂亮！我告诉你吧，孩子，你这可把我给救了——我一辈子也忘不了你，宝贝儿。”

接着我们又说了说那笔钱的事。这笔钱可真不少，我们每人能得二十块哩。基姆说这下我们可以搭汽船坐头舱，手头有了这些钱，在自由州里愿意上哪儿就上哪儿去。他说坐木排再走上二十里也没什么，可他还是巴不得我们这会儿就已经到了那地方。

天亮前，我们靠了岸，基姆小心翼翼地把木排藏好。后来他又忙了一天，把所有的东西都收拾好，打了好几个捆，一切都准备好以后，就等着离开木排上岸了。

在河下游左边的一个河湾上，当天夜里十点来，我们望见一座小镇上的灯光。

我先坐小筏子上那儿去打听。不一会儿就见有条小船里坐着个人，正在放排钩钓丝。我划过去向他打听："先生，那地方是索罗镇吗？"

"索罗？不是。你这小鬼真傻得可以。"

"那是什么镇，先生？"

"要想知道，就自己去那儿打听吧。快走开吧，别再赖在这儿不走。"

我赶紧划到木排那儿。基姆失望极了，我说没关系，过了这个镇下一个大概就是索罗了。

天亮前，我们又走过了一个镇子，我还想先过去看一下，可是那地方地势很高，所以我就打消了这个念头。基姆说索罗附近没有高地，刚才我怎么就把这个给忘了。我们在靠近左手岸边的一个沙洲那儿停下来，藏了一天。我心里渐渐觉得不对头。基姆也一样。我说："没准咱已经走过了索罗，就在起了大雾的那天晚上。"

他说："我们还是别谈这个的好，哈克。可怜的黑人老是没福气。我心里老在嘀咕，恐怕还是那条响尾蛇皮在作怪吧。"

"如果根本就没瞧见过那蛇皮该多好，基姆，如果一眼也没看就更好了。"

"这可不是你的过错，哈克。你当时又不知道，好了，不要埋怨自己了。"

天大亮了以后，我们看见靠岸这边清清亮亮的河水毫无疑问是俄亥俄河，外面仍然还是那条大河的黄泥水！原来索罗是早就甩到后面去了。

我们把这事谈了又谈。上岸是不行的，当然也没法划着木排往上游走。没办法，只好等天黑下来，再试试划小船往上走行不行。整整一个白天，我们就在杨树丛里睡大觉，等养足精神再好好干一番。不料我们等天黑跑到木排那儿一看，小船不见了！

我们在那儿愣了半晌，谁也没说话，也确实没什么好说的了。心里都明白，这还是那条蛇皮在作祟。如果老这样谈它也没用，没准又惹些晦气出来——没完没了的晦气，能叫你尝个够，直到你受够了教训默不作声为止。

随后，我们开始商量了下一步该怎么办，商量来商量去还是商量不出个办法来，只好再坐木排往下漂，以后再买只小船往回走就是了。如果趁没人的时候去借人家的小船，这种爸爸常用的办法我们是不打算用的。因为那样一来，事情会更糟糕的。

于是天一黑，我们又坐木排漂走了。

那块蛇皮叫我们吃了这么多的苦头，如果有人还不相信玩蛇皮会倒霉，那么他再把这本书看下去，看看为这个我们还吃多少苦头，就自然会相信了。

能买到小船的地方是在靠岸停木排的河边。可我们一路上没看见停着什么木排，就一直往前漂了三个多小时。唉，这天夜里真黑，伸手不见五指，差点儿就和起大雾一样糟糕。河里是什么样儿，你一点儿都不知道，多远多近一概都看不清楚。到了夜深人静的时候，忽然过来一条朝上游开的汽船。我们连忙把马灯点着，估计从汽船上能看得见。往上游开的船一般都不会靠近我们走，总是找靠近礁石的静水顺着沙洲走。可是在这种黑夜，它们就专跟大河对着干，逆流而进。

不一会儿，我们听见它轰隆轰隆地开过来了，可直到跟前才把它看清楚。它正对着我们冲过来，那些船就爱这么开，只要不撞上木排，总想试试到底能靠得有多近。

有时候汽船上的大水轮会一口啃掉木排上的一条桨，领航员就会伸出脑袋来乐得哈哈大笑，觉得他自己干得漂亮。嘿，这回它就这么笔直地开过来了，我们说它又想来给我们“刮胡子”。可它好像没有一点儿要躲开的意思。那条汽船个头挺大，来势挺猛，像团黑云压了过来，周围好像还有一排排萤火虫。

可是猛然间，它就清清楚楚地蹦到我们面前了，大得吓人，前面有长长一排敞开的锅炉门，活像烧红的牙齿在闪光，巨大的船头和保险档一直压到我们头顶上来了。船上有人冲我们喊了一声，还叮叮当当地响了一阵停机铃，还有人高声叫骂，接着响起了汽笛的声音——就在我和基姆分别从木排两边跳进水里的一刹那，汽船一头撞了上去，把木排撞了个稀烂。

我憋住气潜到水下，打算一直潜到河底，因为船上那个三丈长的大水轮要从我头上滚过去，我总得给它腾开地方呀。我一般能在水底下待上个一分钟，这回我估摸足足待了有一分半钟。接着我就猛往水面上蹿，因为我简直快要憋死了。

我先露出头来，一下连胳肢窝也露出了水面，又把鼻子里的水擤出来，嘴里也吐了几口水。不用说，河水流得又急又猛，汽船只停了十来秒就又开动机器，轰隆轰隆往上游走了，他们根本就不把撑木排放在眼里，没事一样顶着急流上去了，声音还听得见，转眼间，它就在黑漆漆的夜里溜得无影无踪了。

我大声叫基姆，接连叫了十几声也没反应，就一面踩水，一面抓住了一块碰在我身上的木板，抱住木板往岸上游。后来我总算弄清了河水是朝左岸上流的，就是说我恰好处在一股横流当中，就赶紧改变方向，朝那头游去。

那是一股足足有两里长的横流，所以我费了好大的工夫才游过去，终于平平安安地游到了岸边，爬到了岸上。我只能看清眼前不远的地方，可还是摸索着往前走了好几百米，不知不觉，我就走到了一座用双排圆木盖起来的老房子跟前。我正打算从旁边绕过去，不料突然从里面跳出一大群狗来，冲着我汪汪大叫，我知道这时候是不可以动的，于是，我就站在那儿。

第十七章

过了大约有一分钟，有个人连头都没从窗户里伸出来，就冲外面大声说："别叫了，小子们！是谁在外面？"

我说："是我。"

"你是谁呀？"

"乔治·文帝斯，先生。"

"你来干什么？"

"什么也不干，先生。我就想打这儿过去，可这些狗挡住道儿不让我过。"

"嘿，这三更半夜，你在这儿偷偷摸摸干吗？"

"我可没有偷偷摸摸，先生。我刚才从汽船上掉进水里了。"

"嗬，从船上掉下来了，当真？哎，来个人划根火柴看看。你说你叫什么名字来着？”

“乔治·文帝斯，先生。我不过是个小孩子。”

“听着，如果你没撒谎，就用不着害怕——谁也不会伤害你。可你千万别乱跑，就在原地站着别动。谁去把鲍比和汤姆叫起来，把枪拿来。乔治·文帝斯，有没有人和你在一起？”

“没有，先生，没人和我在一起。”

这时，我听见屋里有人走动，并且还点上了灯。那人大声说：“快把灯拿开，马德，你这老傻瓜——怎么那么没脑子？快搁到大门后面地板上去。鲍比，你和汤姆马上准备好，然后就各就各位吧。”

“都准备好了。”

“好吧，乔治·文帝斯，你认识史波特那家人吗？”

“不，我不认识他们，先生——从来就没听说过。”

“好吧，你也许说的是真话，也许是假话。现在，大家都准备好。往前走，乔治·文帝斯。要注意，别急——慢慢走。如果有人跟着你，叫他站在后面别动——他只要一露面，就叫他吃枪子儿。好了，来吧！慢慢走过来，你自己推开门，推开个缝儿，能挤进来就可以的，听见了吗？”

我就是想快也快不了，慢慢一步一步往前迈，周围一点儿声音也没有，我觉得只能听见自己的心跳。那些狗紧跟在我后面，和人一样安静。等我走到那个三层木台阶的时候，听见里面打开了门锁，卸下了门杠，拉开了门栓。

我把手放在门上，推开了一点儿，又推开了一点儿，我就听见有人说：“行了——把脑袋伸进来。”我规规矩矩地照办了，可心里却直犯嘀咕，没准儿他们会让我的脑袋搬家的。

那些人都在屋里，蜡烛在地板上放着，他们的眼睛一起都盯着我，我也盯着他们，就这么互相盯了有十几秒。三个大汉拿枪对着我，吓得我直缩脖子。年纪最大的一个有六十来岁，另外两个三十多岁，三个人的样子都长得还蛮不错的，还有一个十分和善的白头发老太太，她背后还有两个年轻女人，我看不太清楚。

那位老先生说：“好了，我看没什么问题。进来吧。”

我刚一进去，老先生就把门锁上了，顶上了门杠，插上了门栓，叫那几个年轻人拿着枪进来，大家就都进了一个大厅，地板上铺着一块新地毯，他们一进来就都站到了离窗户很远的一个角落里，那里干脆就没有窗户。

他们手里举着蜡烛，上上下下把我打量了一遍，一齐说："哎，他绝对不是史波特家的人，长得一点儿都不像。"然后，那老头儿说要搜一搜我，看看我身上有没有武器，他解释说自己这么做并没有什么恶意，他只不过是想弄清楚罢了。他只摸了摸我口袋的外面，就说没问题了。他叫我不要拘束，随便点儿，把我自己的事对他们讲一遍。

可是那位老太太说："天哪，这可怜的孩子身上都湿透了，也该饿啦，招呼他一下吧？"

"说得对，我都忙忘了。"

老太太又对一个黑女人说："温蒂，你快去给他弄点吃的来，真是个可怜的孩子，快点儿！哎，你们两个年轻的姑娘，去一个人把罗克叫起来，告诉他——哦，他自己来了。罗克，快去领这小客人把湿衣服换下来，你找几件干衣服给他换上。"

看样子，罗克和我的年纪差不多，十三四岁的样子，不过他要比我高一点儿，他穿着件衬衫，头发很乱。他一边打着哈欠一边走进来，一个劲地用拳头使劲揉着自己的眼睛，另一只手里还拖着一条枪。他说："这不是史波特家的人吧？"

大家都回答说不是，是个误会。

他说："哼，如果真的是他们，我非搞死他们不可。"

大家都哈哈大笑起来，鲍比说："嘿，罗克，你动作太慢了，如果真的是他们的话，说不定我们的脑袋早都搬家了。"

"哼，为什么没人喊我一声呢，真不像话。你们有事老不让我参加。"

"别在意，罗克，好孩子，"老先生说，"等你干的事还多着呢，好机会有的是，不要难过啦！快去吧，照你妈妈说的做。"

于是，我们去了楼上罗克的房间，他给我找了一件粗布衬衫，一件短上衣和一条裤子，我都穿上了。他问我叫什么名字，还没等我回答，他就给我讲起他自己的事来了，他说他前天在树林里抓到一只喜鹊和一只小兔，还问我蜡烛熄灭的时候，摩西在哪儿。

我告诉他我不知道，以前我连听都没听说过。

"那么，你来猜猜看。"他说。

"以前我都没听说过的事，怎么猜呢？"我说。

"当然可以猜的呀，对不对？不难的。"

"什么蜡烛？"我问。

"哦，什么都行。"他说。

“我不知道那人在什么地方”我说。

“哦，他在黑暗里呀！除此之外，他还能在哪儿呢？”

“哦，既然你知道，为什么还来问我？”

“嘿！真见鬼，你难道就不知道这是个谜语吗？我说，你打算在这儿住多久呢？你就住下来吧。在这儿不用上学的，每天都可以玩个痛快的。你有狗吗？我就有一条狗——它能跳进水里，把你扔进去的小木头片拣回来。你爱梳头吗？爱做那些傻里傻气的事吗？我可绝不呢，但是妈妈老叫我做这做那的。这条旧裤子真他妈的糟糕，我宁愿不穿，这裤子特别热。你全穿好了吗？好极了，跟我来，伙计。”

他们给我准备了很多好吃的东西：冷玉米面包、冷咸牛肉、黄油和奶酪——我还没吃过比这些更美味的东西呢。罗克和他的妈妈还有其他人都抽玉米秆烟斗，就是那个黑女人和那两个年轻女人不抽。

我一面吃一面和他们聊天，他们也在抽烟，聊天。两个年轻女人身上裹着被子，长头发垂在背上。他们都向我问这问那，我告诉他们：我的爸爸和我家里的其他人都住在阿肯色州南头的一个小农庄里，我姐姐跟人跑了，后来结了婚，就再也没有音信了。德比去找他们，结果他一去也没音信了。家里已经没有其他的人了，只剩了我和爸爸，他一辈子都很倒霉，穷得叮当响。

我的爸爸一死，我就把剩下的东西带上。自己一个人离开了家，因为那农庄不是我家的。我买了通舱票，坐船往上游走，不小心从船上掉下来了，所以我就来到了这儿。他们大家听完以后，告诉我可以把这儿当成自己的家，想住多久就住多久。

天快亮了，大家都去睡觉了，我和罗克一块儿睡的，早上醒来的时候，真邪门，我把自己的名字忘了个一干二净。我躺在床上整整想了一小时，罗克一醒来，我就说：“你会不会写字，罗克？”

“会写。”他说。

“我保证你不会拼写我的名字。”我说。

“我敢说你会写的我都会写。”他说。

“那好吧，那你就说说看，怎么个拼写法。”

“乔治·文帝斯。”哦，他真的把每个字母都拼出来了。

“好，”我说，“你很厉害，我还以为你拼不出来呢。我这名字也不算太难拼——用不着费脑筋的。”

我暗地里记下了这个名字的拼写法，因为怕他们叫我拼，所以我要把它背熟，脱口就能说出来，让人家觉得我已经是说惯了。这一家人真是好极了，这房子也真是舒服极了。这么好这么气派的房子我在乡下还从未见过。大门上没有铁门闩，也没有带鹿皮绳的木门闩，门上是一个能转的铜把手，和城里的房子一样。客厅里没有摆床，不像城里许多房子的客厅里都摆着床铺。

另外，还有个壁炉，底座是用红砖砌的，每块砖都擦得干干净净，都是用砖头蘸水磨出来的。有时候，他们还拿一种叫作西班牙赭色的颜料擦洗砖面，就像城里人那样。他们的家里还有黄铜柴火架，大得能装下一大段锯好的木料。壁炉架正中摆着一个座钟，还挂着一幅小镇风景画，当中一块圆圆的地方就算是太阳了，可以看见钟摆在画儿的后面摆动。嘀嗒嘀嗒的响声听起来舒服极了。有时候，会来个货郎把钟擦得锃光瓦亮，焕然一新。

对了，钟的两边还分别有一只怪模怪样的大鹦鹉，像是用白灰制成，上面涂着花花绿绿的颜色。一只鹦鹉旁边还有个瓷做的猫，另一只鹦鹉旁边摆着个瓷狗。拿手一按，它们就吱吱地叫，可是并不张嘴巴，脸上也不变样儿。那吱吱的叫声是从它们的肚子底下发出来的。这些东西后面摆着两个撑开的火鸡毛扇子。屋子当中的那张桌子上，摆着一个漂亮的大瓷篮子，里面放满了假的苹果、橘子和葡萄，颜色又红又黄，比真水果还鲜艳得多。

那桌子上铺的是一块漂亮的油布面儿，上面是用红白两种颜色画的展开翅膀的老鹰，周围还有一圈花边。他们说那是从千里迢迢的费城带回来的。桌子上也整整齐齐地摆着图书，有一本是家庭《圣经》，里面都是插图；有一本是《天路历程》，故事说的是有个人离家出走了，可并没讲原因。那本书我断断续续看了不少。里面的话特有趣，就是不好懂。另一本是《友情献礼》，里面有不少诗歌，有一本是亨利·克莱的讲演录，还有一本是《家庭医药》，书里说的都是人病了该怎么办。另外还有本赞美诗集，以及一些别的书。屋子里有几把木条的椅子，样子很好看，全都完整无损。

墙上挂着图画，是华盛顿和拉斐特的画像，还有些打仗的图画，还有《高原上的玛丽》和《签署独立宣言》的图画。他们管那些画叫蜡笔画，那是这家一个已经死去的女儿在十五岁时画的。这些画和我以前见过的画不一样，颜色比一般的画都黑，有张画上面的是个女人，穿着一身瘦瘦的黑衣服，胳肢窝底下用带子捆得紧紧的，两只袖子中间鼓鼓的，人活像棵圆白菜，头上戴一顶像个大勺子一样的黑帽子，脸上遮着一块黑面纱，又白又细的脚腕子上缠着黑带子，脚穿一双活像凿子的小巧的黑色尖拖鞋，她站在一棵垂柳树底下，右手腕扶在一块墓碑上，一副十分难过的样子，另一只手垂在身边，拿着一块白手绢和一个网袋。这张画的下面写着：“呜呼！此生再难相见。”

另一张画上是个年轻女人，头发齐齐地在头顶上梳成一个髻，后面插着一把梳子，活像个椅子靠背，她用手帕捂着嘴在哭，另一只手里躺着一只两脚朝天的死鸟，画的底下写着：“呜呼！再难听到你那婉转的歌喉。”

还有一张画上面着一个年轻女人，正在窗前仰望着月亮，脸上的眼泪一直往下流着，手里拿着一封信，信封口上露着黑火漆，她用一个带链儿的小金盒子捂在嘴上，画儿底下写着：“呜呼！弃我去者终难留。”

我觉得所有的这些画都不错，可不知怎的，我不是很喜欢，假使我本来自己就不高兴，看了这些画儿就会更难受了。人人都为她的死去而感到难过，因为她本打算画好多这样的画儿，看着她画好的画儿，就知道损失是很大的了。

我觉得，她那种性格，待在坟墓里也许会更舒服。她病倒的时候，正在画一幅画，他们说那是她画得最好的一幅画，她每天每夜都要祷告，请求上帝叫她活到把画儿画完的那天，可是她没能如愿。

她最后的那画里是个穿白色长裙的年轻女人，正站在一座桥的栏杆上打算跳下去，长头发披在背上，仰头望着月亮，满脸都是泪水，她的好多条胳膊都交叉抱在胸前，两条伸向前面，两条向上举着伸向月亮——她本来是想看看画哪两条胳膊最合适，然后再把别的胳膊全擦掉的。但是她的主意还没定下来，人就死掉了。

如今，她的家人把画都挂在了她的床头上，每当她生日的时候，就在上面挂几朵鲜花，平时总拿一小块布盖着。画里的年轻女人脸长得挺好看，可惜胳膊画得太多，我觉得简直像蜘蛛，让人看了不舒服。

听说女孩活着的时候，保存着一本剪贴簿，经常把《长老会观察报》上登的一些讣告、事故等剪下来贴在簿子里，还写了些特别的诗附在后面。诗写得美妙极了，下面这首诗是她为一个名叫斯蒂芬·达可的男孩儿写的，那孩子不小心掉井里淹死了：

祭斯蒂芬·达可

年纪轻轻斯蒂芬，
难道竟已病故？
亲人为你哭断肠，

能不伤心惨目？

少年夭折为哪般，
身体本无疾病；
亲人泪下湿衣裳，
知是命里注定。

未曾沾染百日咳，
也无麻疹红斑；
英年早逝太可悲，
但与疾病无关。

一头鬈发多英俊，
失恋也不灰心；
头疼脑热放不倒，
天天快活欢欣。

命运无常催人泪，
且听我从头说；
不幸失足掉井底，
魂魄飞出心窝。

捞起挤掉肚里水，
可惜已经太迟；
灵魂冉冉游太虚，
天国逍遥永世。

爱米丽还不到十四岁，就能写出这么漂亮的诗，如果她活着，真不知道会有多么能干。罗克说她拿起笔来就能写诗，都不用想。他说她一下笔就是一行，如果想不出下句的韵脚，就干脆擦掉这行，再另写一行，接着往下写。她并不只是写一个方面的事，不管你叫她做哪方面的诗，她都可以的，凡是让人伤心的事，她都能写进诗里。只要有人死了，不管是男人、女人，还是小孩子，她不等人家尸骨未寒，就能立刻把“祭诗”写好。她把这种诗叫作祭诗。街坊邻居都说，每逢这种场合，第一个到的是医生，第二个到的准是爱米丽，然后才是殡仪馆的人——他们总不如爱米丽来得快，只有一次比她来得早，那是因为她为一个死者写诗要押他名字的韵，左思右想一时没有押上。从那以后她就和以前不一样了。她从来没有过什么病，可是却一天天瘦下来，没多久就死了。

可怜的女孩，有很多次我看她的画难受的时候，我就上楼到她住过的小屋里，取出她那本旧得不成样儿的剪帖簿来，看看上面贴着的东西。这家人我都喜欢，连死去的那位姑娘在内，所以我不打算在我们之间发生不愉快的事。

可怜的爱米丽活着的时候，总是给人家做诗，可等她自己死了，却没人来给她做诗，所以我自己打算给她做上一两首，否则那就太不公平了。可是不知为什么，我憋了半天也憋不出一句来。

他们家里人把爱米丽的屋子收拾得干净整齐，所有的东西都像她活着的时候一模一样，还照她的意思摆着，房子一直空着没人在里面住。她家有不少黑奴，可老太太非要亲自照料这间屋子，她总是在里面做针线活，念《圣经》。

对了，我刚才提到那大客厅，客厅里的白色的窗帘真的很漂亮，上面的图画是墙上爬满藤萝的城堡，还有正在河边喝水的牛羊。客厅里还摆着一架旧的小钢琴，我想如果能听听年轻姑娘们唱那首《最后一缕情丝已断》，用钢琴弹那支《布拉格之战》的曲子，那是最美妙的事情了。这里所有的房子地板上都铺着地毯，整个房子外面都刷着白灰。

客厅是一座盖着顶、铺着地板的双排房子，两排中间有一大块空地，有时候，午饭就在那儿吃，真是个又凉快又舒服的地方呢。住在这儿真是最惬意，吃得也不错，而且又管饱!

第十八章

要说格凌兰杰上校，他可是位地道的绅士。他的家人和他一样，个个都是一副绅士派头。他是个出身好的人，人出身好，就像一匹马有个好出身一样重要。就像道格拉斯寡妇是镇子上的头面人物一样，就连我那下三烂的爸爸都那么说。格凌兰杰上校的身材特别高，肤色白中带黑，一点都不红润。每天早上，他都把那张瘦脸刮得溜光，他的嘴唇特别薄，鼻子挺高，鼻孔狭长，眉毛浓重，一对乌黑乌黑的大眼睛会让你觉得，它们像是从山洞里窥视你一样。他的一头黑发一直拖到肩膀上，一双手也又长又瘦。他一年到头总是穿一件干净的衬衫，外面还要从头到脚披一件亚麻衣裳，白得叫人看着晃眼睛。星期天，他就穿一件缀着铜纽扣的蓝色燕尾服。他总是手持一根银头红木手杖。他举止特别稳重，从来不大声说话。没有人比他对人更和气的了，人们都那么说呢，人们都愿意跟他亲近。他微笑起来很好看，不过，他如果把腰杆挺直，眉毛下面喷出怒火时，你就会不由吓得蹿到树上去的。他从来用不着警告别人举止该如何如何，但是只要他在场，人们都非常讲礼貌。他就像一道阳光，人们都喜欢他。有了他，人们就觉得天气是晴朗的。他如果变成一团乌云，立刻就天昏地暗，一个星期人们都不敢再胡闹！

上校每天和老太太下楼的时候，全家人起身向他们请安，他们不坐下，谁也不敢先坐下。接着，鲍比到放着餐具的橱柜旁，为他调制一杯苦味酒后递给他。他把酒端在手中，然后，鲍比边鞠躬边说："给您请安，先生，太太。"他们也微微点头，说声谢谢，接着，他们三人一起喝酒。鲍比喝剩的一丁点威士忌或者白兰地的杯底掺上一勺水和糖，递给我和罗克，我们也向他们举杯祝酒，然后把水酒喝下去。

鲍比是老大，汤姆是老二。他们都是高个头、宽肩膀，头发又长又黑，很漂亮的样子。他们的面孔是古铜色的，眼睛乌黑发亮。他们和老先生一样，从头到脚都是白色亚麻衣裳，头上戴着巴拿马草帽。

再说说勃朗特小姐吧。她二十五岁了，长得挺漂亮。也是高个头，派头十足的样子，没人惹她时，她的脾气很好；如果有人惹了她，她就跟她的上校爸爸一样，准让你吓得魂飞魄散。

她妹妹也是个美人，年纪只有二十岁，脾气像只鸽子，又温和，又可爱。

他们每个人都有自己的黑奴专门服侍，连罗克也有。侍候我的那个黑奴最舒服了，因为我还不习惯让人帮我做一切的事情。侍候罗克的那个黑奴一天到晚闲不住，每天忙得脚不沾地。

这家现在就这么多的人，以前还有过几个：三儿子被人家给打死了，还有那个也死了的画画很好的女孩儿。

格凌兰杰上校拥有大片的田地，一百多个黑奴。有时候，会有许多人骑着马从方圆十几里远的地方来，这些人大都是他们家的亲戚，男人们都带着枪，一住就是五六天，白天在树林里跳舞野餐，晚上在家里开舞会。你没看过不会知道的，那场面真是气派极了。

附近还有五六家阔佬，大都姓史波特。他们跟格兰杰家族的人一样，上等出身，派头十足，财大气粗。史波特家和格凌兰杰家共同用一个码头，那个码头在我们住的房子上游大约两里的地方。有时候，我跟我们这儿的许多人一起出去时，常见到很多史波特家的人骑着马。

一天，我和罗克正在树林里打猎，忽然听见一匹马跑过来。当时我俩正要穿过一条路，罗克说："快点！快躲进树林里！"

我们奔跑着躲进树林，透过树叶朝路上看。不一会儿，一匹马飞奔过去，马背上的年轻人神气十足地把枪横搭在鞍子前面，像个士兵一样。我以前见过他，是年轻的多尼·史波特。只听罗克一声枪响，多尼的帽子已经应声落地。他抓起自己的枪，掉头朝我们藏身的地方跑来。没等他到呢，我们就撒开腿在树林里狂奔起来。一边跑，我一边不停地扭回头看，想躲开子弹，有两次，我看见多尼用枪瞄准了罗克。后来他又掉转马头，朝来路跑去捡他的帽子了。

我们一刻都没停下脚步，一口气跑回家。听我们讲完事情的经过，因为喜悦，老先生的眼睛里闪着亮光，接着，他用温和的语气沉着脸说："我可不喜欢在树林里朝别人开枪。你们干吗不到路上去呢，孩子们？"

"爸爸，史波特家的人不会那么做的，他们总是在放暗箭。"

后来，我把罗克带到外面，走到树底下，看看左右没人，我说："罗克，你刚才真打算杀了他？"

"是啊。"

"他怎么欺负你了？"

"他？他从来没欺负过我。"

"那你为什么想打死他？"

"什么也不为，就是为报家仇。"

"什么是家仇？"

"你怎么搞的？你是在哪儿长大的？难道连家仇都不懂吗？"

"我真的没听人说过。你快告诉我吧。"

"好吧！"罗克说，"家仇是这么回事：一个人跟另一个人争吵起来，把他打死了，那个人的兄弟又反过来把他打死，接着，双方的兄弟们都互相报仇，后来，堂兄弟表兄弟们也参加进来，直到大家都被打死，家仇才算了结。不过这事慢得很，要花很多年的时间。"

“你们的家仇已经结了很久了吗，罗克？”

“是的，我敢打赌，三十年前就有了，很久了。两家为某件事吵起来，后来就打了场官司，输了官司的那人开枪把打赢官司的人给打死了，当然了，谁还会那么干呢？”

“开始是因为什么事争吵的，罗克？是为争土地吗？”

“也许是吧，反正我不知道。”

“那么是谁先开的枪？格凌兰杰家还是史波特家？”

“鬼才知道呢，那可是很多年前的事啦。”

“没人知道吗？”

“哦，有的，我看爸爸知道，有些老人也知道。可现在人们都不知道以前争吵是怎么开始的。”

“一些人已经被打死了吗，罗克？”

“是的，举行葬礼成家常便饭啦。可他们不见得每次都能打死人。爸爸身上就留着几颗大子弹没取出来呢，可他并不在意，反正也没有增加多少重量。鲍比让人捅了几猎刀，汤姆也伤过一两回。”

“今年有人被打死了吗，罗克？”

“有。我们死了一个，他们也死了一个。三个月前，十四岁的堂弟哈奇骑着马穿过河那边的树林，他太傻，当时身边什么武器都没带。到了个偏僻的地方，他听见后面有马蹄声越来越近，他看见老史波特一头白发手里握着枪追上来，他没有跳下马躲进树林里，他以为自己的马跑得快。两人就一前一后赛开啦，一直跑了五六里。那老头儿的马越跑越近，他眼看跑不掉了，干脆掉过头来面对那老头，想闪过他的子弹。结果，那老家伙一枪就把他打倒了。不过，他也没高兴几天，不到一周，我们的人就把他也干掉了。”

“我看那老家伙是个胆小鬼，罗克。”

“他不是胆小鬼，一点儿都不胆小。史波特家的人没一个是胆小鬼。格凌兰杰家也没一个胆小鬼。有一天，那个老头子跟格凌兰杰家的三个人打起来，那家伙坚持了半小时，最后还打胜了。他们当时都骑着马，他跳下马，躲在一堆木头后面，还让马也躺下，给他挡子弹。格凌兰杰家的三个人都没下马，围着老头转悠，朝他啪啪直放枪，他也躲在那里朝他们开火。最后，回家的时候，他和他的马浑身是血，一瘸一拐，可格凌兰杰家的人都是抬回去的，其中一个人第二天还丢了命。伙计，要想在史波特家找出个胆小鬼来，那根本就是不可能的。”

接下来的一个星期天，我们都去教堂做礼拜。去教堂大概有三里路，大家都骑着马。男人们都带着枪，罗克也不例外。到了教堂，人们不是把枪夹在膝盖中间，就是把枪立在墙边顺手就能抓到的地方。史波特家的人也一样。布道很讨厌，尽是说些仁爱之类的废话。回家的路上大家还一直喋喋不休，谈论什么虔诚、行善、施恩、报应的，我根本听不懂，那是我这辈子遇到的最倒霉的星期天。

午饭后，大家都打起了瞌睡，有的在椅子上歪着，有的在自己屋里睡，太乏味了。罗克和一条狗在草地上晒着太阳也睡熟了。我上了楼，想到我们的屋里去睡一觉。我发现可爱的菲娅蒂小姐就站在她的屋门口，她的屋子就在隔壁。她把我领进她的屋子，轻轻关上门问我是不是喜欢她。我说喜欢。她又问我能不能帮她做点事，不告诉别人。我说能。她就对我说，她把《圣经》和另外两本书忘在教堂的座位上了，她要我悄悄溜出去把书取回来，不要告诉任何人。我就答应了她。

于是，我一个人悄悄溜出去，顺着大路往教堂走去。教堂里没有人，只有一两头猪。教堂的门不上锁的，夏天，猪就喜欢趴在粗木地板上歇凉。你如果留神就会发现，人迫不得已才去教堂，猪和人不一样的。

我对自己说，一个姑娘为了本《圣经》急成那样，这可不怎么正常，所以我就把书抖了抖，结果我抖出一张纸片，上面用铅笔写着：两点半见。我把书翻了一遍，什么也没找到。我猜不出那是什么意思，我就把字条重新放回书里。

上了楼，我看见菲娅蒂小姐站在门口等着我呢。她把我拉进屋，关上门。接着，她翻开那本《圣经》，找着那张字条看到上面的字后，她立刻高兴起来。我还没反应过来，她就一把搂住我，紧紧拥抱我，说我是世界上最好的小伙子，并叮嘱我不要把这件事告诉别人。

有一会儿，她的脸红得厉害，眼睛在闪闪发亮，真是迷死人了。我心里很吃了一惊，等我喘过气来，就问她那字条上写的是什么。但她却反问我看了没有，我说没看。她又问我认不认得手写的字，我说："不认得，木版印刷的还行。"她就说，那张字条上没写什么，不过是个书签，能让她记住读到哪儿了。

出了门，我一个人朝河边走去，心里反复琢磨这事，很快我就发现我的那个黑奴在我身后跟着。我们走到看不见那房子的地方后，他往后面看了一下，又朝四处望望，跑上前来说："少爷，我带你到水塘那儿去，那有一大群的水花蛇。"

我心想，怪了，他昨天就说过一遍的，他知道我不喜欢水花蛇，谁爱专门找蛇看。他这葫芦里卖的是什么药?

于是我就说:“好吧，你在前面走。”

我跟着他走了半里路，接着，他领我走进水塘，在没脚脖子的水里涉水又走了半里远。我们到了一小块长满树木草丛和野藤的干地上。

他说:“少爷，你往前走几步，它们就在那儿，我见过了，不想再看了。”

随后，他啪嗒啪嗒溅着水走了，很快就看不见影子了。我拨开枝叶走到有一间卧室那么大的空地上，周围到处是攀在树上的藤子。我发现有个人在躺着熟睡——天哪，原来是我的老伙计基姆!

我立刻把他叫醒，以为他见了我一定会大吃一惊的。他高兴得差点儿嚷起来，并没有怎么吃惊。他说那天夜里他在我身后游着，听见我一声一声叫他，可又不敢答应，生怕人家把他从水里捞上来，再抓去当奴隶。

他说，他受了点伤，游不快，所以后来就落在后面了。看见我上了岸，心想，用不着喊，能赶上的。可后来看到那房子，就把脚步放慢了。两人离得太远，听不见那些人在说些什么。另外，他还害怕那些狗。后来什么声音都没了，他知道我进了那所房子，就躲进林子里等天亮。

第二天清早，有几个黑人看见他. 他们就把他带到这个地方。这儿隔着一片水，狗不会找到他的，他们每天晚上都带东西给他吃，还把我的情况告诉他。

“你怎么不早告诉他们，让他把我带来?”

“哈克，那时又有什么办法呢。我找机会买些锅、盘子和用具，晚上还要去修理我们的木排……”

“什么木排，基姆?”

“当然是我们的那个木排啦。”

“你是说我们的那个木排没有被撞碎?”

“是的，没碎呢。只是有一头撞得挺惨，可没什么大问题，不过我们的行李家什大部分都丢了。当时我们都被吓傻了，在水里潜得太深，游得太远，再加上那天晚上漆黑一团，否则准能看见木排的。不过现在已经又收拾好了，跟新的差不多啦，我们还有了许多新东西，把原来丢掉的都补上了。”

“嘿，基姆，你是怎么把木排又弄回来的?你把它拖回来的吗?”

“我一个人在树林里怎么去拖呀?是几个黑人看见它被河底的死树

挂住了，就把它弄到一个河湾里，藏在一片柳树丛里。后来，他们为这个木排吵个不停，被我看见了，我就告诉他们木排是属于你和我，他们谁也别想得到，我这么一说，他们才安静下来。

“后来，我又给了他们每人一毛钱，他们高兴极了，说是希望再有个木排漂过来，好让他们再发笔横财。好伙计，那些黑人对我好极了，我要他们替我办事，根本就用不着说第二遍。带你来的那个黑人挺好的，人也机灵。”

“他确实很机灵。他压根就没告诉我你在这儿，他说是带我来看一群水蛇的。他很聪明的，如果万一出了岔子，这样他就不会受牵连，因为他会说，根本就没看见我们在一起，那一招还真厉害。”

第二天的事，我就长话短说吧。天一放亮我就醒来了，正打算翻个身接着睡，这才发觉周围静得厉害，好像没有一个人似的。平常可不是这样。接着，我注意到罗克已经起床出去了。我心里觉得奇怪，就下楼去看。只见下面一个人影也没有，安静得连个老鼠走过都能听得见。屋子外面也一样的安静。我心想，这是为什么呢？

我走到木柴堆前，遇到我的那个黑人，就问道：“发生什么事了？”

他说：“你不知道，乔治少爷？”

“是啊，”我说，“我什么都不知道呢。”

“哦，菲娅蒂小姐逃跑了！是真的。她是在夜里跑掉的，谁也不清楚具体是什么时间。她跟史波特家的那小子私奔啦，你知道吗，大家都是这么猜的。家里人是半小时前才发现的，也许比这更早一点。他们一刻也没有耽搁，立刻就备好了马和枪，那股子劲儿你根本没见过。家里的女人们都跑去叫亲戚，老爷和他那几个少爷带着枪、骑着马沿着河边的那条路追过去了，打算不让菲娅蒂小姐和他过河，截住那小子，把他打死。我看，要大闹一场啦。”

“可是，罗克走的时候没叫醒我呢。”

“他不会叫你的。他们不会让你卷进去的。罗克少爷已经在枪里装满子弹，发誓说，要不抓个史波特家的人回来，要不自己也不活了。那儿有他们家很多的人，只要有机会，他准能抓一个回来的。”

离开屋子，我沿着河边的那条路拼命往前跑。跑着跑着，听见远处的枪声了。我跑到看得见码头的木场和那堆木头时，就小心地沿着树那面溜过去，我爬上一棵杨树的树叉，从树上观战，子弹打不到我这儿来。

有四五个骑着马的人在木场的空地上左冲右突，又骂又喊，想打码头上那垛木头后面的两个小伙子，可就是打不着。他们只要在靠河的那边一露面，立刻就招来枪子儿。两个小伙子背靠背隐蔽在木垛后面，两侧都能看到。

过了一会儿，这些人不再围着木垛乱跑乱喊了，他们开始朝木场跑去。一个小伙子从木垛后面站起来，从木垛上稳稳当当瞄准开枪，把一个人从马鞍上撂倒了。其他的人都跳下马救那个受了伤的人，他们把他抬到木场里。那两个小伙子趁机朝我待的这棵树附近跑过来，到了一半的时候，那些人发现他们了，就跳上马背开始追。他们比小伙子们跑得还快，可那没用，两个小伙子把他们远远甩在后面，到了我在的这棵树前面的木垛后，他们立刻躲到后面去了，这回，小伙子们又占了上风。两个小伙子，其中一个就是罗克，另一个高个儿的年轻人大约有十九岁的样子。

那几个人骑马的人左冲右突，奔跑了一阵，后来就跑掉了。他们刚跑得看不见影子，我就大声对罗克喊，让他知道我在树上。起初，他被吓了一大跳。他要我仔细盯着，等那伙人一露面就告诉他。他说那帮家伙一定是在耍花招，他们一定不会走远。

我真不想老待在树上，可又不敢爬下来。罗克开始又哭又骂，赌咒说，他和他堂兄弟（就是另一个年轻人）非得报了当天的仇不可。他说他爸爸和他的两个哥哥都被打死了，他们也打死了两三个敌人。他说，史波特家设下埋伏等着他们。他的爸爸和哥哥们本来该等亲戚们都到了再动手，因为史波特家的人太多了，他们根本就不是对手。我问他那家的小子和菲娅蒂小姐怎么样啦。他说，他们已经过了河，没有危险了。我听了挺高兴。可是罗克一提起那天没打死那小子，就气得要死要活的样子。

突然，砰！砰！砰！三四支枪同时响了。那帮人没骑马，从树林后面摸上来了。两个小伙子一下都受了伤，他们赶紧跳进河里。他们顺水游下去的时候，那帮人在岸上跑着追，嘴里喊着："打死他们！打死他们！"我当时难受得险些从树上掉下去。

我不想再说这事了，一提起来我就非常难受。我真后悔那天不该到河边去观看那一幕。后来我再也无法忘掉那种情景，我多次在梦里还看到那一幕呢！

我一直待在树上没敢下来。有一段时间，我听见树林里老远的地方有枪声，还有两次，我看见一小帮人端着枪、骑着马从木场那儿飞奔过去。所以我认为，这场战斗还没有最后结束。我沮丧到了极点，决定再也不回那所房子里去了，因为我觉得我跟这事有点牵连。我认为，那张纸片的意思是菲娅蒂小姐在两点半跟那家的小子在什么地方见面，然后私奔。当时我应该把那事告诉她的父亲，他们也许会把她锁在屋里，这种可怕的事也许就不会发生了。

我从树上爬下来，顺着河岸悄悄朝下游走了一段路，发现那两个小伙子的尸体都横在河水里。我把他们拖上岸，盖上他们的脸，然后赶紧离开。盖罗克的脸时，我哭了，因为他对我实在是太好了。

当时，天刚刚黑下来。我没走近那所房子，穿过树林朝水塘那边走去。基姆不在那个岛上，我就连忙从柳树丛里钻出来，奔向那个河湾，一心想着赶快跳上木排，离开这个该死的地方。

我的老天，木排不见了！可把我吓坏了！有一阵儿，我连气都喘不上来了。随后我大吼了一声。

离我不远的地方，有个声音在说："上帝！是你吗，好伙计！别再喊了。"

那是基姆的声音。我这辈子从来没听见过这么令人高兴的声音。我顺着河岸跑了几步，跳上木排。基姆搂住我，我们使劲地拥抱着，他兴奋地说："上帝保佑你，我的孩子，刚才我还以为你死了呢！你的黑奴来过，说是你可能被人家打死了，因为你没回去。所以我正打算把木排放开，往小河湾口子那边划，如果他来告诉我说你确实死了，我会马上就把木排划出去，离开这个鬼地方。上帝呀，你又回来了，我真高兴死了，好伙计。"

我说："是哦，好极了，他们找不到我，会认为我被人打死后，尸体顺着河水漂走啦。我们片刻也不要耽搁了，快，基姆，快把木排荡到河中间去，越快越好。"

等到木排漂到离那地方有两里远的下游，到了密西西比河中心时，我才放下心来。然后我们把信号灯挂起来，觉得又重新获得了自由和安全。我打前一天起就什么东西也没吃过，所以基姆就端出玉米饼、奶酪、猪肉、卷心白菜给我吃。那一刻，我感觉世界上没有比这更可口的饭菜了。

我实在是痛快极了，一边吃晚饭，一边和基姆聊天。开始从那种复仇的阴影下摆脱出来，我简直快活死了，基姆离开那个水塘也很高兴。我们都说，任何地方都不如木排上舒服。什么地方都让人难受，憋得慌，可木排上就不闷。我们一上了木排就觉得安逸舒适，无比的自由。

第十九章

两三天过去了，我看是两三天让水给漂走了，因为这几天几夜过得又平静，又安详，又愉快。每天，我们的时间都安排得井井有条。河水到了这里宽阔无比，有的地方有一英里半宽，我们夜里航行，白天靠岸躲藏。到了天快要亮起来的时候，我们就把木排停下来，差不多总是停在河中心的沙洲下头的静水面上，然后砍些杨柳树枝，把木排藏起来。接下来，我们把钓鱼线撒下水，自己就下水游泳，又凉快又提精神。随后，我们就坐在水深没膝的河底沙滩上，观望东方破晓。

那时，万籁俱寂，四周没有一点声音，好像全世界都睡熟了似的，只有水里的大牛蛙不时地呱呱叫上几声。向远处望去，首先看到的是水面上朦胧的一条黑线，那是河岸上的树林。渐渐地，天空开始出现一片灰白色，越变越大，远处的那条黑线也变得柔和起来，成了灰色，不再是黑漆漆的了。这时，我们就能看到水面上有些漂动的小黑点，那是些运货的平底船。那些长条的黑线是木排，有时还能听到划桨的嘎吱声和嘈杂的人声，四周都很安静，声音可以传得很远很远。

天再亮一点儿，我们就能看到水面上出现的波纹，那是沉在水底的死树在湍急的河面上划开的波纹。水面上的薄雾逐渐散开，东方开始变得通红，河水被照得金光闪闪，这时能看清楚河岸上树林边的小木屋，那儿很可能有个木场，那木屋是一些偷工减料的家伙们盖的，到处都有能钻进狗去的大窟窿。

不久，微风就会朝人刮过来，那么凉爽清新，飘溢着芳香，因为河岸上长满了树木和花草。可有时候也不这样，因为人们把死鱼丢在周围，像雀鳝之类的，臭气熏天。天大亮以后，阳光下的一切都像在对人微笑，鸟儿在欢快地喧腾！

这个时候，我们就从鱼线上摘下几条鱼，做上一顿热乎乎的早饭。吃过饭，望着平静的河水，我们懒洋洋地休息着，一会儿就睡着了。一觉醒来，睁开眼看看周围，有时，能看到一条轮船吃力地轰鸣着逆流而上，船离得那么远，只能辨得出船的桨轮是在两侧还是在后面。

在接下来的一小时里，什么也听不到，什么也看不到，只有一片沉寂。以后，也许能看到一个木排从河上漂过，距离很远很远，上面也许有个年轻的水手在劈柴，他们总是喜欢在木排上劈柴，只见斧头一闪，劈下去，但是却听不见声音，等到斧头再次举到那人的头那么高的时候，才传来咔嚓一声，声音要花这么长的时间才能传过来呢。我们就在这寂静中懒洋洋地歇着，打发一整天的时光。

一天，水面上大雾弥漫，河里的木排上，人们都敲响锅盆，以免轮船撞上他们。一条不知是平底船还是木排经过时，离我们近得都能清清楚楚听得见上面人们的说笑和咒骂声，可我们连个人影儿也看不见，简直让人觉得毛骨悚然，就像一群无形的魔鬼在空中嚷叫一样。基姆说，他相信那准是鬼，我却说："不，肯定不是鬼。"

天黑以后，我们就把木排划到河的中央，任木排随波漂去，我们点上烟斗，把腿伸到水里，天南地北地说起来了。只要没有蚊子，我们白天黑夜光着身子。罗克家给我做的衣服太高级了，我打心眼里就不喜欢，穿上根本不舒服。

有时候，整个一条大河里只有我们两个人，很久都看不到其他人。辽阔的河水上偶尔能见到一星火光，那是木屋窗户里透出来的烛光；有时，水面上也会闪出一丁点火光，那是木排或者平底船上的灯光，也许还能听到小提琴拉出的音乐或者人们的歌声。

在木排上的日子，那乐趣真的是很多！夜空中满天星斗，我们喜欢仰面躺在木排上，望着星星，谈论它们。基姆说星星是人造的，我说是原来就有的，依我看，要造那么多星星要花费太多的时间。基姆会说，月亮是像下蛋一样把那些星星生出来，我也就不表示反对他的话，因为我看见过青蛙产的卵就足有那么多，如果月亮能生星星的话，当然能有那么多。我们还喜欢看流星，看着它们拖着一道亮亮的尾巴掉下来。基姆说，那准是坏了的蛋，从窝里被甩出来啦。

每天夜里，我们都能看见一两条轮船在黑暗中驶过，从轮船的烟囱里不时喷出无数的火星，像下雨似的溅落在河水里，好看极了。等轮船转个弯后，船上的灯光一转眼就不见了，嘈杂的声音也很快就消失了，河面上又恢复了寂静。轮船离开后很久，掀起的波浪才到达我们的木排，木排会轻轻颠动几下。然后，不知又要过多久才能听到声音。

午夜过后，岸上的人们都上床睡觉了，河有两三小时就会漆黑一片，木屋的窗户不再泻出灯光了。那些亮光是我们的时钟，天要亮时，再次点亮的第一线灯光能告诉我们，于是我们就立即找个地方把木排隐藏起来拴好。

一天早上，天就要亮的时候，我找到一条小筏子，划着横过一道二百来米宽的支流，靠近大岸。然后，又顺着一条两岸长满柏树的小河逆流划了一里左右，想拣些草莓回来。

我正划过一串石礅时，看见两个人飞也似的踏着那些石礅跑过来。我想，这下完了，因为只要看见有人在追什么人，我就觉得那人一定是在追我，要不就是在追基姆。我连忙开溜，可他们已经离我很近了，大声向我呼救，说是他们什么也没干，无辜受人追赶，后面有些人带着狗追来了。他们想立刻就跳上我的筏子。我连忙说："你们可不能这样。我还没听见狗叫声和马蹄声，你们还来得及钻进树丛往河的上游跑，再从那儿涉水上我的船。这样，狗就闻不见你们的气味了。"

于是，他们照我的话去做。等他们一上船，我们马上就往我们的那个沙洲划下去，没过几分钟，就听见狗叫声和人的嘶喊声。我们听见他们朝小河这边跑过来，可就是看不见人。他们好像在那儿傻找，后来我们越划越远，几乎什么也听不见了。

等我们从那一英里长的林荫小河里划出来进入大河以后，四周一片宁静，我们划到沙洲，藏进杨树林里，这下才算平安了。

那两个人，每人都提着一个鼓鼓囊囊的破毡提包。一个人大约有七十岁，是个秃头，满脸络腮胡须几乎全白了。他戴着一顶旧垂边帽，上身穿一件油腻的蓝色毛衫，腿上穿着一条破旧的蓝布裤，裤脚掖进靴筒里，他的吊裤带是自己家编织的，只剩下一根了，他的胳膊上搭着一件旧的粗蓝布燕尾服，上面缀着闪亮的铜纽扣。

另一个人大概有三十岁，穿得跟老头一样破旧。吃过早饭，大家都歇着聊天，我们这才发现他们俩原来并不认识。

"你遇上什么麻烦啦？"秃头问另一个家伙。

"唉，我卖一种除牙垢的药，这药的确能除垢，糟的是把珐琅质也一块儿除掉了。我如果早走一个晚上就没事了，我正往外溜就在镇子上遇上你。你说他们在后面追你，求我帮你逃走。我只得告诉你我自己也马上要倒霉啦，情愿跟你一起逃跑。就这么回事。你是怎么搞的？"

"我嘛，在那儿讲戒酒，讲了一个多礼拜，女人们不管年纪大小都给我捧场，因为我拼命攻击那些酒徒。你知道吗，我向他们每人收费一毛钱，小孩和黑人是免费的，一个晚上能挣到五六块钱哪，生意越做越红火。

“后来，我被人们发现了我自己还偷偷喝酒呢，昨天晚上消息一传开。一个黑人今天早上来告诉我说，大家正骑着马带着狗要来抓我，要让我快先逃跑，如果抓住我的话，准往我身上涂沥青，粘羽毛，游街示众。我没等着吃早饭就跑出来了。”

“老头儿，”那个年轻的说，“我看咱俩合伙干吧，你说怎么样？”

“没意见。你主要干什么？”

“我原来是干报馆印刷的，兼做生意卖药，还演戏，专演悲剧，偶尔也搞搞催眠术，看看骨相，有时还在学校里教教唱歌和地理，偶尔也发表演讲——噢！我什么都干，所以也算不上什么行当。你是干哪行的？”

“我当过很长时间的大夫，最拿手的本事是按摩，专治肿瘤、偏瘫一类的毛病。如果有人找我来算命，我也是非常在行的。我也传教，在野外开布道会，到处讲道。”

有一会儿，两人都没作声，后来那个年轻些的长叹一声说：“真不走运啊！”

“‘不走运’指的是什么？”秃头问道。

“没想到我过的是这种日子，降低身份跟这种人结伴。”他拿起一块破布头擦了擦眼角。

“见你的鬼去，能跟我做伴还说自己不走运？”秃头说话又尖刻又傲慢。

“不错，算是够不好的啦。我命该如此，以前我那么高贵，谁叫我沦落到这步田地，都怪我自己。我不怨你们，我谁也不怪，活该自己倒霉。让这个冷酷的世界惩罚我吧。有一点我是清楚的：反正会有我的一块葬身之地。这世界尽可以继续肆虐，把我的亲人、财产以及一切都夺走，可它就是夺不走我的葬身之地。我迟早会睡过去，忘掉一切，我这颗伤透了的可怜的心到那时就能安息啦。”他不停地擦着眼睛。

“见你的鬼去，”秃头说，“拿你那颗伤透了的可怜心冲我们撒什么气？我们又没伤害你。”

“我知道你们没伤害我。我也不怪你们，先生们，是我自己作贱自己。我活该受苦，活该倒霉，我不叫苦了。”

“你原先是什么出身？”

“唉，说出来你也不会相信，人们都不相信。不说啦，没关系。我那出身的秘密呀……”

“你那出身的秘密？你的意思是……”

“好吧，先生们，”年轻人一本正经地说，“我把我的秘密告诉你们，因为我觉得你们是信得过的。我是个合法的公爵！”

听到他这话，基姆的眼睛都瞪圆了，我猜我的眼睛也跟基姆是一样的。那个秃头说：“不！绝对不可能！”

“是真的。我的曾祖父是伍德布奇公爵的长子，他上个世纪末才逃到这个国家来，为的是享受自由的空气。他在这儿结婚，死后留下一个儿子，他的父亲也差不多跟他是同时去世的。已故公爵的次子不管当时还是个婴儿的真正公爵，夺取了爵位和财产。我就是那个婴儿的嫡系后代，我才是名正言顺的伍德布奇公爵。可怜我现在却沦落到这步田地，高贵的地位被抢走，到处遭冷遇受驱逐，破衣烂衫，疲惫不堪，灰心沮丧，现在又沦落到一个木排上跟一帮坏蛋为伍！”

基姆和我都非常同情他，尽量安慰他。可他却说安慰也没用，他不会觉得好过的，还说，如果我们能承认他的地位，比什么都强。我们就说，我们愿意承认，要他告诉我们怎么才算承认。他就告诉我们说，跟他说话的时候，要鞠躬，称呼他“阁下”、“大人”或者“爵爷”，哪怕我们仅仅叫他“伍德布奇”也行，因为那不管怎么说是个爵位的称号，而不仅仅是个名字；吃饭的时候，要有个人伺候他，听从他的吩咐。

这个非常容易，我们照办了。吃饭的时候，基姆自始至终站在他身边伺候，嘴里说着：“阁下要吃点这个吗？阁下要吃点那个吗？”他显得高兴极了。

可是那个老头儿开始变得不爱讲话了。他见我们围着那位公爵团团转，显得很不高兴，心事重重。到了下午，他说：“我说，伍德布奇，我实在为你感到难受，你并不是唯一遭了那种难的人。”

“是吗？”

“是的。你并不是唯一从高贵地位上跌下来的人。”

“老天！”

“说实话，心中隐藏着身世秘密的不只你一个人。”天哪，他哭了起来。

“有话好好说，你这是怎么啦？”

“伍德布奇，我能相信你吗？”老头呜咽着问。

“我如果泄露你的秘密，”他拉住老头的手，紧紧握了握，“我会不得好死。讲出来吧！”

“伍德布奇，我是原来的法国皇太子呀！”

这下，我和基姆的眼睛都直了，我们直勾勾地盯着他。然后公爵问道：“你是什么？”

“真的，我的朋友，半点也不假。在你面前的正是那失踪多年的可怜的法国皇太子，路易十七，就是路易十六和玛丽·安托尼特的儿子。”

“你呀！就你这把年纪！你不如说你是西罗马皇帝查理曼吧。我看你至少也有六七百岁啦。”

“我受了多少磨难啊，伍德布奇。我受的磨难让我的须发堆霜，未老先衰，早早谢了顶。先生们，我被驱逐到异国他乡，颠沛流离，受尽苦难，身上穿的是这身粗布衣裳，可你们看到的千真万确是合法的法国皇太子哪。”

说着，他又哭了起来，越哭越伤心。我和基姆都替他难受，一时不知道该怎么办啦。可是，能有他跟我们在一起，我们觉得又高兴又自豪。所以，我们就像对伯爵那样开始安慰他，想让他宽心些。可他说，什么也没用，只有死了，一了百了他才会安心。不过他说，如果有人能按照他的身份对待他，跟他讲话时，行单腿下跪礼，并且要称呼他“陛下”，吃饭的时候伺候他，赐座时再坐下，他才会稍稍感到舒服些。

于是，我和基姆就开始称呼他“陛下”，为他做这做那，他不叫我们坐我们就规规矩矩站着。这一切让他非常开心舒畅。可是那位伯爵却吃起醋来了，对我们伺候国王显得很不满意。不过国王对他仍然非常友好，说是他父亲特别重视公爵的曾祖父和其他伍德布奇公爵们，还时常允许他们到他的王宫里去。

不过，公爵还是有很长时间闷闷不乐。后来，国王说：“伍德布奇，看来我们要在这个倒霉的木排上待上很长时间呢，你这么酸溜溜的算是怎么回事呢？只能让大家都不舒服。我天生不是个公爵，那不能怨我，你生来就不是个国王也不能怪你。生气有什么用？听我说，随遇而安吧，我们能在这么个地方相遇也不错呀，有吃的，日子又过得逍遥自在。公爵，来，握握手，大家都是好朋友嘛。”

公爵跟他拉了拉手，我和基姆看了都特别高兴。这一来，他们的别扭就全消了，我们大家心里都十分痛快，因为一个木排上如果有人生气可是件倒霉事。大家一起在木排上，都希望高高兴兴，一团和气。

不久，我心里就明白了，两个家伙根本不是什么国王、公爵，完全是两个满口谎言的无赖骗子。可我没说出口，只是自己心里明白罢了。

这才是最好的办法，免得跟人争吵起来惹麻烦。他们想要我们叫他们国王、公爵，我也不反对，只要大家能保持一团和气就可以啦。我想这话跟基姆说也没用，所以我就没告诉他。虽然我跟我爸爸没学到什么本事，可我至少学会了怎么跟这种人相处。

第二十章

他们提了我们很多问题，想知道我们为什么把木排遮起来，干吗白天不走，却要停下来——基姆他是不是个逃跑出来的黑奴？

我说：“看在上帝的分上，这里没有逃跑的黑奴？”

是的，他们也认为不会。我只有编出一些故事来，就说：

“我家住在密苏里州的一个小镇，我在那儿出生，家里人都死了，只剩下爸爸、我、弟弟。爸爸想离开那个地方，到下游去跟我的叔叔一块儿过。我叔叔在奥尔良下游四十四英里的地方的河边有块一丁点小的土地。

“我的爸爸穷得叮当响，还欠了债。等他还清了债，除了我们的黑奴基姆外，只剩下一点钱了。靠这点钱根本不够旅行一千四百英里，坐统舱不够，怎么都不够。后来呢，河水涨起来后，爸爸走了点好运。他捡到了这个木排，我们就想坐上这木排到奥尔良去。可爸爸的好运没持续多久。一天晚上，一条轮船撞上了木排前头的一角，把我们都翻到水里，压到机轮底下了。我和基姆游了上来，可爸爸和弟弟都没浮出水面来。后来的一两天，我们遇上了大麻烦，人们总是划着小船过来，想把基姆从我手里夺走，硬说他是个逃跑出来的黑奴。从那以后我们就再也不敢在白天走了，天黑以后，他们就不来找麻烦啦。”

公爵说：“我来出个主意，好让我们白天想走也能走。我要仔细考虑一下这事，订出个万无一失的计划来应付。今天就算啦，因为我们不想在大白天经过那个镇子，也许不大安全。”

傍晚时分，浓云开始出现，像是要下雨了。树叶都开始摆动起来，看样子这场雨来势凶猛。公爵和国王就钻进我们的窝棚，来看我们的床铺是什么样子。我的床铺是个草垫子，比基姆的好一点。他的垫子是用玉米棒子皮编的，里面夹杂着玉米棒子的茎蒂，睡在上面硌得身上生疼，一翻身，垫子就哗啦啦直响，好像一堆枯树叶发出的声音，声音大得能把人从睡梦里吵醒。

公爵想睡我的铺，可国王也要睡我的铺。他说："我们俩身份不同，你应该明白玉米皮垫子对我并不合适。阁下自己应该去睡玉米皮垫子的。"

基姆和我又为他俩捏了把汗，就怕他们又要闹起来，所以听到公爵的话，我们都挺高兴："看来我命中注定总要受到铁蹄的践踏，给人家踩到烂泥地里。不幸的命运已经把我从前那高贵的气质粉碎了，我认输，我让着你，只怪我命不好。我现在是只身一人在世界上漂流，就让我受罪吧。我能忍受。"

天色黑下来，就要没有危险了，我们立刻就把木排划出去。国王告诉我们说，要把木排划到河中央，要过了那个镇子老远才能掌灯。

不久，我们看到一片微弱的灯火，就是那个镇子。我们从旁边溜了过去，再往前面漂了半里左右，也没出事。等我们离开那个镇子有四分之三的时候，我们点亮了信号灯。到了大约十点的时候，风雨大作，雷鸣电闪，可怕极了。国王就叫我们俩守在外面，一直守到天气变好为止，然后他和公爵钻进窝棚去睡觉。

轮到我守望的时候，要一直守到十二点。在这种天气中，就是有张铺，我也睡不着，因为这样的暴风雨景象可是很少看到的呀。天哪，风在狂暴地呼啸着，多么惊心动魄的一幕哦！一两秒，就有一道闪电划开夜空，把方圆半里的波涛照得雪亮。透过雨雾，能看见一座座沙洲上灰蒙蒙的一片，树在风雨中猛烈地摇摆，接着就是震耳欲聋的一声巨响——轰隆！轰隆！轰隆隆！轰隆隆！轰隆！轰隆！雷声就这么轰鸣着渐渐远去，最后安静下来。紧接着又是一道闪电，又是一片排山倒海的轰鸣声。

有时候，波浪大得能把我掀进水里去，可是我什么也没穿，也就不在乎了。我们的木排没有撞上河水中的死树，闪电把四周照得通亮，我们能及时看见那些死树，划动木排避开它们。

后来，我困得要命，基姆就说，他愿意替我守一会儿，他总是对我这么好，基姆真是个好人。我钻进窝棚，可是国王和公爵的腿横七竖八叉在里面，没有我躺的地方，我只好躺在外面。我并不在乎淋雨，因为天气挺暖和的，而且这时波浪也不大了。可是到了两点，风浪又大起来了。基姆本打算把我叫醒，可他改变了主意，他以为风浪还不至于造成什么危害，这他就想错了，不久，来了大浪，一下子就把我卷到了河水里。基姆一见，笑得几乎背过气去。基姆是个笑起来很开心的黑人。

不久，我接了班守望，基姆躺下就打起了呼噜。暴风雨渐渐减弱，最后彻底停了下来。看到第一点灯火后，我把他叫醒，我们把木排划到一个地方藏起来，躲过这个白天。

早饭之后，国王掏出一副破烂不堪的扑克牌，和公爵玩起了牌，每局赌五分钱。后来，他们玩腻了，就谈起来，照他们的话说就是要“计划一场大运动”。公爵就从他的破提包里翻出好些印刷的小传单，大声念起来。

有张传单上说：“巴黎久负盛名的阿曼德·塔尔班博士将要发表关于骨相学的讲演，地点在某地，日期和时间都是空白，入场费一毛钱，并且供应骨相学图谱，每份两毛五。”公爵说那位博士就是他本人。

另一张传单又把他说成是“伦敦德鲁利巷戏院的世界著名莎士比亚悲剧艺术家摩多里克”。在其他传单上，他又有别的许多名字，有过更加了不起的业绩。例如说，他用一根“魔叉”找到过地下水源和埋藏在地下的黄金，他还会要“驱魔追邪”的把戏，等等。

后来，他说：“最受人喜爱的还是演戏。您上过戏台吗，皇上？”

“没有。”国王说。

“那么，我的落魄君王，不出三天，我就能让你登台表演，”公爵说道，“我们抵达一个像样的镇子，就租个戏院，开演《理查三世》中的比剑一场和《罗密欧与朱丽叶》中阳台情话那场戏。你看怎么样？”

“伍德布奇，只要能挣钱，我干什么都可以的。但是，我对演戏可是一窍不通啊，看也没看过。父王邀戏班子在宫里演出那会儿，我还是个小孩子呢。你能把我教会吗？”

“这太简单啦！”

“那好吧。我就是喜欢搞新玩意儿。那我们现在就开始干吧。”

公爵就开始给他说戏，告诉他罗密欧是谁，朱丽叶是什么人，还说他已经习惯于演罗密欧啦，所以，国王可以演朱丽叶。

“可朱丽叶是个年轻的姑娘呀，公爵，我这么老了，演她不是太古怪了吗？”

“你不用担心，这些地方的乡下佬根本就不懂的。另外，你想啊，你穿着戏装呢，就能把一切都掩盖住的。朱丽叶身穿睡袍，头戴有皱褶的睡帽，要在上床睡觉前在阳台上赏月。”他取出两三套用做窗帘的花布缝的衣裳，说那是理查三世和另外那个角色穿的中古时代的甲胄，又拿出一条白布睡袍和一顶带皱褶的睡帽。国王一见十分满意。于是，公爵就取出他的戏本子，活灵活现地念起了台词，一边念还一边迈开大步走来走去，教国王怎么扮演。然后，他把戏本交给国王，告诉他要把自己的台词背熟。

河湾下游大约三里的地方有个小集镇，吃过午饭，公爵说他已经想出主意，以后可以白天走，基姆不会遇到危险，他说，他要去镇子上去办这件事情。国王说，他也要一道去，看能不能顺便搞点什么。我们的咖啡用光了，基姆就说我最好跟他们一道划小船去买点儿咖啡回来。

到了镇子上以后，我们发现那儿根本连个人影也没有。街道空荡荡的，死气沉沉，就像星期天一样。我们在一个后院里看见一个生病的黑人在晒太阳，他说，除了太老的、太小的和生病的人，其他的人都到离这儿两英里远的树林里参加讲道会去了。国王问清方向，说是要好好利用一下那个讲道会。

公爵说，他要找的是个印刷作坊。我们找到了一个，那是个很小的买卖，在一间木匠铺的楼上，可是木匠和印刷工都去听讲道会了，门都没上锁。那是个脏兮兮的地方，地上扔满了垃圾，墙上溅得到处是墨渍，还贴满各种招贴画，上面印着马和逃跑的黑人的画像。公爵把衣裳脱掉，说是这下他有主意了，所以我就跟国王到野外的讲道会去。

我们走了半个来小时才到那地方，热得满身大汗，因为那天正是个要命的大热天。那儿足有一千多人，来自方圆二十多里的地方。树林里停满了马车，到处都拴着马，它们低着头在马车上的食槽里吃草料，不时跺着蹄子赶跑叮在身上的蝇虫。人们用树枝搭成棚子，在里面卖柠檬水、姜饼、西瓜、嫩玉米之类吃的东西。

讲道也是在类似的棚子里进行的，只是棚子大得多，能容下许多人。人们坐的凳子是用圆木外皮做的，没有靠背，在圆的一面钻了些孔，插上棍子就成了凳子。在棚子一头，有个高高的讲台，牧师们就站在上面。女人们有的戴着遮阳帽，有的穿着亚麻和羊毛混纺布长袍，有的穿着方格子布衣裳，年轻的有些穿着花布衣裳。年轻男人打着赤脚，有的小娃娃身上只有一件粗布衬衫。上了年纪的女人在织毛衣，还有些年轻人在跟姑娘们偷偷地调情。

在我们先进去的那个棚子里，牧师正带领大家唱一首赞美诗。他领头唱两句，大家就跟着唱两句，听起来很雄壮，因为人那么多，大家又唱得那么起劲；接着，他又领唱两句，大家继续跟着唱，就这么一直唱下去。

人们的声音越来越响亮，唱到后来，有些人的声音变成哼哼，有些人简直是在吼。然后，牧师开始讲道，他在讲台上走来走去，一本正经地讲着，一边讲还一边挥动胳膊，声嘶力竭拼命地喊着，还不时把《圣经》翻开并举起来，让大家观看，嘴里喊道："这就是摩西按照上帝的意旨造的那条铜蛇！大家都来看看，看了都能保全性命！"大家就一齐喊道："美哉！阿——门！"他继续讲道，听讲的人们边听边哼着、哭嚷着，不时喊上句"阿门"。

"啊，快来皈依上帝，跪到前排凳上来吧！来吧，罪孽深重的人们！（阿门！）来吧，深受痛苦的人们！（阿门！）来吧，残废失明的人们！（阿门！）来吧，贫困潦倒、受尽凌辱的人们！（阿门！）来吧，受苦受难、疲惫不堪的人们！带着你受伤的灵魂，带着你忏悔的心，来吧！

"不论你的衣服多么破旧，不论你有过多少罪恶，也不论你的心灵多么污秽，来吧！洗涤罪孽的圣水供你随便取用，天堂的大门随时为你敞开——快进来安息吧！"

人们不停地喊着。嚷叫声、哭喊声把牧师的声音压得都听不见了。人群中到处有满脸流泪的人们站起身来，拼命挤向前排的凳子。所有皈依上帝的人都挤到人群前排的凳子上，又唱又喊，扑倒在草垫子上。人们简直都发了疯。

我看见国王跑了过去，一下子冲到了讲台上。他的嗓门大得压倒了所有的声音。牧师请他给大家讲话，他就说开了。他说，他是个海盗，已经在印度洋上干了三十年啦。去年春天，他那条船上的匪徒在一次打斗中死了不少，他现在回家来，想要招募一些人去补充。多亏他昨天晚上遭人抢劫，从一条轮船上被人赶下来，现在身无分文。他说，他为此感到高兴，这是他遇到的最幸运的事情，因为他现在要改过自新，现在感到了一辈子从来没有过的幸福。他说，虽然他现在已经穷到这个地步，可他要马上上路，想办法回到印度洋去，把他的余生都用在规劝其余的海盗上，要他们都走正路。

他还说，他比任何人都更熟悉印度洋上的那些海盗，尽管他身无分文，去那里要花很长的时间，可他一定要去。每规劝一个海盗改邪归正，他要对那人说："别感谢我，这不是我的功劳，这完全归功于参加讲道会的那些亲人，他们真是人类的亲兄弟、大恩人——还有亲爱的讲道牧师，海盗们永远不会遇不到这样真心的朋友啊！"

说完，他就放声大哭，人们也陪着他掉眼泪。接着，一个人大声喊道："为他募捐吧，为他募捐吧！"五六个人立刻站起身来要为他收钱，可是有个人喊道："让他自己拿着帽子到大家面前收钱来好了！"大家随声附和，连牧师也这么说。

于是，国王捧着帽子在人群中穿梭，边走还边擦眼泪，嘴里祝福着大家，赞美着大家，感谢大家对远在天边的海盗们的好意。不时一些特别漂亮的姑娘会满脸泪水走到他身边，请求吻他做纪念。他呢，总是满口答应，和有的姑娘搂着一连吻上五六遍。人们都邀请他留下来住上一礼拜，人们都希望他能住在自己家里，说那对他们是一种光荣。可他却说，已经是讲道会的最后一天，他再待下去对大家也没什么帮助了，另外，他急着要立刻赶到印度洋上去劝说那些海盗呢。

我们回到木排上后，他把募捐来的钱数了一遍，发现一共有八十七块多。另外，在树林里，他还顺手牵羊拿了人家放在一辆马车下面的一个装着威士忌的罐子，国王说，这天弄到手的钱是他干传教这行最多的一天。

公爵本来还以为干得很漂亮呢，可一看国王，他就自叹不如了。他在那个小印刷作坊给几个农民排版印刷了两份卖马的招贴，挣了四块钱。他还做了价值十块钱的广告生意，他说，如果愿意预付现金，他就可以把广告登出去，那人就糊里糊涂付了款。还有三位订户去订报纸，订报纸的价格是每年两块钱，他以每份五毛钱的优惠价收了现款，那三个人想按照惯例付给他劈柴和洋葱，可他说，他刚把这个作坊买到手，想尽可能以最低价维持下去，因此只收现金。他还排好一个版，上面有他自己写出的一首小诗，那诗共有三节，听上去还挺美的，题目叫："砸碎这颗破碎的心吧，你这冷酷的世界"。他把版已经排好只等上机印刷了。他说，这首诗他要免费刊出。他一天总共弄到九块五。

另外，他拿出传单给我们看，那是为基姆干的。传单上面有个在逃黑人的画像，黑人肩上扛着一根木棍，上面挑着个包裹，画像下面印着"悬赏二百美元捉拿"的字样。传单上面说的都是基姆，把他描绘得一点儿也不差，说他是去年冬天从新奥尔良下游四十英里的圣雅克种植园逃出来的，有可能逃到了北方，如果有人抓到他，并且送回去，就能得到赏金，还可以报销路费。

"听我说，"公爵说，"过了今晚，我们如果愿意就可以在白天走了。如果有人朝我们走来，我们就用绳子把基姆的手脚都捆起来，塞进窝棚里，把这张传单拿给他看，告诉他说，是我们在上游逮住的，可是穷得搭不起轮船，只好跟朋友借钱弄到这个木排，坐着到下游去领这笔赏金。”

他还说：“如果基姆戴上手铐脚镣那就更棒了，但是那样就跟我们穷得叮当响的说法不一致了，因为那简直像给他戴了首饰。绳子很合适——我们必须干得恰到好处，就像戏台上要讲究‘三一律’——17世纪欧洲剧作家遵守过的时间、场景、情节三者本身一致的法则——一样。”

我们都夸公爵的计划很巧妙，以后白天走就不会碰到麻烦啦。那天晚上，我们要跑得足够远，因为我们知道公爵在那个印刷作坊惹了大麻烦，人们会气急败坏地追上来，我们要把那个小镇子远远地甩在身后，让他们追不上。如果我们愿意，我们以后就可以尽快往前赶了。

我们大家藏着不动，不发出声响，到了晚上将近十点才把木排划出去。然后我们远远躲开那个小镇，悄悄漂下去，直到看不见那镇子了才把信号灯点上。

早上四点，基姆叫醒我换班，他说：“哈克，我们一路上还会不会再遇上什么别的国王呢？”

“不会的，”我说，“一定不会啦。”

“那最好，”他说，“我倒不在乎什么国王，可这也够讨厌的了。这个国王和公爵都太不像话了。”

第二十一章

太阳升上来了，我们并没有停下，继续往前航行。不久，国王和公爵从窝棚里走出来，显得无精打采的样子。他们跳下水去游了一会儿，精神了不少。

早饭后，国王卷起裤腿，脱掉靴子，把两条腿都伸进河水里去舒服。他点上烟斗开始背诵《罗密欧和朱丽叶》中的台词。等他记得很熟的时候，他就开始跟公爵一起排练。公爵不得不一遍又一遍地教他怎么把每一句台词念好；教他学着把手贴到胸口叹气。

过了一会儿，他说国王已经做得很不错了。“不过，”他说，“你可千万不能像头公牛似的吼着叫‘罗密欧！’声音必须温和，要显得娇滴滴有气无力的才行。要这样——‘罗——密——欧！’这样才行，因为朱丽叶是个甜蜜可爱的小姑娘，明白吗？她不会像头驴一样扯开喉咙嘶喊。”

接着，他们又拿出公爵用橡木板条做的两把长剑，开始排练斗剑——公爵把自己叫作理查三世。他们在木排上拼杀突刺的样子看起来还很带劲。后来，国王的脚绊了一下后掉进了河里，他们这才停下来休息，谈起了他们在这条河上经历的各种冒险往事。

午饭后，公爵说：“我说，我们得把这次演出搞成第一流的，所以我们得多准备点东西，以便台下叫‘再来一个’的时候拿出来应付。”

“什么叫‘再来一个’？”

公爵就解释给他听。然后他说：“我可以给他们跳个苏格兰舞或者水手舞来应付一下。你呢——让我想想——啊，有了——你就给他们朗诵哈姆雷特的那段独白。”

“什么是哈姆雷特的独白？”

“你应该知道的，莎士比亚最著名的戏《哈姆雷特》中哈姆莱特的独白。啊，那可真是崇高到了极点！从来都能让满场观众入迷。我这本书里没有——我只带着这么一本书——可我肯定能想起来。我溜达几步，回忆回忆。”

他开始在木排上来回走动，边走边想，时而紧皱眉头，时而把两道眉毛使劲往上一扬，时而掐一掐额头倒退几步呻吟几声，时而叹息一声，时而装出伤心得要掉泪的样子。那副神色真是有意思极了。

后来，他全部都想起来了，就要我们注意听他背诵。于是他摆出一副极为高贵的姿态，把一条腿伸到前面，两只胳膊探向上方，脑袋扬到后面，眼睛望着天空。

他咬牙切齿，开始高声吼叫。他装腔作势，鼓起胸膛拼命吼叫。这段表演胜过了我有生以来看过的最好的戏。他教国王那段戏文的时候，我也顺便记住了，就是下面这段台词：

生存还是毁灭，这是一柄出鞘的短剑，
漫长的人生因此变成一场灾难；
伯南·伍德不来唐西纳，
谁又能忍受命运的暴虐；

对死后未知遭遇的恐惧，
屠杀了清白无辜的睡眠；
大自然的第二规律，
让我们宁愿投出恶运的毒剑；
也不愿投向未知的领域。
我们不能不踌躇顾虑：
君若能唤醒邓肯，我将不胜感激，
因为谁情愿忍受人世的鞭挞和嘲讽、
压迫者的凌辱、傲慢者的冷眼、
法律的拖延，以及痛苦给人的解脱，
在那荒凉死寂的午夜，
教堂墓地身披黑袍打起了哈欠，
那不曾有一个旅人返回的神秘王国，
向人间呼出有毒的气息，
我们果断的本色如同谚语中的猫儿，
被焦虑折磨成可悲的懦弱，
笼罩在我们屋顶上的阴霾，
也改变了飘移的方向，
因而失去它行动果断的美名。
这是个虔诚祈祷所希望的长眠。且慢，美丽的奥菲利娅，
不要张开你那大理石般沉重的嘴巴，
进尼姑庵去吧——快去吧！

国王那老头子很喜欢这段独白，不一会儿，他就背熟了，朗诵得还棒极了。他好像天生就是干这个的，练得上瘾的时候，就把身子前俯后仰，喊得声嘶力竭，那副神气实在是有趣极了。

公爵在那个印刷作坊印制了不少演戏的海报。以后的两三天漂流中，木排成了个最不平常的热闹所在，因为他们俩一天到晚不是斗剑就是排练。

一天早上，我们到了阿肯色州最南端时，在一个挺大的河湾处看见一个小镇，我们就把木排停在上游约四分之三英里的一个小河口上。除了基姆一个人留在木排上，我们都坐上小船向小镇划去，想找机会表演。这条河两岸的树把那个河口遮盖得像个隧道口子似的。

那天下午就有个马戏表演，乡下人坐着各式各样的破旧马车，或者

骑着马开始陆续赶来。我们的运气真不错，马戏团天黑前就要开拔，所以，我们的戏正巧能趁这个好机会上演。公爵租下法院大厅做剧场，我们就四处张贴海报。海报上印的是：

莎士比亚名剧重上舞台

美妙诱人！

只此一晚！

世界著名悲剧名角：

伦敦朱里大剧院之小大卫·加里克

及

伦敦匹克迪里布丁巷白教堂区皇家禾末市大戏院

兼皇家大陆剧院之老艾德蒙·基恩

联合出演莎士比亚名剧《罗密欧与朱丽叶》中

“阳台情话”一场！！！

技艺精湛　非同凡响

罗密欧 ……………………………………………………加里克先生

朱丽叶 ……………………………………………………基　恩先生

全团演员助演！

新服装，新布景，新道具！

同场演出：

（理查三世）中“斗剑”一场！！！

惊心动魄　令人绝倒

理查三世 …………………………………………………加里克先生

里士满 …………………………………………………… 基　恩先生

特邀加演：

哈姆雷特不朽之独白！！

由著名演员基恩出演！

曾在巴黎连续演出300场！

因受紧急邀请，需赴欧洲表演，故

仅演一场！

入场券每位二角五分，童仆每人一角

演完之后，我们就在镇子里的各处闲逛。只见，街上的店铺和房子都是些根本没上过油漆，破旧干裂的木屋，这些房子都用木柱架起三四英尺，免得河水上涨时给洪水淹没。房子周围都有小园子，可人们好像什么都没有种植，只长着一片片有毒的曼陀罗和向日葵，乱倒着一堆堆炉灰，扔满了不成型的破鞋子、烂瓶子、碎布片、废旧的洋铁皮器皿等。围墙是用木板先后拼凑起来的，也全都是东倒西歪，不成形状，院门往往只有一个合叶——还是用皮子凑合的。有的围墙都是老早以前粉刷过的了，公爵说一定是在哥伦布时代刷的。人们还不时往外撵园子里常常跑进去的猪。

镇上，所有店铺都集中在一条街上，门前都支着白色土布凉篷，当地人就把马拴在支凉篷的柱子上。凉篷下堆放着装过货物的空箱子。箱子上面一天到晚都坐着些不务正业的人，一边用单刃刀乱削那些箱子，一边嚼着烟叶，张开大嘴打哈欠、伸懒腰——真是一帮地道的二流子。

这些人头上戴着有雨伞那么大的黄色草帽，可身上既不穿外套，也不穿背心。他们相互称呼德西、罗夫、汉克之类的，聊天的时候语气慢吞吞懒洋洋的，满嘴骂人话。这样的二流子到处都是。他们总是把手揣在裤兜里，只有掏出烟叶往嘴里塞的时候，或者挠痒痒的时候，才会把手伸出来。人们总是听他们说同样的话：“德西，给我口烟嚼嚼吧。”

“不行啊，我只剩下一口啦。跟罗夫要吧。”

那个叫罗夫的也许会给他一口，或者会撒谎说自己一点儿也没剩。这些二流子中有的人从来连一个子儿也没有，自己也根本没有一口烟。他们嚼的烟都是借来的。他们常常这么对人说：“汉克，借一口烟给我好吗，我刚把最后一口烟给了别人。”——这话当然是撒谎，每次都是在撒谎，除了陌生人谁也骗不了。

可汉克并不是个陌生人，他说：“你居然还给那人一口烟，当真有这事？恐怕你家那只猫的祖奶奶也给过他吧。小子，你先把以前借我的烟都还给我，然后我借给你一两吨烟草，不要你的利钱。”

“哦，我是还过一回的呀。”

“不错，你确实是还过。可你借走的是好烟，还的却是黑人嚼的破烂货。”

店里买来的烟都是黝黑色的扁块，可这些人却把生烟叶卷起来嚼，而且一般不用刀子割开，只把烟卷条子塞进嘴巴里，用牙齿咬住一头，用手扯住另一头使劲撕扯，把它弄成两半。有时候，烟叶的主人看着给人咬剩的那一截，脸上露出伤心的样子，会挖苦地说：“我看你还是把这块拿去，把咬下的那块给我得了。”

街上、胡同里到处是烂泥，除了烂泥什么也找不到了——那些泥巴黑得像沥青一样，到处都有，浅的两三英寸深，深的地方足有一英尺。

而且，到处都有猪在泥地里跑来跑去，哼哼唧唧。你会看到一只满身稀泥的大母猪在泥路上带着一窝小猪懒洋洋地走，一翻身就横躺在街中，它把腿一蹬，闭上眼睛摇摇耳朵，小猪就一齐围上来吃奶。人还得绕着它走才行。那母猪快活得就像能按时拿到薪水似的。

接着，就能听到有个二流子放开嗓子喊上了："嗨，虎子，快上去咬呀！"于是就有两条狗扑上去，左右各咬住猪的一只耳朵，几十条狗闻声从四面八方赶来。那猪猛地起身便逃，扯开喉咙死命地号叫。所有的闲汉全都站起身看热闹，又是说又是笑，脸上都显得乐不可支，直到猪和狗都跑得无影无踪才罢休。

接着人们各自归位，直到又有狗打架时，这帮家伙才又能打起精神来。看到狗打架是让这帮人最起劲的，另外，如果朝一条野狗身上倒上松节油，点着火烧，或者在狗尾巴上拴个铁盘子，把狗吓得疯跑个不停，这些人才会完全清醒过来。

河岸上，一些歪歪扭扭的房子突出到河面上，像是马上就要倒进河水里。这些房子里的人都已经搬出去了。另外还有些房子，地基的一角已经让河水冲走了，房子的那个角就悬在空中，里面还有人住着简直是太危险了，因为有时候房子就能塌进河里。在夏天里，河水就能把四分之一英里宽的土地慢慢冲塌。在这种位置上的小镇就总得撤退，搬了又搬，退了又退，因为河水总是在吞噬它。

那天中午时分，街上的车马越来越多，接踵而至。乡下人来的时候都带着午饭，坐在马车里吃。有许多人喝上了威士忌酒，我看见有几伙人在打架。

后来．有人喊起来："老拉多斯来喽！到乡下来过过酒瘾——伙计们，他来啦！"

所有的二流子们都乐啦，我看他们一定是经常拿拉多斯开心。一个人说："看他这回要把谁臭骂一通呢。他如果把二十年来所有想骂的人都骂遍了的话，那可就该出名了。"

另一个人说道："我倒想听老拉多斯吓唬吓唬我，那我会长命百岁呢。"

拉多斯骑在马背上冲了过来，嘴里还像印第安人那样大喊大叫地嚷着："嗨！快闪开！我是来打仗的。当心哪，棺材马上要涨价啦。"

他喝得醉醺醺的，在马鞍子上坐着还东倒西歪呢。那人已经有五十多岁了，脸色红得吓人。人们都朝他喊叫，冲着他笑，咒骂他，他也回骂人们，说是等以后一定再来收拾他们，可他现在没工夫，因为他这次来镇上是要除掉恩克西那个老家伙的。

他看见我，就骑着马来到我跟前来，说："小子，你是从哪儿来的？想找死吗？"

一会儿，他又走开了。

我被吓坏了，一个男人对我说："不必害怕，他的话不是真的，他喝醉酒时总是这个样子。他可是阿肯色州最好的一个老糊涂虫——他喝醉了，也从来不伤人的。"

拉多斯打马走到镇子上最大的一家店铺前，弯腰低头朝里面望去，嘴里大声骂上了："恩克西，我是专门来找你这个混账东西的，我今天来非要你的狗命不可！你给我滚出来！滚出来见见上了你当、受了你骗的人。"

他就那么不停地起劲地骂着，一边骂一边还尽可能带上恩克西的名字，整条街上都挤满了人，听着他骂，一起大笑，谁也不走开。

过了一阵儿，一个五十岁左右的人从店铺里走出来。他身高体阔，神态自若，穿的衣服看着是全镇上最讲究的。大家给他让开一条道，他走过来冲着拉多斯平静缓慢地开了口："老东西，你这一套我可听够了，我忍耐到点午后一点。记住，一点，再晚可不行。如果你到了那时再敢开一次口，不管你跑得多远我都要把你找回来揍你。"

说完，他转身走了。看热闹的人顿时都平静下来，谁也不敢动一动，也没有人再笑出声来了。

这时，拉多斯骑着马走开了，一路走一路声嘶力竭地大骂恩克西。可是不久，他又转了回来，继续没完没了地咒骂。有些人把他围住，想堵上他的嘴，可他就是不听话，还是继续骂人。

人们警告他说，再过十五分钟就到一点了，他必须立刻回家去，必须马上离开这里，可全都没用。他使出全身的力气还是骂个不停，还把帽子扔进烂泥里，骑着马踏在上面走。

一会儿，他就放开马在街道上狂奔起来，灰白色的头发在脑袋后面飘飞。很多人都设法劝他下马来，好把他控制住，让他冷静下来，可大家都是枉费心机。转眼之间他又飞奔过去，把恩克西又臭骂一通。

过了一阵子，一个人说道："快点，去把他的女儿找来！他有时候会听他女儿的。别人劝不住他，非他女儿不可呢。"

接着，有人立刻跑去找他的女儿。我沿着马路走了一段路，站下来。过了几分钟，拉多斯又来了，可这次没骑在马背上。他光着脑袋，有两个人架着他的胳膊催他快走，他踉踉跄跄沿着马路朝我这边走来。他不再咒骂啦，神色显得挺难堪，他不但没有赖着不走，而且脚步还很快。

有个人大喊一声：“拉多斯！”

我抬头朝喊叫的人望过去，只见那人正是恩克西上校。他稳稳当当站在街当中，右手握着一支手枪——并没有瞄准，只是把枪口朝空中翘起来。

就在这一刻，一个年轻姑娘飞步跑过来，身后还跟着两个男人。拉多斯和那两个架着他的男人转过身来，那两个人一看见手枪，立刻闪身跳到一边，那只枪的枪筒慢慢平稳地放下来——两根枪筒上的扳机都打开了。

这时，拉多斯把双手都举起来，喊道：“哦，上帝呀，别开枪！”砰！第一枪响了，他的两手在空中乱抓，脚步趔趄着朝后倒退两步——砰！第二枪响了，他朝后一仰身，沉重的身体结结实实倒在地上，两条胳膊伸向两侧。

那位姑娘尖声惨叫着，狂奔而来，一下扑倒在她父亲身上，哭号着：“啊，他把他打死啦，他被打死啦！”人群朝他们围拢过来，挤得水泻不通，个个伸长脖子，想看个究竟。里面的人就往外挤，嘴里喊道：“往后退！往后退！让他透透气，让他透透气！”

这时，那恩克西上校把手枪朝路上一扔，转身走开了。

人们把拉多斯抬进一个周围照样挤满了人的小杂货铺，整个镇子上的人都来了。我赶紧跑过去，在窗户外面找到个好地方往里面看，我离他很近。我看见，人们把他平放在地板上，拿一本厚厚的《圣经》垫在他头底下，把他的衬衫撕开，我看见了他胸膛上的一个弹孔。

接着，人们又把另一本《圣经》展开盖在他胸前，他吸气的时候，那本《圣经》就高高升起来，呼气的时候，又落下去。后来，他躺着一动不动，真的死了。

随后，人们把他的女儿拖开弄走了，她还是不停地号哭。她大约有十六岁，长得非常漂亮，可是脸色惨白。

不久，人群拼命推搡着，朝窗户这边挤过来，大家都想看上一眼。可是站在里面的人不肯让开，后面的人就喋喋不休地说：“伙计们，你们总该看够了吧。老待着那儿不动，太没道理，太不公平啦。大家都有权利看上一眼的嘛。”

人们开始骂开了，我一看势头不对，要出事啦，就赶紧溜出来。每条街道都挤满了人，大家都群情激昂。亲眼看见开枪射击的那些人都在向人们讲述事情的原委，他们个个身边都围满了人，大家伸长了脖子仔细在听。

一位戴高顶白色皮帽，个子瘦高，留着长发的人，用弯柄手杖给人们指划出事时拉多斯站的地方和恩克西站的地方。人们就跟着他从一个地方走向另一个地方。人们听懂他的意思后，就连连点头；人们看着他用手杖在地上画的时候还把双手支在大腿上，弯下腰去。

后来，他站直身子，皱起眉头，拉下帽檐，大喊一声："拉多斯！"接着就把举起的手杖放平了，嘴里发出"砰"的一声，他踉踉跄跄朝后退了两步，接着嘴里又发出"砰"的一声，然后就往后一仰，倒在地上。目睹当时情景的人都说他学得像极了，说当时的情景就是这样子的。十几个人都掏出酒瓶来请他喝酒。

后来，有人说，应该把恩克西处死。大家就都异口同声表示赞同对他用刑，于是，人们都像发了疯似的跑开了，一边跑还一边大喊，见了晾衣服的绳子就一起扯下来，打算用来做绞索，绞死杀人的恩克西。

第二十二章

街上，人们一窝蜂地朝恩克西家拥去，一路上高声喊着，尖声嘶叫着，疯狂得就像印第安人似的，一切都应该给他们让路，否则就会被践踏成烂泥，那股狂热劲看上去实在可怕极了。

在这帮人前面的娃娃们则吓得尖声惊叫，四散逃窜。临街的每一扇玻璃窗户后面都挤满了妇女们的面孔，每棵树上都有黑人孩子，还有些胆小的男男女女躲在围墙后面观看，等到人群拥到他们附近时，他们就赶紧散开，退得老远。许多女人和姑娘都吓得要命，大声地伤心痛哭。

一会儿，人群拥到恩克西家的栅栏前面，人群密不透风，嘈杂的人声搞得人头昏脑涨。那是个方圆二十英尺左右的小院子。有人喊道："推倒院墙！把院墙推倒！"人们立刻动手，砸的砸，拔的拔，撞的撞，栅栏很快就倒掉了，挤在前面的人群像浪潮一样排山倒海般涌进院子里去。

正在这时，恩克西手里端着一杆双筒枪出现在他家小门廊的屋顶上。他神态镇静极了，一句话也不说。喧嚣声突然停止，人群开始往后退却。

恩克西仍然是一句话不说，默默地站在那里，俯视着人群。那阵死寂让人难受得浑身都起鸡皮疙瘩。恩克西缓慢地扫视着人群，被他扫视到的人都想显得比他更坚强，都试图用恶狠狠的眼光回瞪他，可他们还是不行，结果都把眼睛低垂下去了，显得鬼鬼祟祟的。

接着，恩克西发出一阵哈哈大笑，那是一阵让人听了难受的冷笑，就像吃面包吃出沙子一样的别扭。他开口了，语调缓慢，口气傲慢：

“你们这些人，还竟然想对人滥用刑法！真是滑稽。你们哪儿来的胆子，居然想要一个好汉的命！你们敢欺负一个无亲无靠、无家可归的过路女人，就以为自己敢对一个好汉动手吗？你们想过吗，一个好汉就是落到一万个你们这种人的手里，你们也别想动他一根毫毛——除非你们在背地里对他耍阴谋。

“你们那点儿能耐我早看透了。难道，我还不了解你们？我什么人没见识过？生在南方，长在南方，在北方住过多年，一般人全是胆小鬼。北方佬个个任人欺负，回到家还向上帝祈祷，但愿自己能像奴才一样忍气吞声。在南方，一个好汉单枪匹马在光天化日下就能拦路抢劫整整一辆坐满人的驿车。报纸把你们说成是勇敢的人，你们就自以为比别人更勇敢，可你们跟他们没有区别，丝毫也不勇敢多少。你们的陪审团怎么连个杀人犯也不敢绞死？就因为他们害怕那个杀人犯的朋友会对他们背地里下毒手——不错，那些人确实会那么干的。

“所以，你们的同类总是把犯人免罪释放。只有胆子大一点的人带上一百个戴着面具的胆小鬼，趁天黑去对那个坏蛋用私刑。你们错就错在没让一个有胆子的人带着来，你们也没等到天黑，还没戴上面具。

“一般人谁愿意惹麻烦，冒危险。你们本不想来的。不过，如果一个有半点胆子的人一喊上两句‘绞死他！绞死他！’你们就不敢后退啦，害怕人们发现自己原来是个胆小鬼，所以自己会叫得更响亮一些，揪住那个有半点胆子的人的衣襟，跑到这里来撒野，赌咒说要干什么轰轰烈烈的大事业。

“可怜啊，你们这群最可怜的乌合之众，说到底，一支军队就是一帮乌合之众——他们打仗并不是靠自己与生俱来的勇气，而是仗着人多势众，凭着长官的激励。但是，一群连个头领也没有的乌合之众就更加可怜了。

“听着，胆小鬼们，摆在你们面前唯一的路，就是赶紧夹着尾巴跑回自己的家去，蜷缩进被窝里。如果真的想对什么人下毒手，就按照南方人的风俗等天黑了再干，而且要带上个胆子大的人来，别忘了要戴上假面具。

“现在，都给我走吧——把你们那个只有半个胆子的人带走吧。”

说完，他把枪朝左手上一甩，拉动了枪栓。

突然，人群像退潮一样开始往后退却，转眼间朝四面八方散开，飞奔着逃走了，就连那个带头的戴高帽子的人也耷拉着脑袋，跟在人群后面逃走，看上去更卑贱可怜。我本来可以继续待下去的，可我不愿意在那待着。

我回到我们的马戏团那儿，在后面闲荡，等维持秩序的人走开了，就从帐篷底下钻进场去。我兜里有二十块金币，还有些零钱，可我觉得还是省着些好，因为一个人离家在外，说不定什么时候就用得着钱啦，所以省着点儿花总还是有好处的。如果没有别的法子，我倒也不在乎花钱看马戏，不过花冤枉钱就太可惜啦。

那真的是第一流的马戏表演。演员骑马入场的时候，他们都是一男一女成双成对骑马入场。男的不穿鞋，穿着运动衫运动裤，不踩马蹬，他们的手搭在胯上，模样轻松随便——足有二十个人呢。每个女人的肤色都招人喜爱，漂亮极了，活像一群实实在在的女王，她们衣裳浑身都镶满钻石，看样子值几百万块。这么漂亮豪华的场面我还从来没看见过。

接着他们一个个在马背上站起来，马就在圆形场地上奔跑，显得那么轻松、飘逸、优雅。男人们挺直身子，脑袋随着跑动上下起伏，看上去风度潇洒，个头还很高，高得快要探到帐篷的顶子了。女人们穿的玫瑰花瓣似的短裙在大腿周围柔和地飘飞着，就像一顶顶漂亮的花伞。

他们骑着马越跑越快，在马上做各种动作，先是把一条腿伸向空中，接着又换上另一条腿。马的身子越来越倾斜，那个领班围着场地中的柱子直转，抽动手中皮鞭发出噼啪的响声，嘴里喊着：“嗨！嗨！”躲在他身后的小丑不停地讲着俏皮话。

后来，马背上那些人都把抓缰绳的手撒开，那些女人把手蜷起来搁在胯上，男人都把胳膊交叉在胸前，马儿跑得都侧起身子来，十分带劲儿！

最后，他们都从马背上跳下来向人们鞠躬，那种迷人的模样我还是头一次看见，然后他们就欢快地跳跃着下场了，观众一起鼓掌，兴奋得简直要发狂了。

那个小丑从始到终都在逗乐，把人笑得肚子都疼了。整个马戏表演十分精彩，那个领班刚想开口跟小丑说句话，他立刻就把嘴边的俏皮话甩出来跟领班顶嘴，他讲的话实在太逗人了，真不知道他怎么能想出那么多逗人的话来，而且是脱口而出。

如果换了我，我一年也想不出那么多逗人的话来。后来，一个醉汉也想走进场子里，他说是要骑马表演，自称能跟他们骑得一样好。他们跟他争执起来，打算把他撵出去，可他就是不走，整个演出就停了下来。

人们就朝他起哄，嘲笑他，这下子可把他惹火啦，他气得在场子里又跳又闹。这一来人们也生气啦，不少人离开自己的凳子，向场子中间冲过去，嘴里大声喊着："揍这家伙！把他撵出去！"有两个女人吓得惊叫起来。领班连忙讲了几句话，说是希望大家不要乱，如果这个人保证不再闹事，如果他真的能在马背上坐稳，就让他骑骑马。大家都放声大笑，表示同意。

只见，那人开始笨笨地爬上马背。他一坐在马背上，那马立刻就想挣脱缰绳，撒开腿又是飞跑又是蹦跳，马戏团的两个人就死死拉住马缰绳，想把马控制住，那个醉鬼紧紧抱住马脖子，马跳一下，他的双腿就甩到空中，全场的人乐得都站起来大嚷大叫，放声大笑，最后笑得眼泪都流下来了。

马戏团的人费尽了力气，可马还是挣脱了缰绳，围着场地一圈一圈飞跑起来，那个醉鬼就死死抱住马脖子，一会儿身子倒向这边，一条腿几乎拖到地面上，一会儿又倒向另一侧，另一条腿差点儿拖到地面上，人们乐得都要发疯啦。

可我并不觉得有什么好笑，看见他那么危险，我吓得直发抖。但是，不久之后，他挣扎着坐直了身子，还把缰绳也抓在手中，只见他左右一摇晃，猛地跳起身来，甩掉缰绳站在马背上啦！那匹马也越跑越来劲，好像家里房子起了火似的。那人稳稳当当站在马背上，悠闲自在地好像一辈子从来没喝醉过似的。

接着，他开始脱衣裳，一边脱还一边扔。他脱得那么快，把衣裳扔得满天飞，一共扔掉十多套衣裳。他终于露出了本色，原来他是个高挑俊俏的年轻人，身上穿的是最鲜艳漂亮的衣裳。他拿一条皮鞭抽打着马，马跑得像一阵风似的。

最后，他跳下马背，向大家鞠了一躬，轻松地跳着下场，进了化妆室。人们又惊又喜，像打雷一样狂喊起来。

这时，领班的才发现上了当，那种难为情的面孔，人们从来都没看见过。其实那是他自己班子里的演员。这主意其实也是他自己想出来的，他没有向任何人透露。

我也上了当，心里怪不是滋味的，我可不想当那个领班，就是给我一千块钱我也不干。我不知道是不是有比这更棒的马戏团，反正我是第一次见到过。不管怎么说吧，我觉得这表演已经足够好的啦，以后不管在哪儿遇上，我都会光顾的。

那天晚上，我们也演出了，可只有十二个人来看，门票刚够应付开销。大家老是嘲笑演员，把公爵气得够呛，戏还没演完，人们都走光了，只剩下个睡着的孩子没走。公爵说，这些阿肯色州的傻瓜根本看不懂莎士比亚，他说他们喜欢的不过是些低级趣味的玩意儿——也许连低级趣味也谈不上。他还说，他能适应他们的口味。

所以，第二天早上，他搞到几片包装用的大纸和一些油墨，写了几张海报，在村子里到处张贴。海报上写着：

本镇法院大厅上演
惊险悲剧
“国王的骆豹[1]”
又名“皇家奇兽”！！！
由世界著名悲剧明星
伦敦及欧洲大陆大剧院名演员
小大卫·加里克！　与老艾德蒙·基恩主演！
只演三晚！
入场券每张五角

底下用最大的字体写着

妇女儿童不宜

“等着瞧吧，”他说，“如果那行字不能把他们招来，就算我看不懂阿肯色了！”

[1] 骆豹通常叫作长劲鹿，此处暗喻“细长个儿的女人”。

第二十三章

公爵和国王辛苦了一整天，搭好戏台，挂好了幕布，装了一排蜡烛打脚光。那天晚上，大厅转眼间就挤满了人。等到大厅挤得再也不能让人进来的时候，公爵就丢下守门的差事，绕过去登上戏台，他站在幕布前，简单地讲了几句话，吹嘘他的这出悲剧，说这是有史以来最惊心动魄的戏，接着，他又把这出戏和戏里演主角的老艾德蒙·基恩吹捧了一气。

最后，他把人们的胃口都吊得高高的，就等拉开幕布。幕布一掀，只见国王浑身一丝不挂，身上涂抹着一圈圈一道道五颜六色像彩虹一样漂亮的油彩，四肢着地，神气十足地爬了出来，另外——别提他的其他化装啦，都是些又怪又胡闹的东西，反正滑稽死了。

人们放声大笑，乐得险些要了命。国王就在台上东蹦西跳，跳够了才跑进后台去，人们又是拍手，又是叫好，声音大得像打雷一般，一直闹到他再次出场为止。于是，他又重复表演了一遍，然后人们又要他再来一遍。这个老笨蛋的表演真的能把母牛都逗笑。

这时，公爵把幕布放下，向人们鞠了一躬，说这出大悲剧只能再演最后两个晚上了，因为他和伦敦有紧急预约，那里的大戏院的戏票已经全部卖光了，就等他们去呢。然后，他再次向人们鞠躬，对大家说，如果大家觉得本次演出有趣的话，希望他们向朋友推荐，请他们来观看，他本人将十分感谢。

有几十个人一起大声嚷起来："怎么，这就完啦？这就算完啦？"

公爵说确实是这样的。这下子人们可闹起来啦。大家都喊："我们上当了！"他们一个个起身朝戏台子冲过去，要找那两个演悲剧的算账。

这时，一个相貌堂堂的人跳到一个长凳上，喊道："镇静！先生们，听我说句话。"人们都安静下来听他讲话。

“我们上当了——上了个大当。但是我们不能让全镇的人都笑话，让人们永远把我们当笑料呀。那是绝对不行的。我们要从这里静悄悄走出去，到处跟人们夸奖这出戏，把镇子上其余的人也哄到这儿来看戏！那样一来，大家就都彼此一样啦。大家说，我的话有没有道理？”

大家都开始附和着说：“是啊，真是太有道理啦！——法官说得对！”

“那么，好吧——上当的事一个字也不要提。大家都回家去，劝其他的人都来看这出悲剧。”

第二天，到处都有人对这出了不起的戏交口称赞。那天晚上，大厅里再次爆满，我们用同样的方法让这批人也上了当。我和国王、公爵回到木排上后吃了晚饭，后来，到了午夜时分，他们要我和基姆把木排划出去，退出那条小河，漂进大河的河心里，漂到镇子下游大约两英里的地方靠岸，把木排藏起来。

第三天晚上，戏场再一次爆满——可这次来的人都不是新观众，而是前两天晚上来过的人们。我站在门口，跟在公爵身边，我看见人们不是兜里装得鼓鼓囊囊的，就是在外套下面藏着什么东西——我还看出那绝不是什么好东西。

很快，我闻到了一股刺鼻子的臭鸡蛋味，还有烂白菜之类的气味。我敢说，我一定闻到了死猫的气味，一共有六十几条被带进了戏院里。我钻进戏场里待了一会儿，可是我被臭得实在待不下去了。

后来，戏场里满得再也挤不下人了，公爵就找了个人，给了他两毛五分钱，要他帮忙守一下门，他就拔腿走出去，要绕到戏台后门那里去，我跟在他身后。但是我们刚一拐弯，他就说：“快走，等远离这些房子后，赶快拔腿向木排飞跑，要像有鬼在追你一样快跑才可以！”我就照他说的去做，他自己也是那么干的。我们俩同时跳上木排，不到两秒，我们已经顺着大河往下漂去了。周围一片漆黑寂静，我们把木排斜过来划向河心。大家谁也不吭一声。

我想，那位可怜的国王准是在镇子上让观众给抓住了，在那儿活受罪呢，结果根本不是那么回事。不一会儿，他从窝棚里钻出来，开口说话了：“我说，公爵，我们那老一套这回灵不灵呀？”

他根本就没到镇子上去。

等木排漂到镇子下游以后，我们这才点上灯，吃上晚饭。国王和公爵说起对付那些人的手腕时，笑得骨头架子都要散了。

公爵说："都是些大笨蛋，大傻瓜！我早知道第一天晚上的观众会保持沉默，还会把镇子上其他人也给勾来，我也算准了他们第三天晚上会来对付我们，自以为这下子该轮到他们收拾我们了。不错，这回确实轮到他们啦，如果我能知道他们发现自己失算时的样子，我情愿付出最大的代价。我真想知道他们要怎么利用这次机会。他们如果愿意的话，可以借这次机会搞个野餐——他们带去的食物可真不少哩。"

两个坏蛋三个晚上总共骗到了四百六十五块钱。我从未见到过那么多的钱，足足够装一马车的了。

后来，他们打起了鼾，像是睡熟了，基姆对我说："哈克，国王和他这么胡折腾，你不觉得奇怪吗？"

"不奇怪，"我说，"没什么好奇怪的。"

"为什么不奇怪呢，哈克？"

"这有什么奇怪的，这种人生来就是这个样子嘛。我敢打赌，他们都是一路货色。"

"但是，哈克，这些国王都是些地道的坏蛋，他们就是一帮最坏的坏蛋。"

"是哦，我也是这个意思。照我看，所有的国王差不多都是坏蛋。"

"那是真的吗？"

"你只要在书上看到过就知道啦。看看亨利八世吧，跟他比起来，我们这一位可就温和得像个天主学校的督学大人啦。再看看理查二世、路易十四、路易十五、詹姆斯二世、爱德华二世、理查三世，还有其他的人。除了他们之外，还有古代那些撒克逊七国的统治者，当时他们都是些闹得天翻地覆的恶魔。

"上帝，你如果能亲眼看到亨利八世老王年轻气盛时的疯劲就好了。那家伙是个风流种，每天都要娶个新老婆，第二天早上就砍掉她的脑袋。他干那种事满不在乎得就像叫人给他送来煮鸡蛋一样随便。

"他说：'去把内格温弄来！'人们就把她弄来了。第二天早上，他说：'砍掉她的头！'他们就把她的头砍掉。

"他说：'去把简丽尔弄来！'她马上就被弄来了。第二天早上：'砍掉她的头！'——他们就把她的头砍掉。'按铃把罗莎蒂叫来。'罗莎蒂应铃而来。第二天早上：'砍掉她的头。'他叫她们每个人都给他讲个故事，他就用这种办法弄到一千零一个故事，然后写成一本书，书名叫《末日审判书》，这个书名倒是名符其实，因为它讲出了事情的真相。

“基姆，你不了解国王都是些什么人，可我熟悉他们。我们的这位可是我在历史上遇到的最清白的一个啦。你知道吗，亨利动了个念头，要给我们美国闹点麻烦。怎么办呢——他先下个文书吗——向我们展示他的力量吗？不。他突然就把停在波士顿海港那些货船上的茶叶都倒进海里，接着就提出个独立宣言，发出挑战。这就是他的作风——从来都是给人个措手不及。他怀疑他的父亲威灵顿公爵。你知道他怎么办吗？要他自己坦白吗？不——把他丢进一个酒桶里像只猫似的淹死了。假如有人把钱丢在他身边，他怎么办呢？他顺手就拿走啦。如果他跟人签了合同要做个什么事，那人又不能在那里盯着看他干，他怎么办呢？他肯定不会按合同干的。假如他张开嘴——怎么样呢？如果他不赶紧把嘴闭上，他立刻就说个谎，每回都是这样。亨利那个浑蛋就是这么个东西。

“如果我们跟他一路，而不是我们这两个人，他准会把那个镇子上的人骗得更惨。我可不是说我们这两位都是好人，因为他们本来就不是什么好东西，你只要看看他们干的事就知道了。可如果跟那些老浑蛋比起来，他们可就是小巫见大巫啦。我说了这么多的意思是，国王就是国王，我们得忍着点才行。这些人全都是些臭无赖。他们从小受的就是这种不要脸的教养。”

“可这一位的臭味可真够凶的呀，哈克。”

“跟你说吧，他们都是一个样，基姆。国王有什么臭味我们可没办法，连历史都没办法的。”

“再说说公爵吧，他倒有点像个好人。”

“是啊，公爵有点不一样，可也没什么不太一样的。按一个公爵的标准，这个家伙也算够坏的啦。他喝醉酒的时候，眼睛不好的人都会分不清他跟一个国王有什么不一样的地方呢。”

“不管怎么说吧，哈克，我可不想再和这种人一路啦，这两个人我受够了哦。”

“我也是这个意思，基姆。可我们既然让他们来了，就得知道他们是些什么东西，先忍着点吧，会好的呢。”

如果告诉基姆说，这两个人其实不是国王和公爵，又会有什么用？什么用也不会有，另外，我刚才已经说过啦，人们分不出他们跟真正的国王有什么区别。

我睡着了，到了该我值班的时候，基姆没叫醒我。他经常这样做。

破晓时分，我醒了，他正坐在那儿，把头埋在两个膝盖中间独自伤心、唉声叹气呢。我没有故意看他，也没有假装没看见。我知道他这是为什么。

其实，那是他在想他远方的老婆孩子，他心里在难受哩，因为他一辈子还从来没有离开过家。我相信他想念家里人的心情跟我是完全一样的。虽然看上去有点奇怪，可我想准是这么回事。他经常就那么伤心叹气的，到了晚上，他以为我睡着了，就会自言自语地说："可怜的伊丽莎白！可怜的小约翰尼！真心痛呀，我看我再也见不到你们啦，再也见不到了啊！"

有一回，不知怎么的，我跟他聊起了他的老婆和孩子。后来他跟我说：

"这次我觉得非常难过，因为我听见那边岸上有个声音，像是在打人，又像在摔门，让我想起以前我发脾气，恶狠狠对付我那小伊丽莎白的情形。她四岁那年害了场猩红热，病得挺厉害，后来总算好了。有一天，她站在那儿，我对她说：'把门关上，'

"她一动也不动，只是仰起脸来望着我，在那儿笑。我火了，又大声重复了一遍，我说：'你听见我的话了没有？把门关上！'

"她还是那么站着不动，抬着头望着我，朝我微笑。我气得要命，说：'你敢不听我的话！'

"说完，我就朝她脸上抽了一耳光，把她打得趴在地上了。我自己走进另一间屋子，在屋里待了大概十分钟，我出来一看，那扇门还开着，孩子低头站在门槛上哭得挺伤心的，眼泪直往下流。

"当时，我被她气得要死，正想上去揍她，可巧刮来一阵风，把门猛地关上了，那扇门是朝里开的，一下就把孩子打倒了，孩子倒在地上不动啦！我吓得差点背过气去，我当时觉得多么——多么不好受呢，我真的说不上来心里是一种什么感觉。我浑身颤抖，跌跌撞撞走到门边，小心地打开门，从她身后探过脑袋去看，我不由喊了声：'天哪！'她不动啦！我一下子放声痛哭起来，把孩子抱在胸前。我说：'噢，可怜的小东西呀！全能的上帝永远也不会原谅可怜的老基姆啦，我一辈子也不能原谅我自己啦！'

"原来，我的孩子，她已经被吓得又聋又哑了，哈克，她又聋又哑了，我真后悔，自己不该对她那么狠心哦！"

第二十四章

第二天傍晚，我们在河当中一个长着柳树的小沙洲附近停了下来，河两岸都有一个镇子，公爵和国王开始谋划着要去骗这两个镇子。基姆跟公爵说，希望他们别花太多时间，不要超过几小时，因为他被捆着塞在小窝棚里，实在太无聊，太难熬了。

事情的确是这样的，我们把他单独留在木排上的时候，就会把他捆起来，因为如果有人偶然来到这里，看见他没被捆上，就不能把他当成逃出来的黑奴了，不是吗？公爵就说，捆上绳子待一天确实难受，他要另想个办法，不让他再吃这种苦头。

公爵是个特别聪明的人，很快就想出个办法来了。他把李尔王的装束给基姆穿上——那是用窗帘花布做的长袍，外加用马尾巴做的假发和胡须；然后他朝基姆脸上、手上、耳朵上、脖子上涂满演戏用的化妆颜料，那是一种难看的灰蓝色，就像个已经淹死十天的人一样。可真是我有生以来见过的最吓人的打扮啦。

接着，公爵在一块牌子上写道：

生病的阿拉伯人

不发神经的时候与人无害

他把这块牌子钉在一根木条上，把木条竖在窝棚外面四五英尺的地方。基姆觉得很满意。他说这模样比先前给捆上躺在窝棚里可要强多了，以前那种情况简直是度日如年，一听见有点声音就吓得浑身发抖。公爵告诉他可以随意活动，如果有人来这儿找麻烦，他必须从窝棚里跳出来，像头野兽一样闹腾着嘶吼上一两声，他敢肯定，那人准会急忙离开，不来惹他的。这种判断倒是合理的，如果来个普通人，用不着他吼叫准会吓得逃掉。不用说啦，他这副模样比死人还要吓人呢。

因为“皇家奇兽”这个戏能挣大钱，两个坏蛋还打算试试。可他们觉得不保险，因为到这会儿，消息可能已经传到下游来了。他们一时想不出个十分合适的主意，公爵就说，他要躺下来仔细考虑一两小时，看怎么才能在阿肯色州的这个镇子上再捞一把。国王说，他不打算先想什么主意，要到另外一个镇子上去碰碰运气，靠上帝的指引他会走上发财的路——我估摸看他指的是靠魔鬼。我们上次靠岸时都买了些现成衣裳，国王把他的新衣裳穿好，还关照我也穿上。

国王的衣裳全是黑色的，他穿上显得神气十足。我以前从来没想到衣裳能改变人。他以前一直是个肮脏邋遢的糟老头子，可现在呢，他摘下白色水獭皮帽向人鞠上一躬，再微微一笑，就显出一副宽宏大度的假惺惺模样来，好像他就是刚走出诺亚舟[1]的老先生本人呢。基姆把小船打扫干净，把桨预备停当。

在河上游离镇子有三里的一个码头边停靠着一艘货轮，那船已经在那儿停了两小时——正在装货。国王说："既然我穿得这么讲究，我看不如就说是从圣路易或者从辛辛那提坐船下来的，要不就说是从什么别的大地方来的。哈克，你就朝轮船那儿划吧，我们搭这条船到镇子上去。"

想到要去过一过搭轮船的瘾，我根本用不着别人再吩咐第二遍。我就把小船划到镇子上游半英里的地方，然后靠近岸边，在陡岸边的静水里轻松地往前划。

不久，我们遇到个模样又好看又显得老实的乡下年轻人。他身边放着两个粗布提包。

他正坐在一根圆木上，擦着汗水，因为当时天气确实挺热的。

"把船头对着岸边划。"国王说。

我照办了。

"年轻人，你要去哪儿？"

"要上轮船，搭船去奥尔良。"

"上船来吧，"国王说，"稍等一下，我的仆人帮你把提包搬上来。嘿，你跳下去帮帮这位先生，道弗利斯。"——我明白这是在叫我呢。

我照做了，然后，我们三人接着往前划。那个年轻人非常感谢我们，说是在这么个大热天提着行李赶路实在是件苦差事。他问国王要去哪儿，国王就告诉他说，我们是从上游来的，今天早上到过河对岸的那

[1] 后文亦有"极古老"、"已过时"、"老古董"的意思。

个镇子，现在要到上游几英里的一个农场上去看个朋友。

年轻人说："我刚才看见你的时候，心想：'你准是李尔克提先生，他来得正是时候呢。'后来，我又一想，'不对，不是他，他不会逆水往上走的。'你不是李尔克提先生，对吧？"

"是的，不是。我的名字叫杰特亚利，杰特亚利牧师就是我，我想我该这么说清楚，因为我是上帝的奴仆。但是我依然为你的李尔克提没能准时到来感到难过，我希望他没有耽误了你的什么事情吧。"

"哦，他来迟了倒也不会损失什么的，因为他能得到他该得到的财产的，可是他没赶上给他兄弟送终呢——谁知道呢，他也许对这事并不在乎——可他那兄弟死前一心想见上他最后一面呢，谁如果能让他见上哥哥一面，他宁愿把自己的一切都送给这人。三个星期以来，他嘴里一直念叨的就是这事。他们自打小时候就分手啦，后来再也没见过面，也没见过那个又聋又哑的弟弟山姆，山姆也不过三十几岁。只有他们两个人离开家到这儿来谋生。山姆是他们弟兄几个里还活着的一个，我刚才说过的，他也没有准时赶来。"

"有人给他们捎去信没有？"

"唔，有的，那是一两个月以前他刚刚病倒的时候，因为他说，他好像觉得这回病得厉害，好不了啦。他年纪挺老啦，他女儿们又太年轻，除了那个红头发的女儿维利斯之外，谁都不能陪在他身旁，他觉得孤独极了，他想见山姆都想疯了，因为他是那种软心肠的人，一想到要写遗嘱就难受。他给山姆留下一封信，告诉他自己的钱藏在哪儿了，还讲了希望如何分其余的财产。人们劝他写遗嘱，他只写了这么一封信。"

"山姆怎么就没来呢？他住在哪儿？"

"哦，他住在英格兰的圣菲尔德——在那儿传教——从来没到美国来过。他没有多少空，另外，他说不定根本就没接到那封信，你说呢？"

"太糟啦，他没活着见到自己的哥哥，真是太糟了，可怜的人。你说，你要去奥尔良吗？"

"是的，不过那不是我的最终目的地。下个星期三，我要搭一条轮船到里约热内卢去。我的叔叔在那儿住。"

"路程虽然很长。但是我也真想去。维利斯是老大吗？其他的几个孩子都多大啦？"

"维利斯十九岁，苏姗娜十五岁，蕉提娜差不多十四岁——这个闺女就爱吵嘴，她的嘴是个兔唇。”

“可怜的孩子们！就这么无依无靠被丢在冷酷的世界上。”

“她们还算不错呢。他们的爸爸有不少朋友，他们不会让她们受罪的。他的朋友里有浸礼会的洛特·霍维律师、列维·贝尔大夫等人，还有他们的太太，还有巴赫利寡妇，还有很多很多呢。都是老先生生前最要好的朋友，他写信的时候总要提起他们的。这样，山姆来了就知道上哪儿找他的朋友们啦。”

国王不停地问这问那，最后把小伙子知道的情况几乎全都弄明白了。他如果没有把那个倒霉的镇子上的每个人、每件事和人家的一切都问到，那才是怪事呢。后来他又问：“你为什么要朝上游走那么远去搭轮船呢？”

“因为那是条去奥尔良的大船。我原先还担心船不会在那儿停靠呢。那些没水深的船你招呼它们也不停。辛辛那提来的船见有人招呼就会停，可这是条圣路易来的船。”

“那老先生的家境不错吧？”

“是的，是不错，非常好的。他有房子、地，人们估计他还留下三四千块现款，不知藏在什么地方啦。”

“你刚才说他是什么时候死的？”

“我刚才没说这个，不过他是昨天晚上死的。”

“也许是明天出殡，对不对？”

“对，大概是明天中午。”

“唉，这实在太叫人伤心啦，我们迟早也都要死的。所以，大家只要做好准备，就不会觉得太难受啦。”

“不错，先生，这可是最好的办法了。我妈妈就常常这么对我说呢。”

我们划到那条轮船跟前的时候，货已经差不多装完了，不久船就启航了。国王再也没提起上船的事儿，结果我失去了坐轮船过瘾的机会。船开走以后，国王要我再向上游划上一英里，到了个没人的地方，他上了岸说：“现在，你赶紧划回去，把公爵接到这儿来，带上那两只新提包。如果他已经到了河对岸的话，你就赶快划过去，把他找来。你叫他无论如何都要快点来。快划吧。”

我猜出他要干什么了，可我当然什么也没说。我把公爵接来后，我们把小船藏起来，然后，他俩坐在一根圆木上，国王把一切都讲给他听，说得跟那个年轻人讲的一模一样。他讲话的时候，总是要模仿英国人的口音，虽然他那么笨，可是学得也够像的。我模仿不出他的腔调，也就不想学了，可他学得确实不赖。他说："你扮个聋哑人怎么样，小子？"

公爵说，这个角色就放心地交给他吧，还说他以前在一出戏里真扮演过聋哑人。然后，他们就开始等一条轮船。

下午的时候，来过两条小轮船，可它们不是从上游很远的地方来的。最后终于来了条大船，他们就招呼它停下。大船上放下个舢板，接我们上去。这条船是从辛辛那提来的，船上的人听说我们只搭四五英里，气得简直要疯了，把我们骂了一通，还说到了地方也不放我们上岸。

但是国王很平静。他说："如果有哪位先生愿意按搭一里英路每人出一块钱付款，外加舢板接送，那么轮船载上他们就划得来了，对不对？"

这一来，那些人变得和气了，说是可以的，我们到了镇子边，他们用舢板把我们送上岸。岸上有二十来个人看见我们坐着舢板过来，就一起围了过来。

国王就问道："你们谁能告诉我，李尔克提先生住在哪儿？"人们互相交换了一下眼色，还点了点头，好像在说："我说得不错吧？"

然后，一个人和气平静地说："真遗憾哪，先生，我们只能告诉你，他昨天晚上他还在哪儿住过。"

刹那间，这个老无赖浑身一软，瘫倒在了那人的身上，他下巴搭在人家的肩膀上，脸冲着人家的脊背号啕大哭道："天哪，天哪，我那可怜的兄弟呀——没想到他已经去了，我们还没来得及再见上他一面啊！太悲惨啦，太叫人伤心啦！"

接着，他转过身去，哭着用手朝公爵比画了许多莫名其妙的手势，只见他把提包往地上一扔，也放声大哭起来。我一辈子从未见过那么假惺惺的伤心痛哭呢。

那些人都围上来，都表示对他们的同情，对他们说了各种安慰的话，还帮他们提着提包往坡上走，让他们俩靠在他们的肩膀上哭，还对国王讲了他那个兄弟临死之前的情形，国王就打手势把他们说的再告诉公爵，于是这两个家伙就又为那位刚死的人开始哭得死去活来，好像耶稣的十二个门徒都死光了似的。

如果，我以前见过这种情景，我就不算是个人。这种事，我真的是第一次见到呢，真让人替整个地球上的人类都感觉到害臊哦，我对上帝发誓，我说的一切都是千真万确的。

第二十五章

没到两分钟，消息就在整个镇上传遍了，人们都从四面八方跑过来，有的人一边跑一边还在穿衣裳呢。

不大一会儿，我们就被人们团团围住了，人群跟着我们走的脚步声好像士兵们前进的声音。每家的门窗前、院子里都挤满了人，人们不断地问：“是他们来了吗？”

围在我们周围的人里就有人回答说：“没错，是的，是他们。”

我们到了李尔克提家的时候，房子前面的那条街都给挤满了人，三个姑娘都站在门前。一个长着一头红头发的漂亮姑娘在那站着，她简直漂亮极了，一见她的叔叔们，她高兴得眼睛里都放出了光彩。

国王伸出双臂，那姑娘就跳起来抱住他，一个长着兔子嘴的女孩朝公爵扑了过去。他们终于见面了！大家见他们愉快相见，都乐得要流下眼泪来了，尤其是那些女人，更是忍不住，她们不停地在擦自己的眼睛。

后来，国王悄悄推了一把公爵——我看见了——然后他朝周围望了望，看见了一个角落里放在两把椅子上的棺材，他就跟公爵互相搂着肩膀，用另一只手捂住眼睛，迈开沉重的脚步走过去，大家给他们让路，人们发出“嘘”的声音，所有的谈笑声都停了下来，男人们都摘掉帽子低下头，安静得连一根针掉在地上也能听见。

他们走到棺材前，朝里面望了一眼，立刻就放声大哭，声音大得恐怕在新奥尔良也能听到。然后，他们互相搂住对方的脖子，把下巴搭在对方的肩膀上，泪流不止，一连哭了三四分钟。我从来没见过两个男人哭得这么厉害。你知道吗，大家也都哭得那样凶，屋子的地板都被打湿了，泪水和河水一样流呢，我一辈子都没见过那种悲伤的场面。

后来，他们俩一个走到棺材的一边，一个走到另一边，两人跪下来，都把额头靠在棺材上，假装默默祈祷。他们这种样子把大家都弄得难受极了，人们开始还是呜咽，后来再也忍不住了，一起开始号啕大哭，那种情景从来没人看见过。

几个可怜的姑娘也放声大哭。差不多每个女人都庄重地走到姑娘们前面，吻她们的额头，还把手搭在她们头上，仰起脸来，任凭泪水从脸上往下流淌，最后才抽噎着走开，让其她女人也照样这么做上一遍。我从来没见过那么恶心的事情。

后来，国王站起来，向前走了几步，装作呜咽着开始讲话。他一边讲一边流眼泪抽鼻子，说他和他可怜的弟弟从四千里外赶来，却没能在兄弟死前跟他见上一面，实在是太伤心啦，但是在大家的同情和神圣的泪水中，这种伤心中增添了一丝甜蜜，变得神圣了。他说，在这种时候，如果他只是嘴上说说对大家表示感谢，就显得太无力，太冷淡了，因此他自己和他的弟弟打心底里感谢大家。他们还假惺惺地说了许多废话，让我听得再次感觉到恶心，又抽抽答答说了声“阿门”后闭上了嘴。说完，又号啕大哭起来。

他刚说完，人群外面就有人唱起了赞美诗，大家就一齐放开喉咙跟着唱起来，让人觉得心里热乎乎的，就像在教堂里一样。歌声确实不错，尤其是在我听过那么一通骗人的鬼话后，听着歌声你才觉得心情爽快一些，那歌声是那么诚实、动听。

随后，国王的下巴又动起来啦，他说，他和他的侄女们很希望朋友们今天晚上能来与他们共进晚餐，帮忙料理死者的后事。他说，他的兄弟已经死了，如果他能讲话，他知道他会请哪几位来，因为他兄弟在信里常常提到他们。

于是，那些被他提到的朋友就走过来跟国王一一握手，对他表示感谢，跟他交谈。然后，他们走过来跟公爵握手，嘴里什么也不说，脸上挂着微笑，脑袋点个不停，活像一群傻瓜，他就用手比画出许多莫名其妙的手势，嘴里“咕—咕—咕—咕—咕”地嘟囔着，就像个还不会说话的娃娃。

国王继续说个不停，问起镇子上的每一个人，甚至每一条狗，提起他们的名字，问起镇子上发生过的各种小事，他总是说，兄弟在信中提到过这些事。可那明明是一派谎言，他说的全是从那个搭我们小船的傻瓜年轻人那儿打听来的。

后来，那可怜的漂亮姑娘把他父亲临死的时候留下的那封信拿来，国王就接过来大声念，一边念一边失声痛哭。信中提到把这所住宅和三千块金币留给自己的姑娘，另外三千块金币、生意兴隆的店铺和价值大约七千块的其他房子和土地留给两个兄弟。

信中提到那六千块现钱在地下室里的什么地方藏着。这两个骗子就说，要下去把钱取出来，光明正大公平合理地处理。他们叫我取一根蜡烛跟他们一起下去。我们进了地下室，把门关上。他们找到那个袋子以后，把里面的东西全倒在地上，那景象可真馋人哦——全是金光灿灿的足赤金币！老天，那老国王的眼睛亮得都冒出火花来啦！

他在公爵肩膀上拍了一巴掌，说："啊，这可真他妈的好！什么能跟这个比？没有，什么也比不上这个！我说，这可胜过我们演那'皇家奇兽'太多啦，不是吗？"

公爵也回应他，说确实美极了。他们把金币抓起来，让它们从手指缝里落到地上，发出叮呤叮呤的清脆响声。

国王说："不说废话啦。伙计，现在我们要冒充死者的兄弟，代表他家在国外的继承人啦，这完全是相信上帝意旨的结果，这可真是最好的路子呀。我试过各种门道，什么也没这条路子好。"

换了其他人，一定会对这堆金币感到满足，也会相信它的数目，可这两位傻瓜偏要数数有多少。他们就把钱数了一遍后，结果发现少了四百多块。

国王就说："这个该遭瘟疫的家伙！他把那些搁哪去啦？"他们就为这事忙乎了一阵，到处翻腾，想找到那笔钱。

后来公爵说："他当时已经病得不轻，很可能是弄错了——我猜一定是这样的。最好别提它了，我们也不在乎少了几个钱。"

"不，你别胡扯了。不错，我们当然不会在乎这几个钱。这么两个钱我当然不会放在眼里——可我考虑的是数目不符的问题。我们要把事情办得公公道道、光明正大，要亮在大家面前。我们要把这袋钱扛出去，当着大家的面数清楚，然后大家就不会怀疑啦。可是你要明白，既然那个死人在信里说是六千块，我们就不能……"

"得啦，"公爵说道，"我们把不足的部分补上吧。"说完，他就从自己的衣裳口袋里往外掏金币。

"公爵，这可是个妙不可言的好办法——你真是满脑子的鬼点子，"国王说，"我们那'皇家奇兽'他妈的又帮了大忙啦。"说着，他自己也从口袋里往外掏出金币，堆放在一起。

他们几乎把自己的口袋都掏空了，最后终于凑齐了整整六千块钱。

"我说，"公爵开口道，"我又有个主意。我们上去把钱数完，然后把钱都给了姑娘们。"

"天哪，公爵，让我亲你一下！谁能想出这么高明的点子呀！你这脑袋可真是太聪明啦。啊，这真是绝顶聪明的妙计，准不会出岔子。他们要想怀疑就随他们的便，这一着准能让他们放心的。”

我们上来以后，人们都围到桌子跟前了，国王就把钱数了一遍，一摞一摞垒起来，每三百块堆成一摞——整整齐齐码成二十摞。人们都看得眼馋，直用舌头舔嘴唇。然后，他们把钱都放进袋子里，我看见国王又一次摆出神气的模样，准备讲话。

他说道：“各位朋友，我那可怜的兄弟已经去了，他对身后伤心哀悼他的人非常慷慨。他对自己深深热爱，对这几个死去父母的孩子也十分慷慨。我们都了解他，如果不是担心亏待了他亲爱的弟弟和我，他本来会对她们更加慷慨的。难道不是这样吗？我想，这是没有问题的。那么，在这种时刻，我们如果妨碍他这样做，那还算什么亲兄弟？如果我们抢走——不错，确实是抢走——这些可怜孩子的钱，那还算什么叔叔伯伯？我了解自己的弟弟——我相信我了解他——让我来问问他吧。”

他转过身去，向公爵打各种手势。公爵木呆呆地望着他，最后，他装作突然明白了他的意思，朝国王扑过去，欢喜得嘴里咕噜个不停，把国王使劲拥抱了很多遍才放开手。然后国王说：“我知道会是这样的，他是向大家表明，他是怎样想的啦。来，我的侄女们，把钱拿去——全部拿去。这是你们的爸爸留给你们的，他希望你们得到这些的。”

两个姑娘走到公爵身边，对他们又搂又抱，来了一番我从来也没见过的亲热。大家再次围拢在他们身边，不住地跟两个骗子握手，嘴里喃喃地说：“你们的心肠多好啊！……多么了不起……这么好的人上哪儿找去啊！”

接着，大家就开始谈论起死者来了，大家异口同声地说他是个好人，说他死了是个重大损失，等等。

过了不久，一个大个子男人挤过人群走进来，他板起一副面孔观望着，一声不吭地站在那儿听着，谁也没跟他说话，因为国王的话还没讲完，大家都在听。国王的一段话正说到一半：“……他们都是死者特别要好的朋友。所以邀请他们今晚来做客，但是，明天我们希望请大家全都来——所有的人，因为他尊敬每一个人，喜欢每一个人。他的葬仪请大家务必都来参加。”

他就这么唠唠叨叨说个不停，好像他喜欢听到自己的话似的，每隔不一会儿，他就重复一遍什么“葬仪”，后来公爵再也听不下去了，就在一片纸上写上“葬礼，你这老傻瓜”，然后把纸片叠起来，嘴里咕咕叫着，从别人的头上给他递过去。国王展开看了一下，就把它塞进衣裳口袋里。

他继续说："可怜的兄弟！他虽然身有残疾，可心里很清楚，要我请大家都来参加出殡，要我告诉大家说，欢迎你们都来。可他其实用不着担心，我正是这么邀请大家的。"

接着，他又从容不迫地瞎说个没完，照样还是像刚才一样说他那"葬仪"。他说到第三遍的时候，解释说："我用了'葬仪'这个词，这不是个普通的词，'葬礼'是个普通词，可我用'葬仪'，因为这才是正确的词，在英国'葬礼'已经不用了，现在我们在英国用'葬仪'这个词。'礼'是个口语化的词，显得不庄重，'仪'的意思是仪式，古代都是在露天举行的，大家都能来。所以'葬仪'就是一次大家都参加的出殡。"

上帝，长这么大，我还从来没见到过像他这样厚脸皮的家伙。那个铁着脸的人听了，冲着他哈哈大笑起来，把大家都吓了一跳。

人们就问："大夫，你这是怎么啦？"

"德鲁克大夫，你还不认识吧，这是李尔克提老爷。"

国王热心地笑着，把手伸过去说："这位就是我那可怜的兄弟的好朋友，那位大夫吗？我……"

"别用你的脏手碰我！"大夫说，"你以为你说起话来像英国人，是不是？我可从来没听见过这么拙劣的模仿。呸！你是个骗子，你就是地道的骗子！"

这下，可把众人都给惹火啦！大家把大夫团团围住，阻止他，一起向他解释，说他知道每个人，甚至知道每条狗的名字，大家一再恳求他，要他别伤害他和姑娘们的感情。可这些全都没有用，那大夫大发脾气，吼着说，他假装是英国人，可英国话又模仿得这么糟糕，准是在撒谎，在欺骗大家。那几个姑娘搂着国王的脖子直哭。

后来，那大夫转向她们说："我是你们父亲的朋友，也是你们的朋友；作为一个诚实的朋友，我告诫你们是想保护你们，防止你们遇到麻烦，受到伤害；现在，请赶紧离开那个坏蛋，再也别搭理他，他是个无知的流浪汉，还假装着引经据典。

"他说，他的骗局一捅就破——他在别的地方听到许多名字和事情，而你们就把这些当成了他身份的证明，这些糊涂朋友眼光不够敏锐，帮了这个骗子的忙，让你们上了当。我已逝的亲爱的朋友，你知道我是你的朋友，我是个没有私心的朋友。你快听听我的话，快把这个可耻的流氓赶出去——我恳求你把他赶走。好不好？"

那漂亮的姑娘把身子一挺，开口说道："请你把这六千块拿去，替我和我的妹妹们管着，你觉得做什么好就做点什么，我们是相信你的。"

说完，她靠在国王身边搂住他，另两个姑娘就从另一边搂住他。大家一起鼓掌跺脚，声音大得像打雷一样。国王把他的头高高抬起，得意地微笑着。

大夫说："好吧，这事我再也不管啦。但是我要警告你们，用不了多久，你们一想到今天就会感到后悔、恶心。"说完，他就走了。

"好吧，大夫，"国王跟他开玩笑地说道，"我要她们尽量去请你。"

第二十六章

大家都走了以后，国王就问家里还有没有空房间。回答说有一间，可以给叔叔住，她愿意把自己的房间让给伯伯住，她的房间大一些，她可以跟妹妹们一起睡，另外，阁楼上还有一间小屋，里面有一张小床。国王说，那间小屋可以让他的仆人住——他指的是我。

那漂亮姑娘带我们上楼去，带我们看她们的房间，那房间很简朴，却非常不错。她说如果她的衣物放在屋里会不方便，她可以把东西搬出去，可他说东西并不碍事。她的衣裳都在墙上挂着，前面拉了一道花布帘子。一个角落里摆着一只旧的鬃毛编织箱，另一个角落里放着一只吉他盒，屋子里还摆着姑娘们装饰屋子用的各种小摆设。国王说，摆着这些东西更有家庭气氛，让人觉得很愉快，所以还是别动它们的好。公爵的屋子相当小，可是也足够用的。我的阁楼房间也不错。

晚餐非常丰盛，很多的人都来吃饭，我站在国王和公爵身后伺候着他们，黑人伺候其他的人。那漂亮姑娘和她的妹妹嘴里不停地抱怨着，一会儿说松饼难吃，一会儿又说腌菜味不对，炸鸡太硬……她们说这些话的目的，无非是想要客人们说些恭维话而已。人们都知道一切都是第一流的，就说："你们的松饼颜色真的很不错的，吃起来很可口。”“这么好吃的泡菜究竟是从哪儿弄来的呀？”反正都是人们在餐桌上的老生常谈。

吃完饭，我才在厨房里吃些剩饭，其他人就帮着黑人们收拾餐具。那漂亮姑娘的妹妹不停地追问我英国的事情，有几次，我差点儿说露了嘴。

她问道：“你见过国王吗？”

“谁？威廉四世？当然见过啦，他上我们的教堂去做过礼拜。”我知道他已经死去好多年了，可我没有把这事告诉她。

听到我说他去我们教堂，她就追问道：“怎么，常去吗？”

“是啊，常去的。他的座位跟我们的正对着，在讲坛的对面。”

“我以为他住在伦敦？”

“哦，是啊，他不住那儿还能住哪儿？”

“可你们不是住在圣菲尔德吗？”

这下，她可把我给难住了，我只好假装喉咙让鸡骨头卡住了，好拖点时间想着怎么办。后来我说：“我是说他到圣菲尔德的时候，他时常到我们的教堂来。夏天他要到那儿去洗海水澡。”

“咦，怎么回事——圣菲尔德不是在海边上的哦。”

“嗨，谁说它在海边了？”

“你说的呀。”

“我根本就没这么说哦。”

“你说过。”

“我没说过。”

“你刚才说过的。”

“我根本就没说过这种话。”

“好吧，那你刚才是怎么说的？”

“我说他要到那儿去洗海水澡。”

“这就对啦，你们那不在海边，他怎么去洗海水澡？”

“你听我说嘛，”我说道，“你知道‘海滨泉水’吗？”

“知道。”

“那么，你要得到那种水，非得去‘海滨’才能弄到吗？”

“当然不是了。”

“这就对啦。威廉四世要洗海水澡非得去海边不可吗？”

“那他怎么弄到海水呢？”

“就像我们弄‘海滨泉水’一样呗——用桶提。在圣菲尔德的王宫里，有炉子，他喜欢用热水洗澡。他们不能把大海的水都烧热，因为他们还没有那种设备。”

“啊，那我就明白了。你如果早这么说，不就节约时间啦？”听她这么一说，我知道我的麻烦又过去了，我心里觉得挺舒坦，挺高兴。

接着，她又问道：“你上教堂去吗？”

“是的，我常去那。”

“你坐在哪儿？”

“这还用问吗，当然是坐在我们的座位上啦。”

“谁的座位上？”

“当然是我们的座位啦——你伯伯的座位呀。”

“他的座位？他要座位干什么？”

“坐啊。你说他要座位做什么用？”

“我想，他应该在讲坛上才对。”

真倒霉，我忘了他是个牧师啦。这下子我又要露马脚了，我赶紧又吃起一根鸡骨头，又想了想，然后说：

“见鬼，你以为一个教堂只有一个牧师吗？”

“为什么？教堂要有几个牧师吗？”

“是的！——在国王面前讲道，要很多的牧师呢！我可真没见过你这么傻的姑娘。一共有十八个牧师呢！”

“十八个！我的上帝！我就是永远升不了天堂，也绝不去听那么多牧师喋喋不休讲个没完。那不是要一连讲上一个礼拜吗？”

“不是的，他们又不是在同一天讲道——每次只是一个。”

“那么，其他那些人去干什么？”

“哦，到处走动走动，递一递募捐的盘子，或者干点杂事，可他们平常没什么事好做的。”

“那么，要他们干什么？”

“干什么？装排场嘛。你怎么什么也不懂哦？”

“这个吗，我可不想弄明白这种无聊的事情。英国人对待用人怎么样？是不是比我们对待黑人好一点儿？”

“根本不是！一个用人在那儿就算不上是人。他们对待狗都比对待用人要好得多。”

“他们像我们一样给用人放假吗？在圣诞节和新年放一个礼拜，还有七月四号独立日。”

“和你说吧，一听你这么问，人家就知道你根本没去过英国。唉，姑娘，用人一年到头没有假日的，从来不能去看马戏，不能去看黑人表演，哪儿也别想去。”

“教堂也不能去？”

“当然是教堂也不能去。”

“可你说你经常去教堂的。”

糟糕，我又说露嘴啦。我忘了我是老头子的用人了。但是我立刻解释，说我是个贴身用人，不是普通的用人，不管他愿意不愿意，我都得去教堂跟家人坐在一起，还说这是法律规定的。我解释得不怎么好，说完后，我看出她并不满意。

她说：“你跟我说实话，刚才是不是说了一通谎话？”

“我说的句句是实话，真的。”我说。

“你发誓，你一句谎话也没有说？”

“一句谎话也没有说，一点假的都没有。”我说。

“把你的手放在这本书上发个誓。”

我一看，见那不过是本字典，既然不是本《圣经》，我就把手放在上面发了誓。

她这才稍微觉得满意一些，说：“好吧，你说的话有些我是相信的，可有些我怎么也不能相信。”

“什么话你不能相信，姑娘？”

这时候，她的姐姐们走了进来，站到她后面。

“你这么跟人家讲话不礼貌、不够客气，他是我们的客人。如果换了你，你愿意人家这么对待你吗？”

“姐姐，你老是这样子，人家又没受什么委屈，可你就开始来解围。我什么得罪他的话也没说。倒是被我发现，他说了不少前言不搭后语的话，我没法相信，不过就是这些。我看他能受得住这种小事的，你说呢？”

“我不管是大事还是小事，他现在是在我们家做客，你这么说就不对。你如果处在他的位置上，也会觉得难为情的。所以，你不该说让别人感到难为情的话。”

“可是，姐姐，他刚才说……”

“他说什么根本没关系，问题不在这里。问题是你应该对人家客气些，不要让他觉得自己现在不是在自己的国家，不是跟自己的家人在一起。”

当时，我心里在想：我正在帮那个老坏蛋抢这样一位好姑娘的钱啊！

随后，那姐姐又教训了妹妹一通，说完还和颜悦色地安慰了她一阵，这就是她的风格。可听她这么一说，那个可怜的妹妹再也不说什么了，呜呜地哭了起来。

“好了，好了，”两个姐姐说，“你快向人家道个歉吧。”

她就客客气气道了个歉。她说的话真动听，我真希望对她撒过一千个谎，好听她再给我道一次歉。

我心里又在想：我是在帮他抢又一位好姑娘的钱啊。等她说完了，她们都一起想方设法要让我觉得舒服，让我觉得就像跟好朋友在一起一样。这一来，我更觉得自己太卑鄙无耻啦，我心里想道，我已经拿定主意了，非把钱给她们弄回来不可，就是豁出命来也要干。

这么想着，我就离开她们。我嘴上说是去睡觉，其实我并不想睡。等到我一个人待着的时候，我就把这事好好想了一遍。我先考虑是不是要到那个大夫那儿去，把这两个骗子供出去？不——这不行。他也许会说出这是谁告诉他的，然后，国王和公爵会让我吃不了兜着走。我是不是把这事悄悄告诉那个最大的姐姐？不——我不敢这么干。她的表情一定会露馅的，钱在他们那儿，他们准会带着钱溜掉的。如果她去找人来帮忙，我敢断定，不等事情了结，肯定会把我搅在里面。不行，什么办法都不妙，只有一个法子：我得想方设法把钱偷到手，还不能让他们怀疑是我干的。他们在这儿干得挺顺手，不把这个家和这个镇子全部能弄到手的东西都搞到，他们是不会舍得离开的。我要把钱偷出来藏好，等到了河的下游，我就给她们写封信，告诉钱藏在哪儿。我最好今天晚上就去偷，因为那个大夫嘴上说不管这事了，其实不一定真的不管，他可能会把他们吓跑的。

我想，我要找到他们的房间搜一搜。楼上的走廊很黑，可我还是找到了公爵的房间，我就用两只手在周围摸索。后来我想，国王大概不会让别人保存那些钱，准是放在他自己手边了。所以我就进了他的屋子，到处找起来。我发现不点上支蜡烛实在没有办法看见什么呢，可我当然不敢点蜡烛。所以我决定换一种方法：待在这里等着偷听他们的话。正在这时，我听到他们越来越近的脚步声，我想钻到床底下去，就摸索过去，可是床不在我想的那个地方，结果，我摸到挂衣裳的布帘子，就赶紧钻到后面去，站在衣裳中间一动不动地藏起来。

一会儿，他们进来了，又把门关上了。公爵进来的第一件事，就是察看床底下有没有人。我心里开始庆幸没躲在那里。人们要想偷听点什么的话，自然会想到要藏在床底下的。

他们俩坐下来，国王说："你是怎么回事？我说到一半，你就打断我。我们最好待在下面跟人们说些哀悼死人的话，那不是更好吗？"

"是这样的，你听我说，这事让我觉得不舒服，不对劲。那个大夫的影子总是在我眼里晃来晃去。我想知道你的计划。我也有了个新主意，我想，这主意比较保险。"

"什么主意，公爵？"

"我们带上已经到手的东西凌晨三点以前从这儿溜出去，赶紧往下游跑。这笔钱来得这么容易，简直像是从天上掉下来的。我主张趁早收场，溜之大吉。"

我一听，心顿时沉了下来。一小时以前，我的想法还有点不同，可现在我就感到又难过又失望。

国王生气了，说："什么！不变卖其他产业啦？难道我们像两个大傻瓜一样，看着八九千块的产业等着别人去捞，却丢下逃跑？那可都是最好出手的上等货色哩。"

公爵嘟囔着抱怨说，那一袋金币已经足够啦，他可不想再搞下去——不想把几个孤儿的一切都给抢个精光。

"你这话是怎么说的！"国王说道，"我们除了这几个钱之外，什么也不会抢走她们的。买产业的人才是倒霉蛋，因为等我们溜走以后，他们发现我们并不是产业的主人，那笔买卖就无效啦，卖掉的东西也就全得归还原主。这些孤儿还能把她们的房子弄回来的，有了房子，她们也就够了。她们还年轻，可以自己挣钱过日子的，不会受苦的。你想一想啊，那么多的人都没有她们过得日子好呢。他妈的，她们可不该抱怨什么啦。"

国王把公爵说得没话可说了，最后他只得让步，他说，他还是认为待下去简直是愚蠢透顶了，那个大夫总是在盯着他们。

国王就说："让那大夫见鬼去！我们还怕他不成？镇子上那么多傻瓜会给我们撑腰的？那么多人是大多数呢？"

说完他们就打算再到楼下去。

公爵说："我看我们藏钱的地方不保险。"

我一听，立刻高兴起来。开始，我还以为藏钱的地方我什么线索也不会有呢。

只听国王说："为什么？"

"她们女孩子要穿丧服，收拾这间屋子的黑奴会听吩咐，来这里把这些衣服都收拾起来。你能保证黑人见了钱不顺手牵羊？”

“你的脑子又机灵起来啦。”说着，国王就开始在帘子下面离我很近的地方摸索起来。我紧紧贴住墙，大气都不敢出，可是身子却在发抖。我在考虑，他们如果发现我在这儿会怎么说，我也开始考虑，如果真被发现了，我要怎么办才对。

在我把事情想到一半的时候，国王已经把钱袋找到了，而且他也根本没有怀疑到我就在附近。他们把钱袋藏进被褥下面的草垫子里，还把草往里面推了一两英尺，然后说，好了，这下没事啦，因为黑奴来的时候只收拾被褥，草垫子要两年才翻晒一回呢，所以，钱不会被偷走的。

这下我知道得一清二楚啦。他们下楼才下了一半儿，我就把钱袋从那地方拿出来了。我摸索着登上阁楼，先把它藏在我的屋子里，等找到好机会再放到更妥当的地方去。我觉得最好是把钱藏到房子外面的某个地方，因为他们找不到钱一定会把房子翻个底朝天的，这一点我最清楚不过了。

然后，我装作什么事都没有发生，开始上床睡觉，可是无论怎么样，我想睡却睡不着，我急着要把这桩事情办好。后来，我听见国王和公爵上楼来了，我就从床上溜下来，把下巴搭在梯子的最上面，等着看他们有什么动静。但是，什么事都没有发生。

就那样，我一直等啊等，等到深夜万籁俱寂，早晨的繁杂声还没有开始的时候，我就顺着梯子悄悄下了楼。

第二十七章

我踮着脚尖走到他们的门前，听了一会儿，他们俩都在打呼噜，于是，我蹑手蹑脚地继续往前走，顺利地下了楼。

四周没有一点声音。透过餐厅门缝，我朝里面望了望，见守灵的人都坐在椅子上睡熟了。这扇门通向客厅，死人就停放在客厅里，这两间屋子里面都点着一支蜡烛。我从外面绕过去，见客厅的门是开着的，里面一个人也没有，只有死者的那具遗体在。

我侧身穿过去，可是正门上了锁，钥匙不在。正在这时，我听见身后有人下楼朝我这里走来。我赶紧跑进客厅，匆匆朝四下张望了一圈，发现唯一能藏钱袋的地方就是棺材。棺材盖子往下面拉开有一英尺来长，空隙里露出死人的脸，上面盖着一块湿乎乎的布单子，死人身上穿着寿衣。我把钱袋塞进棺材里，放在距离死人双手交叉的地方略低一些的地方，干完这一切，可让我浑身打了个寒噤，因为死人的双手是那么的冷。我吓得穿过房间逃向门背后。

来人是那好心的漂亮姐姐。她轻轻走到棺材跟前，跪下来朝里面望着，然后，她用手帕捂着脸哭起来。因为她是背朝着我的，我听不见她的哭声。我悄悄溜出去，从餐厅经过时，心想，千万不能让守灵的人看见我，我透过门缝往里面看看，见一切都很正常。他们动都没有动一下。

很快，我又悄悄地爬上楼，上了自己的床，心里很不是滋味。我为这事费了这么多心思，冒了那么大的危险，却搞成这个模样。我心想，如果钱袋能保持在那个地方还不错，因为我到了河下游一两百里的地方时，可以写封信告诉她们的，但是事情可能不会是我想的那样子，人们在封棺材盖时可能会发现钱袋的。

上帝哦，然后，国王就能再次把钱拿到手，那么一来，要想再找机会从他手里把钱弄出来，可就难死了。当然，我很想溜到楼下把钱从那儿再取出来，可我不敢再试一次啦。

时间已经越来越接近黎明，不久，守灵的人们就要活动啦，我会被人抓住的——抓住的时候手里还拿着六千块钱，那我可是说不清了。我心想，我可不愿意那样哦。

第二天早上，我下楼的时候，客厅的门已经关上，守灵的人们都不在了。在场的只有这家的人和我们三个人。我观察着人们的面孔，想发现是不是发生过什么事，可我什么也看不出来。

快到中午的时候，殡仪馆的人带着个帮手来了。他们把棺材放在屋中间的两把椅子上，然后，又把我们的椅子都摆成一排一排的，还从邻居那里借来许多椅子，把走廊、客厅和餐厅都摆满了。我看见棺材盖子还是老样子，可是周围到处是人，我不敢朝里面看。

不久，人们就一群群地拥进来了，两个骗子和三个姑娘坐在棺材前头的前排椅子上，半小时的工夫，人们就排成一行，慢慢走到棺材跟前，看看死人的面孔，有的人还流下了几滴泪水，气氛非常庄严肃穆，用手帕捂着眼睛的三个姑娘和那两个骗子低着头也不时地呜咽两声。

除此之外，屋子里什么声音也听不见了，只有鞋底摩擦地板和人们擤鼻涕的声音——除了在教堂上，人们在葬礼上擤的鼻涕是最多的。

后来，屋子里挤满了人，殡仪馆的那人就戴着他的黑手套，轻轻地来回走动着照料大家，把一切都安排得非常周到妥帖。他走动起来轻得就像只猫。他指挥着人们的行动，让人们给来晚的人让条道，让他们挤进来，他只是打打手势、点点头。然后他在靠墙地方站定了。我从来没见过这么温柔灵活、轻手轻脚的人，他的脸上没有一丝微笑，活像一截火腿。

他们借来一架有点毛病的风琴。一切准备就绪以后，一个年轻女人就坐下来开始弹琴，那风琴嘎吱嘎吱乱响，大家跟着唱起来。然后，牧师开始缓慢庄严地讲话，正在这时，地下室那边发出一阵疯狂的狗叫声，人们一辈子都没听到过那么吵闹的声音。其实那不过是一条狗在叫，可是声音震耳欲聋。

于是，牧师先生只得站在棺材前面等那声音停下来——人们都不知所措了。转眼之间，殡仪馆那个行动敏捷的人就朝牧师做了个手势，好像在说："别担心——由我来处理这事。"只见他侧身弯腰，沿着墙朝外面走去，只有他的肩膀露出在人们的脑袋上面。那阵狗叫声变得越来越凶猛，他沿着两面墙走到尽头，消失在地下室的门口。

不到两秒，我们听见一个狠狠打在狗身上的声音，那狗惨叫了两声，就再也不闹了。一切又重新安静下来。牧师就接着刚才的话继续一本正经地讲下去。两分钟后，殡仪馆那人的脊背和肩膀又出现了，他弯腰沿着三堵墙转过来，这才直起身子，用手卷成个筒子套在嘴巴上，伸长脖子，沙哑着嗓子压低声音对牧师说："它捉了只老鼠！"然后，他又弯下腰，沿着墙溜回到自己的座位上。人们看来对这个解释十分满意，因为人们自然都想知道事情发生的原因。干这种小事不费多少力气，可这种小事却能使一个人让别人看得起，能讨别人的喜欢。这个镇子上没有谁像殡仪馆的这个人一样讨人喜欢的了。

葬礼上的讲道词太长了，太让人讨厌了。结束后，那国王又讲了一套，还是他那老一套陈词滥调。最后，他的老把戏耍完啦，殡仪馆那人就手执螺丝刀，悄没声息地走到棺材跟前。我浑身都要急出汗来啦，眼睛直瞪瞪地盯着他。他连一点多余的动作也没有，只是把棺材盖子轻轻推上，轻得就像雪橇一样，然后就把螺丝都紧紧地拧上。

我可傻了眼！我不知道钱是否还在里面。我心想，是不是有人偷偷把钱拿走了？那么现在我怎么知道是不是该写信告诉她们呢？如果她把坟墓挖开，却没找到钱，她会怎么看我呢？我心想，真见鬼，他们可能会把我逮起来关进监牢呢。我最好瞒住这事，什么也不说，压根儿就不写什么信。这事可让我给搞糟了。我本来想把事情办得好一点，可到头来却闹得更糟糕了，我真希望原来没管这该死可恶的麻烦事！

把死人埋了，大家都回到家里来。我开始坐立不安，不住地观察人们的脸色——我无法控制自己，不能不看人们的表情。可我什么也看不出来，人们的面孔什么也没露出来。

到了晚上，国王到各家去拜访，吹捧人们，把大家说得都很高兴，众人都跟他十分友好。他到处散布说，他的英国教友急着盼他回去呢，所以，他想尽快把房产处理完，然后就赶回去。他很难过，不能久留，大家也都觉得挺遗憾，都希望他能多待一段时间，可是他们说，那都是不可能的。

他还说，他们要带孩子们到英国去，这让大家都感到高兴，因为这样一来，姑娘们就有个着落了，能跟自己的亲人们在一起啦。姑娘们也都感到高兴——去英国这事把她们逗得满心欢喜，简直不知道世界上还有什么麻烦事啦。她们就要他按自己的意思尽快把产业都卖出手，她们会尽快准备好的。看着她们听了谎言上了当，还那么高兴，那么愉快，我心里难受极了，可我实在想不出什么好的方法来改变这个局面。

果然，国王马上就动手了，他贴出海报，说是葬礼举行两天后要拍卖那所房子、家里的黑人和所有其他产业。不过，如果有人想在这之前单独来购买也是可以的。

于是，葬礼后的第二天中午时分，姑娘们的兴致就遇到第一个打击——来了两个黑奴贩子。国王以合理的价格把家里的黑奴都卖给他们，换得一张三天之内付款的银行支票。于是黑人们就被带走了，两个孩子被卖到了大河上游的孟菲斯，母亲被卖到了下游的新奥尔良。

姑娘们和黑奴们都悲伤极了，他们哭成一团，让我不忍心看他们。姑娘们说，她们做梦也没想到过要把他们的家庭拆散，也没想到会给人卖到别的地方去。这些可怜悲惨的姑娘和黑人搂在一起痛哭流涕悲痛欲绝的惨状，我一辈子也忘不了。

如果知道这桩交易根本无效，黑奴们不出一两个星期就能回家来的话，我一定会按捺不住，脱口揭发出这两个坏蛋的。

这件事在镇子上也引起一场不小的风波，有些人直率地说，把人家母子这么拆散太不像话了。

这事叫两个骗子丢了些面子，但是，不管公爵怎么反对，那老浑蛋还是坚持要蛮干下去。公爵实在感到不安。

第二天，天快要大亮的时候，国王和公爵到阁楼上来，他们把我摇醒。我一看他们的表情就知道出事啦。

国王问道："快说，前天晚上你到过我屋没有？"

"没有，陛下。"没有旁人的时候，我总是这么称呼他的。

"你昨天都没去过我的屋里？"

"真的没有，我的陛下。"

"你可得说实话——不要跟我撒谎。"

"我说的句句是实话，陛下，的确是实话。我根本就没靠近过你的房间。"

公爵说："你看见什么人进去过没有？"

"没有，陛下，我相信我没看见什么人进去过，真的没有。"

"别着急，你再想想看。"

我考虑了一下，觉得我的机会来了，就说："噢，我看见黑人们进去过几回。"

他们俩都惊得几乎要跳了起来，好像很出乎意料似的，然后，又显得好像不出所料。

公爵就问："是吗，他们都进去过吗？"

"不……至少不是同时进去的。也就是说，我没见他们同时出来，只是一个一个出来的。"

"哦——那是什么时候的事？"

"就是葬礼那天，是在早上。时候不算太早，因为我睡得挺晚才起来。我正往楼下走的时候，看见他们啦。"

"好啊，接着说——他们干了些什么？"

"他们什么也没干。照我看，他们的样子也没什么特别的。他们踮着脚尖轻轻走开了，我当然就明白他们是想去陛下的屋子里收拾的，因为他们准认为你已经起床了，可你还没起，所以他们不想惹麻烦，就轻轻走开，免得把你吵醒呢。”

“这可真是糟透啦！”国王说道。他们俩顿时开始垂头丧气，一时没了主意，站在那儿抓耳挠腮想了一阵，后来公爵苦笑了两声，说：“那几个黑人这一手要得真是太妙了。他们还假装出伤心得要死的模样，好像不愿意离开这个地方呢！我还真信了他们那一套。你也信了，大家都信以为真。再也不要对我说黑人没有演戏的天赋。他们演的那套把戏能让所有的人上当受骗。依我看，可以靠他们发财哩。如果我有资金，有戏院，一定要把他们找来演戏，可我们偏把他们用个一钱不值的东西换掉了。现在连这个不值钱的东西也用不上呢。那张期票，那个东西在哪儿？”

“在银行存着，等着我们去取呢。你说能在哪儿？”

“嗯，那倒可以放心啦，谢天谢地。”

我装作害怕的样子，问道：“出了什么岔子吗？”

国王朝我转过身来，恶狠狠地喊道：“关你屁事！不许你瞎猜，闭上你的嘴。操心你自己的事情去吧。你只要在这镇子上，就得记住这话——听明白了没有？”然后他转向公爵，说：“我们只当没发生过这回事，根本不要提起。”

他们爬下梯子的时候，公爵又苦笑着说：“薄利多销！生意不赖呀。”

国王转身冲着他咬牙切齿地嚷道：“我可是想把事情办好，才把他们尽快出手的呀。这趟买卖闹得什么也捞不走，还得赔本，能全怪我？你的过错比我还大？”

“你如果听我的话，他们可还在这房子里待着呢，而我们早就溜啦。”

国王又强词夺理跟他顶嘴，然后又把怨气泄在我身上。埋怨我看见黑人从他屋里那么鬼鬼祟祟出来，也不告诉他，就是个傻瓜也肯定能看出不对头。后来他又转而埋怨起自己来，说是那天不该那么早就起床，本该像往常一样睡懒觉才对，还说，以后什么事也休想让他早起床。他们就这么吵吵闹闹地走开了。

我高兴得要命，我把这事全都安到那些黑人头上，那些黑人却根本不会受什么害，而且他们会被重新送回来，会全家团聚呢，我真的是做了一件大好事。

第二十八章

到了该起床的时候了，我从梯子上下来，打算去楼下。经过姑娘们的房门前的时候，我看见那漂亮的大小姐正坐在她的鬃毛箱子旁，她的箱子敞开着，她在收拾东西——准备上英国去呢。

可这会儿，她却停下手来，把一条叠好的长裙搁在腿上，双手捂着脸，正在啼哭。我看见她这副模样，心里难受得要命，谁见了她这样子都会伤心的。我走进去说："小姐，你看见别人受罪就难过，我也一样——我从来就见不得别人受罪。跟我说说你的心事吧。"

她就开始跟我说起来。说她是为那些黑人——我猜她也是为了他们。

她说，去英国旅行的确是件好事，可这事把她的兴头给扫了，她不知道到了还怎么能高兴得起来，她知道黑人一家再也不能见面了。说着，她就放声大哭，哭得比刚才更伤心了，她把双手向空中一扬，哭道："噢，天哪，天哪，他们再也不能在一起了！"

"他们会见到面的——用不了两个礼拜——我敢打包票！"我说。

上帝，我想也没想就脱口而出了！她一把搂住我的脖子，还要我再说那句话！

我知道我这话说得太鲁莽，而且说得太直，不够委婉。我要她让我想一想，她就坐在那儿耐心等着。那种模样显得又激动，又高兴，又放心，活像一个人刚刚拔掉一颗坏牙齿似的。

我心想，一个人遇到为难的事，要讲真话恐怕就得冒不小的危险，我没有这种经验，心里没底，不过，我隐隐约约觉得是这样的。反正现在我觉得讲了真话比撒个谎要好得多，也保险得多。这事我得好好考虑考虑，因为这种不平常的怪事我可从来没碰上过。

最后，我想，这次我豁出去了，就讲回真话，可我的感觉就像坐在点燃的火药桶上，想碰运气看看会给轰到哪儿去。

后来我说："小姐，你能不能离开镇子，上稍远一些的熟人那里去待上三四天？"

"行啊。去哪都可以哦，你干吗说这个？"

"先别管那么多。如果我保证，那些黑人能在两个礼拜之内回到这所房子里来，你乐意离开家出去待上四天吗？"

"四天！"她说道，"就是一年也可以的！"

"好吧，"我说，"我就想听到你这句话——这话比吻《圣经》发誓还叫人放心呢。"

她听了微微一笑，脸颊一下就红了。

我接着说："如果你不在意，我就把门关上，还要闩上。"

我把门闩上后，坐下回来说："听了我的话，你千万不要大声嚷嚷，要稳稳坐着，像个男子汉一样才行。我要把实话告诉你，你得有点勇气才行，小姐，因为这可不是什么好事，让人很难接受的，可也没有别的办法。你这两位叔叔和伯伯根本就不是你的叔叔伯伯，他们本来就是两个骗子，是两个坏蛋。好啦，最糟糕的事情讲完了，其余的话你会更愿意听的。"

她听了我的话，果然大吃一惊，可是我没什么不可以说的了，所以我就接着讲下去，我说的时候，她听得出了神，眼睛变得越来越亮。我从如何遇到那个去赶轮船的傻小子，一直说到她在门口怎么扑到国王的怀抱里，吻了他十六七遍——她听到这儿，羞得满脸绯红，红得像日落一样。

她咬牙切齿地说："这些畜生！好吧，一分钟也不能耽误，一秒也不耽误，我们要把他们浑身抹上臭油，粘上鸡毛，把他们扔到河里去！"

我就说："那是当然的啦。可在你说出去以前，还是……"

"噢，"她说，"我这是怎么想的呀！"她说着，又坐下来。

"别怪我这么说吧，请你别怪我，你不会怪我，对不对？"

她把又细又嫩的手温柔地放在我的手上，我就说我死也不会怪她的。"我想也没想就说出来了，我都要气疯了，"她说，"好，你接着说吧，我再也不冒火了。你要我怎么办，我就怎么办。"

"好吧，"我说，"这两个骗子可真够狠的。可我不管怎么说，还得跟他们一起走一段路，至于原因嘛，我还是不说出来的好。你如果把他们揭露出来，镇上的人就能把我从他们的手掌里救出来，我就没事啦，可你不知道的另一个好人就得遭殃。我们得救救他才行，对不对？”

我说这话的时候，脑袋里突然有了个好办法。我想也许我和基姆能摆脱这两个骗子，把他们关进这儿的大牢，然后我俩一起离开。可我不想大白天划着木排上路，因为如果有人询问的话，除了我就没别人能答话啦，所以我要等到今晚迟一些时候再实行那个计划。

于是，我就说：“亲爱的小姐，我跟你说说我们该怎么干——你也用不着在别人家待得太久。那儿有多远？”

“不到四英里远——就在这后面的乡下。”

“好吧，那就行了。你现在赶快上那儿去，藏到今晚九点，或者九点半，然后要他们把你送回家来——你就跟他们说，你想起有件事儿要回家去办。如果你十一点以前回来，就在这扇窗户里点上根蜡烛，如果我没来，你就等到十一点，如果我还不来，就是我已经走了，而且很安全。到那时候，你就出来，把这消息到处传开，让人把这两个骗子关进牢房。”

“好的，”她说，“我就这么做。”

“如果事情办得不好，我没走掉，却跟他们一起被逮住了，你可得出来跟人们说，是我先把这事告诉你的，你一定要尽量替我说好话呀。”

“替你说好话，那当然没问题。他们不会伤你一根毫毛的！”她说。我看见她说这话的时候，鼻孔张得好大，眼睛直眨巴。

“如果我走了，”我说，“我就不能在这儿证明这两个坏蛋不是你的叔叔和伯伯，不过，就是我在这儿，我也不敢说。我只能发誓说，他们是坏蛋，是骗子，这还是有用处的。另外有些人能做证的，他们比我强，他们做证不会有人怀疑，如果我说了，人们马上就会怀疑的。我告诉你怎么找到他们。你立刻给我一张纸和一支笔。你看，‘皇家奇兽’。把它放好，别弄丢。等法庭要弄清楚这两个人的情况时，让他们找人到布里克斯维尔，告诉那儿的人说，他们已经逮住要‘皇家奇兽’的家伙了，要他们来几个证人——等着瞧吧，我的小姐，不到一眨眼的时间，那里整个镇子上的人都会气冲冲赶来的。”

到这会儿，我们已经把所有的事情都安排好啦。我就说：“别担心拍卖，让他们继续去干好啦。因为拍卖的第二天，买到东西的人才能付款，那两个家伙拿不到钱是不会走的。我们这么安排好，拍卖就不算数啦，他们俩就拿不到钱。就像卖黑人的那桩买卖一样，买卖不能算数，那些黑人用不了多久就能回来了。”

“好吧，”她说，“我现在要下楼去吃早饭，吃完我马上就出去几天。”

“我的小姐，那可不成，”我说，“根本不成。你得在吃早饭前走。”

“为什么？”

“你想，小姐. 你想我为什么要你去那儿呀？”

“这个嘛，我压根儿就没想过——现在想想，我也不清楚。为什么呢？”

“就因为你不是那种厚脸皮的人。你的面孔露出来的神情，让我觉得比看了书还清楚呢。人家可以坐下来读上面的东西，简直就像读大字母印成的书一样。你以为你的叔叔和伯伯跟你接吻道早安的时候，你能沉得住气，能……”

“好啦，好啦，别说了！我早饭前走——我很愿意走。我把两个妹妹留下来跟他们在一起好吗？”

“好的，别担心她们。她们俩还得跟他们在一起待上一阵子。如果你们三个都走了，他们准得起疑心。你别去见他们，也别见你妹妹，别见镇子上的任何人，如果邻居问起你叔叔和伯伯，你脸上会露出你的心事来的。不能跟他们见面，小姐，你得赶紧走，让我来对付所有的人。我去告诉她们两个，要她替你问你的叔叔伯伯早上好，说你出去一会儿散散心，要不就说你去看个朋友，很快就会回来了。”

“说我去看朋友就可以的。”

“那好吧，我知道了。我跟他这么说没什么错的。这不过是件小事，一点儿也不麻烦。在河下游一带，办这事什么的，又不费力气。”

接着，我说：“还有一件事——关于那袋钱。”

“唉，钱在他们手里。我一想起钱到了他们手里，就觉得自己真的是太傻了。”

“不。钱现在不在他们手里。”

“真的吗？那钱现在在谁的手里？”

“我如果知道就好了，可我不知道。是我把钱弄出来的，我把钱偷出来是想交给你。我知道钱藏在哪儿，可恐怕已经不在那儿了。我实在太抱歉了，我的小姐，这事让我觉得比什么都难受，可我已经尽了最大的努力，我是真心诚意那么做的。我差点让人看见，只好顺手把钱藏在一个能找到的地方，赶紧溜掉——那可不是个好地方呀。”

“噢，别埋怨自己了——这样不好，我不让你这么埋怨自己——你没有别的办法，那不是你的错。你把它藏在哪儿了？”

我不想再惹她伤心。如果我说出来，她会联想起那棺材里的死人肚子上搁着一袋钱。我迟疑了一下，然后我说：

“玛丽·简小姐，我不想亲口说出来。如果你允许的话，我就写在一张纸片上，你在路上想看就看吧。你觉得这样行吗？”

“哦，那好吧。”

于是，我就写下这样的字眼：“我把钱放在棺材里了。那天夜里你在那儿哭的时候，钱还在里面。我那时躲在门后面，实在替你难过，我的小姐。”

想起她独自在夜里哭，可那两个魔鬼就待在她家，让她丢脸，想要偷她的钱，我不由得眼睛湿乎乎的。我把字条叠起来递给她的时候，看见她的眼睛里也噙满了泪水。

她紧紧握着我的手说：“再见。我一定会照你跟我说的去做。如果我再也见不到你了，我也永远忘不了你。我会常常想起你的，还要为你祈祷祝福！”说完，她就走了。

为我祈祷祝福！我猜想，如果她知道我是个什么人，一定会替我做点更符合她身份的事。不过她还是会为我祝福的——她就是这么个好心的人。如果她发起好心来，准敢为犹大祈祷，我看她是个敢作敢为的姑娘呢。信不信由你，不过照我看，她比我见过的任何女孩子都更有胆量。我看呀，她是个最有胆量的女孩子。这话听起来好像是在说她的好话，其实一点儿也不是恭维。要说漂亮——还有心眼好——她可比任何女孩子都强呢。

自打她走出那个家门以后，我就没见过她，再也没见到，可是我心里想过她千百万次，也老是想着她替我祈祷的事。如果我觉得祈祷对她有一点好处的话，我宁愿掉脑袋也会为她祈祷的。

话说回来，我想她一定是从后门跑走的，因为谁也没看见她走掉。我看见她的妹妹们的时候，对她们说：“河那头的人叫啥名字来着？就是你们有时候一起去看望的那人？”

她们说：“有好些人呢，不过我们常去看的是普罗里特一家。”

“对了，就是这个名字，”我说，“我几乎忘掉啦。你的姐姐走得匆忙，要我告诉你们说，她去那儿看个病人了。”

“他们家谁得病了？”

“我不清楚，可能是我把名字给忘了，不过，我想可能是……”

“老天爷，该不是纳西吧？”

“说起来我也挺难过，”我说，“那人的名字就是叫纳西的。”

“我的天哪，上星期她还好好的！她病得厉害吗？”

“那病就别提有多厉害了。听小姐说，他们整夜都陪着她，他们说她恐怕活不了几个钟点啦。”

“这可真吓死人啦！她到底得了什么病？”

我想不出个能要命的病来，就说：“腮腺炎。”

“什么腮腺炎！得了腮腺炎还用得着人们陪她一个晚上？”

“用不着，是吗？可得了这种腮腺炎，就得有人陪在她的身边。这是一种严重的腮腺炎，是一种怪病，小姐就是这么说的。”

“怎么就是一种怪病啦？”

“因为它是跟别的病一块儿发作的。”

“什么别的病？”

“这个嘛……有麻疹丹毒、肺病，还有黄疸、脑炎，还有其他的病我也说不上。”

“我的妈呀！他们还把这叫腮腺炎？”

“可是小姐就是这么说的。”

“他们怎么能管这叫腮腺炎呢？”

“这还用问，因为它就是腮腺炎嘛，是从腮腺炎开始的。”

“胡说八道。如果有个人绊了一下伤了脚指头，后来又中了毒，掉到井里，把脖子摔折，脑袋摔裂，别人问起这人是怎么死的，有个傻瓜说：‘这还用问？他是伤了脚指头死的。’这话说得有没有道理？当然没道理了。简直是胡说八道。那种病传染不传染？”

“传染不传染？这还用问？黑暗里一个齿耙会不会把人挂住？你不是给挂在这个齿上就是给挂在那个齿上，对不对？你如果想走开就得拖着整个耙一块儿走，是不是？’我们这么说吧，这种腮腺炎简直就是一个耙。而且还不是个松松垮垮的耙，让它挂住可就弄不开了。”

“我看这可真够糟糕的，”其中一个说，“我要去找我们的大夫伯伯，去问问他……”

“是的，”我说，“我如果是你们的话，当然会告诉他的。马上就去。”

“唉，干吗那么着急？”

“你想啊，你们的叔叔和伯伯不是要尽快回到英格兰去吗？你们以为大夫会像个卑鄙小人一样自己走掉，放心让你们自己走那么远的路吗？他们会等你们的。这倒是件好事。你们的伯伯是个牧师，对不对？是啊，一个牧师能哄骗轮船上的人吗？他能哄骗轮船上的人，让小姐上船吗？他当然不能这么干啦。那他能怎么办呢？不用问，他会说：‘实在太可惜啦，我那个教堂里的事只好让别人替我照看一下，因为我侄女跟一个得了传染性腮腺炎的人在一起待过，我非得在这儿跟她待上一段时间，等三个月，看她是不是传染上了那种病。’可是，没关系，如果你们觉得最好要告诉你们那伯伯的话……”

“真倒霉，要在这儿傻等三个月，就为了看姐姐是不是得了那病，如果我们到了英国，本来能过快活日子的。亏你说得出这么没道理的鬼话。”

“不管怎么说，大概你们还是找个邻居说说这事的好。”

“听听你说的这话，比谁都傻，你真是个天生的大傻瓜。她们一定会把话传开。现在谁也不能告诉。”

“好吧，你这话听起来很有道理。不错，我看你说得对。”

“不管怎么说，我看得把这事告诉大夫伯伯，就说她有点事出门了，要在外面待上一会儿，免得他替她担心。”

“对啊，姐姐想要你们告诉他的。她说过：‘告诉她们替我向你们亲爱的伯伯和叔叔问好，替我亲亲他们，就说我到河那头去看……’看……什么先生来着？你们的叔叔挺看得起的那个有钱人姓什么来着——我想说的是那个……”

“你怎么啦，你一定是想说阿普索家吧，对不对？”

“当然是啦。这种姓可真难记，不管你怎么记，多半记不住。对啦，她说你们就说她到那儿去找阿普索家来参加拍卖，因为她想，她爸爸如果在世的话，准会优先把这房子卖给他们家的。她说要劝他们过来买房子，要等他们答应了才成。她说，如果她不太累，就回家来；如果累了，明天早上也一定能回来。她说，千万别提普罗里特的名字，就说阿普索好了——这么说本来也是老实话，因为她真的要去劝他们来买房子的。因为她亲口对我说的，所以我知道这事。”

“好吧。”她们说，然后就出去找她们的叔叔和伯伯，去问他们早安，去亲吻他们，把她们姐姐的消息讲给他们听。

好了，事情总算都弄好了。两个女孩子什么都不会露出去的，因为她们想要去英国。国王和公爵也宁愿那姐姐到别处去干点什么，免得她去找那可恨的大夫。我心里挺高兴，觉得这事办得好极了。我敢打赌，就是汤姆·索亚也不见得能干得比我更好。当然啦，他如果办这事，恐怕能要点漂亮花样，可我干那个不在行，因为我从小爸爸就没那么教过我。

那天，天快黑的时候，他们在广场上拍卖，人们一群群拥过来，那坏老头子也亲自到场，站在拍卖人的身边，显出挺严肃的样子，不时还引用《圣经》里的话插上一两句，或者说上几句什么好听的话，那个公爵也到处跟人们嘀嘀咕咕说个不停，尽力施展自己的本事，想惹人同情。

拖拖拉拉的东西总算都给卖掉了。只剩下一小块坟地没卖。他们还要把那地也卖出去——我从来没见过像国王这么贪心的家伙，他想把什么都吞掉呢。

正在卖那片坟地的时候，有一艘轮船靠岸了。几分钟后，一群人又喊又叫，又笑又闹，他们跑到这儿来，喊着说："看着，你们的对手来啦！老李尔克提有了新继承人啦。前面的人准备把钱给还回来吧！"

第二十九章

一个长相很文雅的老先生，另外还有一个人比他年轻些，长相也很不错，右胳膊用绷带吊着。我的老天哪，瞧人们那通闹腾，又是喊叫，又是大笑，简直没完没了。

可我一点儿也不觉得好笑，我猜，国王和公爵也不会觉得有什么好笑的。我估计他们的脸肯定会变白，可是他们的脸一点儿也没白。那公爵根本就没让人怀疑到他看出了什么事，还在那儿嘀嘀咕咕不停，显出又高兴又满意的样子，活像一只咕嘟咕嘟往外倒牛奶的罐子。国王呢，他只是垂下头盯着刚来的两个人，好像看见世界上居然有这么不要脸的流氓骗子，心里直恶心。啊，他装得可真像呀。

这时，这里很多有身份的人都靠拢在国王身边，好让他觉得他们是站在他的一边。刚来的那个老先生显得特别莫名其妙。不一会儿，他就开口说话了，我立刻就听出他操的是地道的英国本土口音，根本不是国王的那种腔调，不过国王学得也像极了。我记不住老先生的话，也学不来那口音，不过，他转向大家，他说的话大概是这样的："我真的没料到会有这种事，这事可真让人吃惊。说老实话，我承认我无法应付这种局面，也不能回答问题，因为我弟弟和我遇到些不幸，他把胳膊摔折了，我们的行李昨晚也让人弄错了，卸在上游的一个镇子上。我是彼得．李尔克提的哥哥哈维，这是他的哑巴弟弟，他耳朵听不见，嘴巴不会说，现在只剩一条胳膊能动，连打哑语也成问题啦。我们的身份就是我说的这样，一两天后，等我们把行李拿回来，我就能证明。在这之前，我什么也不想多说，现在就到旅馆去等着。"

说完，他和那个新来的哑巴就走开了，于是国王放声大笑，高声嚷道："摔断了胳膊，装得可真像呀，不是吗？还真省事，一个不得不打手势的骗子连手势还没学会呢。丢了行李！在这种情况下，这说法可真是妙极啦！亏他想得出！"

说着，他又大笑了一通，大家也跟着大声哄笑，只有三四个人，也许是五六个没笑。其中一个就是那个大夫，另外还有一个刚下轮船，手提老式粗布提包的先生，他的模样看上去很机警，正站在大夫跟前和他低声咬耳朵呢。他们不时朝国王这边瞟上一眼，点点脑袋。他就是那个律师贝尔伊。还有一个身体粗壮的汉子，他刚才凑过来听了那位老先生的话，现在又在听国王说。国王说完，他问："嗨，我说，你如果是哈维·李尔克提的话，你是哪天来到这个镇子上的？"

"是在出殡的前一天，朋友。"国王说。

"那天什么时候到的？"

"傍晚，大约太阳落山前一两小时。"

"你们怎么来的？"

"乘轮船从辛辛那提来。"

"好吧，那你们那天早上怎么能划着个小船到上游那个码头去呢？"

"那天早上我没有去过上游的什么码头呀。"

“你在撒谎。”

好几个人朝他扑过去，求他别对一个老牧师这么讲话。

“见他的鬼，他算什么牧师，他是个满口谎话的骗子。那天早上他确实去过上游那个码头。我就住在那儿，对不对？当时我就在那儿，他也在那儿。我看见他在那儿的。他跟一个男孩儿划着条小船到了那儿。”

大夫这时走上前来说：“如果你见到了那个男孩儿，还能不能认出他来，朋友？”

“我想我能认出，可我不敢打包票。嘿，那不就是他吗！我一眼就认出他来了。”

他指的正是我。

大夫说话了：“各位邻居，刚来的那两个人是不是骗子我还不敢说，可这两个人如果是骗子，我就是个十足的大傻瓜。我看我们有责任在事情搞清楚之前，不让他们从这儿溜掉。来吧，大家都来呀，我们把这几个家伙带到客栈去，叫他们跟另外那两个人去对质。我看不用费什么工夫就能看出他们的破绽来。”

一听这话，大家都挺高兴，偏向着国王的那些人听了就不痛快了。大家一起动身了。这时太阳差不多要落山了。大夫一路拉着我的手，他倒是很和气的，他一直没放开我的手。

我们都到了旅店的一间大屋子里，人们点上一些蜡烛，把那两个刚到的人也叫来了。

大夫先开口说：“我也不想太难为这两个人，可我看出他们确实是两个骗子，而且他们说不定在这儿还有同伙，我们还一点儿也不知道呢。如果有的话，他们的同伙会不会带着死去的李尔克提留下的钱逃走呢？这事不是没有可能。假如这两个人不是骗子，他们不会反对叫人去把钱拿来由我们暂时保管，等事情弄明白了再说。大家说这办法好不好？”

大家都同意了。国王显出难受的样子说：“先生们，我倒真希望能把钱拿出来，我也不反对让大家彻底把这桩倒霉事弄个明白，可钱不在啦，你们如果想知道，就去看看好了。”

“钱哪儿去了？”

“唉，我侄女把钱交给我，要我替她保管，我就把钱藏在床上的草垫子里面，因为我们在这儿待不上几天，不想存银行了。我们以为那个草垫子是个安全的地方，我们也不知道那些黑人怎么回事，以为他们都很老实的，就像英国的仆人那样。没想到那些黑人第二天早上趁我们下楼的时候把钱偷走了。我卖掉他们的时候还不知道丢了钱，所以，他们带着钱走了。先生们，我的仆人可以告诉你们这回事的。”

大夫和人们都一起说：“胡说八道！”

我看出没一个人真的相信他的话。一个人问我是不是看见黑人偷了钱。我说我没看见，我只是看见他们从他的房间里出来，匆忙走开了，我当时也没在意，以为他们害怕吵醒我的主人，想要赶快离开。

然后，那大夫转过身来问我：“你也是英国人？”

我说，是的，我是个英国人。

他跟其他所有的人都哄堂大笑起来，说：“瞎扯蛋！”

接着他们就开始不停地盘问我。我们被他们翻来复去地问个没完，问了一小时又一小时，可就是没人提起吃晚饭的事情，好像人们连想也不想这事。他们就这么一个劲地问这问那的，这种叫人头疼的麻烦事你一辈子也不会遇见。

他们逼着国王说出他的来历，又要那个老先生说出他的来历，除了偏见很深的傻瓜之外，谁都能听得出那个老先生说的是真话，而国王是在撒谎。后来他们又要我过去，要我把知道的事情都说出来。国王用眼角狡猾地瞅了我一眼，我就明白该怎么说才对。我先说起圣菲尔德，说起我们在那儿的生活，还把李尔克提家在英国的家人情况说了一通，我没说多少，那大夫就放声大笑，那个律师说：“坐下吧，傻孩子，我如果是你，就不那么白费力气啦。我看你撒谎还很不在行，说起话来前言不搭后语的，你得多练练才行。你说得太笨拙啦。”

听了他这番恭维话，我倒不感兴趣，不过总算把我给饶了，我倒高兴。

大夫要说点什么，就转过身来说：“嘿，朋友，起初如果你在镇子上的话……”

国王马上打断他的话，伸出手去，说：“怎么，这位就是我那死去的弟弟常在信中提到的老朋友吗？”律师跟他握手，那律师微笑着，显得挺快活，他们在一起谈了好一阵子，然后两人走到一边低声交谈起来，最后，律师高声说：“哦，就这么办吧。我把你和你兄弟的状子一起送上去，然后他们就知道这没问题了。”

然后，他们就找来纸和笔，国王坐下来，偏起脑袋，咬着舌头，瞎画着什么东西，然后他们把笔递给公爵——公爵这下头一次面有难色。可他还是把笔拿到手中，写起来。一会儿，律师转向新来的那位老先生，说：“请你和你弟弟写上一两句话，把名字签上吧。”

老先生写了几个字，可谁也不认得。律师大吃一惊，说：“这可叫我头疼了。”他从口袋里掏出许多旧信来，仔细琢磨着，然后研究那老头写的字，又翻回来研究他们的字，然后说：“这些信是从哈维·李尔克提那儿寄来的，这儿是他们俩的笔迹，谁都能看出，这不是他们写的（国王和公爵这才知道自己上了律师的当，显得无可奈何）。这是这位先生写的，大家也都能看得很清楚，这也不是他们的笔迹。实际上，他勾画出的这些根本就不是字。这儿还有几封信，是从……”

新来的那个老先生说：“请听我说，让我解释一下。除了我这个弟弟，谁也认不出我的字，所以是他替我抄写的。你手里的信都是他的笔迹，不是我的。”

“哎呀！”律师说，“这倒是件稀罕事。我这儿还有几封哑巴先生写来的信，你如果能要他写上一两句，我们就能比较比较啦……”

“可他不能用左手写字呀，”那位老先生说，“他如果能用左手写字，你就能看出他的信和我的信都是他一个人写的啦。你把我们俩的信拿来比比看，就知道那是一个人写的。”

律师对照着看了看，说：“我看确实是这样的——就算不是这样，两种信的笔迹也特别相像，我原先怎么就没看出来。好啦，好啦！我看我们已经走上解决问题的正确途径了，可现在又弄得糊里糊涂了。不过，无论如何有一点已经证明了，这两个人根本不是李尔克提家的人。”他说着，把脑袋朝国王和公爵那边摆动了一下。

嗨，你猜怎么？——那个顽固的老傻瓜到这个份上还不肯服输！他就是不甘心。说这个测验不公正，还说他弟弟是个玩世不恭的捣蛋鬼，根本就没有认真写。他说，他一看见他把笔放在纸上，就知道他要耍调皮花招了。他的劲头上来了，又开始滔滔不绝地说个不停，直说得他自己都要相信自己的鬼话了。

不久，那个新来的老先生打断他，说：“我想起个事情。这儿是不是有人帮着我弟……帮着去世的李尔克提先生入殓啦？”

“有，”一个人说，“是我和一个人给他入殓的，我俩都在这儿。”

然后老人转向国王说：“也许这位先生能告诉我，他胸脯上刺的是什么样的花纹？”

你瞧，冷不防让人家这么一问，国王如果不打起精神急忙回答，他可就垮了，就像给河水冲掉了基础的河堤一样轰隆一声塌下去。大多数人在这种情况下都会垮掉——他怎么会知道那死人胸脯上有什么花纹呢？他的脸不由自主有点儿发白了。

屋子里的人都不作声，略微躬下身子盯着他看。我心想，这下子他可该认输啦，不服也没用了。那么他服输了吗？说来谁也不相信，可他就是不肯罢休。我猜，他是想把人们都累垮，等人们全都走散以后，他和公爵就能冲出来溜掉了。不管怎么样，他是舒舒服服坐着的。

没过多一会儿，他微笑起来，说：“哦！这个问题可真难回答呀，不是吗？可我能告诉你他胸脯上有什么文身。那是个又小又细的蓝色箭头——就是这么个东西。如果你不仔细看，还真看不出来呢。嘿，你有什么说的吗？”

唉，像这个老家伙这样的死不要脸，我可是一辈子也没见过。新来的那位老先生兴奋地扭过头去，他的眼睛闪闪发亮，好像这下子可把这个国王给逮住了。他问：“好啊，你们听见他的话了吧！我弟弟的胸脯上有这么个花纹没有？”

前面那两个人一同大声说：“我们没看见这么个花纹。”

“好！”老先生说，“听我说吧，你在他胸脯上能看到的是个又小又模糊的字母‘P’，一个‘B’（他名字的这个头字线从他年轻时候就不用了），还有一个‘W’。三个字母之间夹着两圆点，是这样的：‘P·B·W’。”他一面说，一面在纸上写出来，“说说看，你们看到的是不是这些？”

两个人再次大声说：“没有，我们没看见。我们什么记号也没看见。”

这下子，人们可恼了，大家一齐喊起来：“这些家伙全是些骗子！我们把他们都丢到水里去！淹死他们！押他们去游街！”大家一齐喊，声音大得吓人。

这时，律师跳到桌子上，喊着说：

“先生们，先生们！听我说句话——只说一句话——请你们听我说！还有一个办法——我们去把尸体挖出来看看。”

这个办法把大家的兴趣提上来了。

“好啊！”大家都欢呼起来，马上就出发，但是律师和大夫喊着说："等一等，等一等！这四个人和那个孩子，把他们也带着走！"

"交给我们吧！"他们一齐喊着说，"如果我们找不到那些记号，就把他们都宰掉！"

说老实话吧，这下可把我吓坏了。可是，要想逃走可根本没办法。他们把我们都牢牢抓住，拖着我们一路朝坟地走去，那地方在河下游一里半的地方，全镇子上的人都跟在我们身后啦，因为那时候才不过晚上九点，我们大吵大闹，喧声震天。

路过我们那房子的时候，我真后悔不该把那姐姐打发走，如果她在这儿的话，我对她眨巴一下眼睛，她就明白啦，会来救我，揭穿那两个坏蛋。

我们一窝蜂沿着河边的大路走去，那股子劲头就像野猫似的，这时，天上黑云密布，雷电不时闪亮，风把树叶刮得唰啦唰啦直响，让人更害怕了。这是我有生以来碰上的最大的乱子，我从来没碰到过这么大的危险。

我简直吓呆了，我原先的打算全都落了空，本来我以为可以舒舒服服站在一旁看热闹，遇上紧要关头还有人帮我说话，把我从危险里解救出来，可现在呢，除了那些文身花纹之外，什么也救不了我啦。如果他们找不到那种花纹的话……

我简直不敢往下想了，可是，不知怎么的，我的脑袋又非想这个不可。天色越来越黑，本来这是个从人群中溜走的好机会，可是那个身体粗壮的汉子一直死死抓着我的手腕不放，要想从他手下逃走，简直是不可能的。他劲头十足，一路死死拽着我，我得跑起来才能跟上他。

到了坟地的时候，人们就像潮水一样冲进去，简直要把坟地整个淹没了。人们这才发现，带来的铁锹超过需要数目的一百倍，可是谁也没想到该带上盏灯笼。他们打发人到邻近的房子里去借灯，其余的人就在闪电的光亮下起劲地挖起来。

他们挖呀挖，那股子疯劲就别提了。天这时黑得要命，雨也下起来了，风飕飕地刮个不停，雷声轰隆隆震响着。可是这帮人一心拼命挖着，根本就不管天气有多恶劣。闪电中，人群里的每一张面孔都能看得一清二楚，还能看清楚一锹一锹的土被抛上来，闪电过后，一切全都黑了，什么也看不见了。

最后，他们把棺材给弄上来了，开始有人动手拧开螺丝钉，开棺材盖。人们肩肘并用使劲推挤，想上前面看个清楚，黑暗中的那种可怕场面谁也没见过。那人拽着我的手腕也拼命往前又推又挤，把我抓得生疼，他呼哧呼哧直喘气，激动得跟什么似的，我猜，他准把我给忘了。

突然，一道雪亮的闪电划过，一个人大声喊道："上帝哦，那袋金币在他胸脯上搁着呢！"

拽着我的人也像别人一样大叫一声，放开了我的手腕，拼命往前挤，想看个明白。我趁天黑立刻撒腿就跑，拐上大路飞奔逃命，谁也想不到我竟然能跑那么快。

路上除了我连个人影儿也没有，我跑得简直要飞起来了。一路上跟我做伴的就只有一片漆黑和一道道闪电，还有沙沙的雨丝、呼呼的风声和震得人心惊胆战的劈雷声。半点也不假，我确实跑得都要飞起来了。

跑进镇子里的时候，我看见在大风大雨中的路上一个人影也没有，所以我也没有绕着背街跑，干脆就沿着大街跑下去。到了我们那房子附近时，我眯缝起眼睛看了看，看见那房子了。房子里黑漆漆的，一点光亮也没有，我不知为什么，觉得又难受又失望。

就在我跑过去的时候，那漂亮的大小姐的那个窗口突然亮起了一线灯火！我的心马上狂跳起来，就像要跳出胸膛似的，可是房子立即就给甩到我身后的黑暗里了，从此再也不会出现在我面前。她是我见过的最好的女孩子，也是最有胆量的女孩子。

我跑到镇子上游一点的地方，能看见那个河心沙洲了，就在四下仔细寻找起来，想借上条小船。在闪电的亮光下，我看见一条没用链子拴上的小船，立刻就跳上去朝河心划去。那是条小筏子，只用一根绳子草草拴着。沙洲还在河心挺远的地方呢，可我一点时间也没有耽搁。最后到了木排跟前，我累得简直要死掉了。如果我敢耽搁的话，真想痛痛快快喘口气儿，可我不敢歇。

我一跳上木排就大声喊："基姆，快出来，把木排放开！谢天谢地，我们总算把他们给甩了！"

基姆连忙钻出来，伸开双臂欢迎我，他那样子简直是高兴极啦。可是我在闪电中一看见他，顿时吓得心都跳到嗓子眼上了，身子猛地朝后一仰倒在河水里。我忘了他穿着的是李尔王的衣裳，是个阿拉伯淹死鬼的样子，一下子惊得灵魂都出了壳。

基姆把我从水里捞上来，不停地拥抱我，祝福我。他见我回来了，又把国王和公爵都给甩掉了，真是高兴极了。

可是我却对他说："先不要忙，不要忙，吃早饭的时候再说吧，吃早饭的时候再说吧！我急忙放开木排，让它往下漂！”

于是，不到两秒，我们就出发了，顺着大河往下漂去。整个大河上就只有我们两个人，谁也不来捣乱了，那感觉可真痛快呀。我乐得在木排上又跳又蹦。

可是在我跳到第三下的时候，突然听见一个再熟悉不过的声音，我屏住气仔细听——果然是他们，下一个闪电裂在河面上的时候，我看见他们来了！——他们正拼命划着桨，把小船弄得咯吱咯吱乱响！是国王和公爵。

这下，我要晕死了，我猛地倒在了木板上，拼命忍住才没有让自己哭出声来。后来，我只好认倒霉了。

第三十章

他们两个上了木排后，国王就奔我走过来，他抓住我的领子，摇晃着说：“打算丢下我们溜走，好你个臭小子！跟我们在一起腻歪了，是吗？”

我说：“不，陛下，我们不是那个意思——求你别这样，陛下！”

“那就快说，你打算干什么去，要不我就把你的肠子、肚子统统都给抖出来！”

“我说实话，我照原样全说出来，陛下。抓着我的那人对我不错，他不停地说他有个儿子去年死了，年纪跟我差不多大。他说看到一个孩子遇到这么大的危险，心里觉得挺难过。他们找到那袋金子的时候，都吃了一惊，一齐朝棺材那儿挤过去，他就放开我，还低声对我说：‘快跑吧，要不然他们一定会把你绞死的！’我这才溜出来。其实，我待在那儿看来也没什么用处啦——我什么忙也帮不上，再说本来就能逃走，我也不想让人家把我绞死。所以我一直跑个不停，后来找到一个小船。我一上木排就叫基姆赶快走，要不他们会把我逮起来绞死，我还说，我替你和公爵担心，恐怕你们已经死了，我难过得要命哪。基姆也很难过。我们看见你们过来都特别高兴，基姆，是不是这样。”

基姆说是这样的，国王要他闭上嘴，说：“哈，这一套编得可真像那么回事呀！”说着又开始上下抖动我，还说要把我丢到河里淹死。

可是公爵说：“放开这孩子吧，你这个老傻瓜！你如果是他的话还不是也一样逃跑？你逃出来的时候问起过他没有？我记得你就根本没提过。”

国王这才把我放开，开始咒骂那个镇子上所有的人。可是公爵说：“你他妈的该先把自己臭骂一顿才对，因为最该挨骂的就是你自己。你自始至终就没干一件有脑子的事，只是不动声色地说出那个无中生有的什么蓝色小箭头还算不赖。那个说法实在是妙——妙极了，我们就是靠了这个说法才拣回这条命的。否则，他们会把我们都给关起来，等那个英国人的行李让人送来的时候，我们准得坐大牢！可那个花招把人们都骗到坟地去了，另外，那袋金币也帮了我们的大忙，如果不是那帮傻瓜为了看个清楚都拥上去，顾不得抓我们的话，我们今天晚上准得系上那条领带睡觉——保险是条结实的领带——想解也解不下来。”

他们有好一阵子不作声——大概心里都在琢磨呢——过后，国王心不在焉地说：“哼！我们还当是黑人偷的呢！”

一听这话，我不由心里打了个冷战。

“是啊，”公爵故意带着挖苦的口气慢慢说，“我们真那么想过呢。”

过了半分钟，国王慢吞吞地说：“至少我是那么想的。”

公爵也慢吞吞地说：“正相反，是我那么想的。”

国王有点发火了，说：“嗨，浑蛋，你这是什么意思？”

公爵也不甘示弱，说：“既然你这么问，我倒要问问你，你这是什么意思？”

“呸！”国王挖苦着说，“我怎么知道呀，也许你是在做梦吧，压根儿就不知道自己干了些什么事。”

公爵这下子可火了，说：“收起你这套该死的胡说八道，你当我是个傻子？你以为我不知道是谁把钱藏在棺材里的？”

“不错，先生，我确实明白你是知道的，因为藏钱的就是你呀！”“胡说！”公爵朝他扑过去。

那国王喊起来：“松开手！别掐我的脖子，就算我什么也没说！”

公爵说：“哼，你得先承认是你把钱藏在那儿的，你想等以后有一天把我甩掉，自己把那笔钱挖出来独吞。”

“等一等，公爵——你只要老老实实回答我一句话，假如不是你把钱放在那儿的，说出来，我就相信你，刚才我说的话就算没说。”国王说。

“你这个老浑蛋，那根本就不是我干的，这你知道。哼，给你点厉害尝尝！”

“好啦，好啦，我信了。可是再问你一个问题——别发疯啦。你脑子里就没有动过要把钱弄走藏起来的念头？”

有一阵子，公爵什么话也不说，然后才说：“哼，那你就别管了，反正我没干。你可是又想过，又干了。”

“我如果干了，就让我现在就去死，这是实话。我是想过，因为我确实起过那个念头，可是你——不，我是说有个人——有人抢在我前面干了。”

“撒谎！明明是你干的，你如果干了还不承认，我可就要……”

国王的嗓子里开始咯咯乱响，最后他气喘吁吁地说：“别！——我承认了！”

听他这么说我高兴极了，我觉得比刚才好受多了。公爵这才放开手，说：“你如果敢不承认，我就把你推到河里淹死。活该你像个小孩子一样坐在那儿哭鼻子，干了那种混账事，真是活该。我从来没见过你这样的老浑蛋，想把所有的东西都独吞掉，亏我还那么信赖你，把你当成我的亲爹对待呢。你听了人家把这事全都栽到那些可怜的黑人身上，一句好话也不替人家说，真不觉得羞耻。想起我轻易就相信了你的鬼话，真好笑。你这个该死的家伙，现在我才知道你为什么那么急着要凑足那笔钱了——你是想把我在‘皇家奇兽’里和其他地方挣的钱也统统独吞掉呀！”

国王就缩头缩脑地说着，还带着点怯怯的样子说：“怎么回事，公爵，是你说要凑足那个数目的，不是我哪。”

“闭上你的嘴！我再也不听你胡说八道了！”公爵说，“现在你得到报应了吧。人家不但把自己的钱全拿了回去，还把我们的钱也统统拿走，只剩下点小钱。快去睡你的觉吧，以后再想凑钱别打我的主意，你给我永远记住！”

国王就那么鬼鬼祟祟地钻进窝棚里去了，一个人在那喝酒解闷。没过多一会儿，公爵也把自己的酒瓶打开了。没过半小时，他们俩就又亲热得像同伙偷窃的贼，他们醉得越凶就越亲热。后来，他俩搂在一起，打着呼噜都睡着了。

虽然，两人都醉得厉害，可我看出国王还没有醉到忘掉承认藏钱的事。那事可真让我又舒服又开心哦。当然啦，他们俩打起呼噜来的时候，我和基姆就唧唧咕咕聊了好长时间，我把发生的事情全都告诉基姆了，一点都没漏掉，包括我把那些钱藏到棺材里的事情。

第三十一章

顺着大河，我们几个人一天天往下漂，没有到任何的镇子上去停靠。已经到了离家很远很远的南方，天气很暖和。我们开始看到有长满西班牙苔藓的树，那种苔藓从树枝上垂下来，活像长长的灰胡子。我头一次看见树上长着这种苔藓，它们使树木显得有些阴森森的。

两个骗子觉得已经脱离了危险，又到岸上去骗一些村子里的人。

最初，他们给人们做戒酒演说，可挣到的钱还不够他们俩喝酒呢。到了另一个村子，他们又开办跳舞学校，可他们自己跳舞的技巧并不比袋鼠高明多少，所以他们刚开始蹦跳了几下，大家就扑过来，把他们赶了出去。

有一次，他们想要教人们演说，可他们刚演说了没几句，就给听众臭骂得狗血淋头，吓得他们赶紧逃走。他们也试过传教和催眠术，搞过治病和算命，还有各种其他花样，可是看来一样也不走运。

最后，他们穷得一个子儿也没有了，只好躺在木排上，随着我们往下游漂，心里想呀想，半天连一句话也不说，都愁眉苦脸，一点办法也没有。

最后，他们又变了花样啦，两个人在窝棚里交头接耳，悄悄商量，一说就是两三小时。我和基姆都觉得心里不安。看了他们那副模样，我们都挺讨厌的。照我们的判断，他们准是在打什么鬼主意，否则就是在琢磨更不像话的损招。

我们翻来覆去地推测，最后觉得他们这是要闯进住家户或者店铺里去抢东西，要不就是想干印假钞票之类的坏事。我们俩可吓坏了，打定主意，绝不再跟他们干那种坏事，只要一有机会，就把他们甩掉，漂得远远的。

一天早上，在一个名叫派克维尔的破败不堪的小镇下游两里左右的地方，我们把木排藏在一个很安全的好地方，国王上岸去，要我们藏起来，说是他要上镇子里去看看人们听到‘皇家奇兽’的风声没有。“你的意思是看好个房子去抢吧，”我心里这么想，“哼，等你抢完回来，可就找不着我和基姆，也找不着木排了，那时候你可就傻眼啦。”

他说，如果到了中午他还不回来，就是没事，公爵和我就去找他。

所以我们就在原地等着。公爵急得心烦意乱，在木排上走来走去。他为了各种小事不停地骂我们，好像我们把什么也做错了，他在什么小事上都能找到茬儿。很明显，他心里在打坏主意呢。

到了中午，还没见国王的影子，我心里挺高兴，这下总算能换个花样了——也许还能瞅机会彻底换换呢。我和公爵就出发到镇子上去找国王，后来我们在一个下流酒馆后面的屋子里找到他了。他喝得醉醺醺的，一帮二流子正拿他寻开心呢，他就拼命地咒骂他们，吓唬他们，可他醉得走都走不动了，人家拿他一点儿办法也没有。公爵就骂他是个老傻瓜，国王也回嘴骂他。一看他们骂得上了劲，我撒腿就跑，像一头鹿一样拼命朝河边跑去——这下我看出我们的机会来了。我打定主意，要让他们再也别想找到我和基姆。

我跑到那儿的时候，喘得上气不接下气，可心里高兴得要命，我高声喊着：“基姆，把木排解开，这下可好啦！”

可是没人答应，也没人从窝棚里走出来。基姆不见了！我喊了一声，接着又高喊了几声，然后在树林里跑来跑去地找，一面还大声喊、尖声叫，可是全没用处——老基姆不见了。后来我实在忍不住，坐下哭起来。可我不能就这么坐着呀。

过了不多久，我就走上大路，心里盘算着该怎么办。我碰见一个正在路上走的孩子，就问他是不是见过一个黑人，穿着怎样怎样的衣裳。他说：“见过。”

“上哪儿去啦？”我问。

“上前面以南二英里的费尔罗斯家去啦。他是个逃跑的黑奴，他们逮住他啦。你找他吗？”

“我才不找他呢！我一两小时前在树林里碰到他，他说我如果嚷嚷，就把我的肝挖出来——他叫我躺在那儿别动，我就躺着。一直待到现在，不敢出来。”

“好了，”他说，“你用不着害怕啦，因为他们已经把他抓住了。他是从南方什么地方跑来的。”

“他们把他抓住，真干得不错。”

“那当然了！有人悬赏二百块要抓他，这可跟在路上捡到钱一样啦。”

“可不是吗，如果我大一点的话，我就能得到那钱啦，本来是我先看见他的。是谁逮住的？”

“是个老家伙——是个外乡人——他四十块钱把这个机会卖了，因为他说他要到河的上游去，没时间等。嗨，你想想看，如果换了我呀，哪怕等七年，我也乐意等。”

“当然啦，我也乐意等，”我说，“可是他把那机会卖得那么便宜，说不定根本就没那么高的赏金吧。也许这里面有什么鬼。”

“不会，这事再清楚不过啦。我亲眼看见那传单的。上面把他说得再清楚没有啦，还有像照片一样的画像，还说了他是从某个种植园跑走的，在上游的新奥尔良。跟你说，肯定没错，这笔生意没问题的。喂，给口烟嚼嚼好吗？”

我根本就没有烟叶子，他只好走开了。我回到木排上，钻进窝棚，坐下来琢磨。可我怎么也想不出个办法来。我想啊想啊，想得脑袋都疼了，也拿不出对付这种麻烦的办法。我们陪着那两个坏蛋跑了那么远的路，对他们小心伺候，结果落得这么个下场，什么都叫他们给毁了。他们的心肠竟然那么黑，就为了四十块钱，要出这么毒辣的手段，让基姆流落到外乡当一辈子奴隶。

我把这事想过一遍后，觉得如果基姆非得做奴隶不可的话，在家乡跟自己家人在一起做奴隶可要比在外乡强上千百倍，所以我得给汤姆・索亚写封信，要他把基姆的下落告诉奥恩小姐。可是我很快就打消了这个念头，因为基姆从她那儿逃掉，她会觉得他忘恩负义，想起他就忌恨，以后会把他卖到大河下游去，她如果这么干的话，大家当然都会讨厌这么个忘恩负义的黑人，基姆以后会永远见不得人，永远觉得羞耻。再说，也得为我自己想想呀！消息会传开，说哈克・芬帮着个黑奴寻找自由，如果有一天回到那个镇子上去，我就没脸见那儿的人，就得夹起尾巴做人才行。

一个人干了不可告人的事，就没法面对事情的后果，就是这么回事。只要把这事隐藏起来就不会丢脸。我面前的情况正是这样的。我越琢磨这事，就越觉得良心不安，也越觉得自己太坏、太卑鄙。

最后，我突然明白过来啦，这是老天对我干坏事的惩罚，那个可怜的女人本来没干什么对不住我的事，可我却把她的黑奴给偷走，老天有眼，时时盯着我，这就是让我知道我干的事全让他看见啦，他不允许我再干下去了。

想到这儿，我吓得几乎栽倒在地上。后来，我尽量安慰自己，心想，我从小到大只学会了干坏事，所以，这也不能怪我。可我的心里总有个声音在说："你本来可以上天主学校，你如果在那儿上学，就会知道，像你这样拐走黑奴的人，死了要永远受火刑的惩罚。"

这个想法吓得我浑身直发抖。于是我就打算祷告，看看我是否可以改邪归正，变成个好孩子。我跪下来，可我就是想不出祷告词。这是为什么？什么话也瞒不住上帝呀，当然也瞒不住自己。我知道为什么想不出祷告词了，那分明是因为我的心不正，不光明正大，因为我要两面手腕。

我打算改邪归正，可心里却放不开那件最坏的事。我想让嘴里说出要干正确的事、清白的事，要给那个黑奴的主人写信，告诉她黑奴的下落，可我心里知道我是在撒谎——上帝也知道的。不能用谎言祷告——这一点我终于弄清楚了。

我心里很矛盾，难受得不得了，不知道该怎么办才好。最后我有了个主意。我对自己说，还是写那封信吧，写完了再看有没有好话来自己祷告。

哈，真奇怪呀，这么想着，我马上就觉得像羽毛一样轻松了，各种烦恼都没有啦。

于是，我拿出一张纸和一支铅笔，又高兴又激动地就写开了：

奥恩小姐，你那个逃走的黑奴基姆跑到河下游的派克维尔下面两里地一带来了，费尔罗斯先生把他抓住了，你如果派人带上赏金来，他就会把人交给你的。

哈克·芬

我一辈子从来没有像现在这么觉得清白过，我知道现在我可以祷告了。可我没有马上就开始祷告，我把纸放在那儿，琢磨开了——想着这么做多好啊，我差一点成了个迷途的羔羊，最后肯定要下地狱。

我接着想下去。想啊想，不由就想到了我们这趟旅途，基姆的影子一直就在我面前，想起了那些白天和黑夜，有时有月光，有时有暴风雨，我们在一起顺着大河往下漂，在一起谈话，在一起唱歌，在一起放声大笑。

不知怎么的，我想到的全是他的好处，他的一点坏处都没有，根本想不出什么事能让我对他狠下心来。我总是想到他轮班守夜的时候，替我守望，为的是不喊醒我，好让我继续睡觉。我又看见我在大雾里回来的时候他那么高兴的样子。还有那回在报家仇的地方，我上沼泽地去找他，他那么欢喜。我还想起许多这样的事情。他总是叫我“宝贝儿”，一心照顾我，什么都为我做，他这人真是太好了。

后来，我又想起那次我告诉那两个人说，我们木排上有人害天花，这才救了基姆，他感激得不知道该怎么好了，说我是老基姆在天底下最好的朋友，还说我是他现在唯一的朋友。想到这儿，我正好扭过头来，瞧见了那封信。

这可是个让人左右为难的事。我把信捡起来，拿在手中。我浑身发抖，因为我得打定主意才成。在两条路中选定一条，这对我一辈子可是事关重大，我心里也清楚。我又琢磨了一会儿，大气也不敢出，最后对自己说：“嗨，下地狱就下地狱吧。”然后把信撕得粉碎。

动这种念头，说这种话都够可怕的，可我已经说了。说了我也不后悔，从此我再也不打算改邪归正了。我把想过的事情全都抛到脑后，心里说，我要再次走邪路，这条路我本来从小就熟悉，干好事我可不在行。首先，我得把基姆偷出来，让他别再做奴隶，如果我能想出什么更坏的勾当，我也一定要干，反正一不做二不休，既然干就干它个痛快。

接着，我就开始想怎么个干法，心里翻来复去想了许多办法，最后打定了一种我感到称心如意的主意。我把稍稍靠下游一点的一个长满树丛的沙洲看了个清楚，等天一黑下来，我就把木排划出去，停靠在那儿藏起来。

我睡了一个通宵，天快亮的时候就爬起来，吃了早饭，穿上我从店铺买来的新衣裳，把其他衣裳和零碎东西都打包，撑上小船到岸边去。

我估计出费尔罗斯家大概在什么地方，就把小船靠在他家下游一点儿的地方，把我的包裹藏在树林里，在一个河边距木厂四分之一英里的地方，我往小船里灌满水，又装了许多石头块，把它沉在水底，等以后用的时候还能找得到。

然后，我就顺着大路往前走，经过锯木厂的时候，我看见一个牌子："费尔罗斯锯木厂"，我又往前走了二三百米，到了村子跟前的时候，我的眼睛滴溜溜转着到处看，这时候天已经大亮了，可周围连一个人影也没有。可我一点儿也不在乎，因为我压根儿就不想见到任何人，只是想熟悉一下这个地方。照我的计划，我要装作是从大河上游那个村子里来的，不像是从下游来的。

所以，我熟悉了那个地方以后，就一直奔镇子上去了。嗨，我到了那儿碰到的第一个人就是公爵，他正在那儿贴戏报呢——"皇家奇兽"只演三个晚上——还是老一套把戏。这两个骗子的脸皮可真厚呀！我跟他打了个照面，躲都没法躲。他很是吃惊地问："嗨，你上哪儿去啦？"接着，他装出又高兴又关心的样子问："木排在哪儿，找个好地方藏起来啦？"

我说："呀！我正想问你哪，陛下。"

他一下子就显得不高兴了，说："你怎么会想到要问我？"

"昨天，"我说，"在那个酒店看见国王醉成那个样子，我就想，要等他清醒过来把他弄回去还得好几小时呢，所以我就在镇子上到处逛逛，打发时间。遇见一个人，说给我一毛钱，要我帮他划条小船过河去驮一只羊过来，我就答应了。等我们要把羊拉上船的时候，那人让我拉着绳子，他在后面推，那羊太大，我拉不住，一下子挣脱就跑开了，我们就跟在后头追。

"我们没有狗，只好满世界跟着它在田里跑，直到最后它跑不动了，我们才把它逮住，划过河来。然后我就往下游木排那儿跑，可跑到那儿一看，木排没了。我就想：'肯定是他们闯了祸，撑着木排逃掉了，他们把我的黑人也带走了，我可就这么一个人呀，现在我到了个举目无亲的地方，什么也没有，可怎么活呀。'我就坐下来哭。晚上，我在树林里睡了一整夜。可是木排上哪儿去啦？还有基姆，可怜的基姆！"

"我怎么知道——我说的是木排的下落。那个老傻瓜跟人家做了笔买卖，得了四十块钱，可是我们在那个小酒店找到他的时候，那帮二流子已经跟他赌了半天五毛钱一局的赌戏，闹得他除了付酒账什么也没剩下来。昨天深夜，等我把他弄回去的时候，才发现木排不见了，我们说：‘那个小坏蛋偷了我们的木排，把我们丢下．自己朝下游跑了。”’

“我总不会丢下我的黑人呀，对不对？他是我在世界上唯一的黑人，我唯一的财产哪。”

“我们可没这么想过。其实，我们也把他当成我们自己的黑人啦。老天在上，我们确实把他当成我们的黑人，我们为他操的心还少吗？所以我们一看木排不见了，兜里又穷得一分钱也没有，没法子好想，只好再把‘皇家奇兽’拿出来应场。我一直就在四处游荡，口干得就像只火药桶。你那一毛钱呢？快给我吧。”

我的钱还挺多呢，所以就给了他一毛钱，不过我乞求他拿钱去买点吃的东西，分给我一点儿，我说我只有那一毛钱啦，还说我自从昨天起就没吃过东西啦。

他听了一声都不吭。随后，他一个转身冲着我说：“你觉得那个黑人会不会把我们揭发出去？如果他敢揭发，我们就扒了他的皮！”

“他怎么能揭发？他没跑走吗？”

“没有！那个老傻瓜把他给卖掉啦，卖的钱根本就没分给我，钱也没了。”

“把他卖啦？”说着我就开始哭了，“那可是我的黑人啊，卖得的钱也是我的呀。他在哪儿？我要我的黑人。”

“好啦，反正你也找不回你的黑人啦，别哭哭啼啼了。告诉我，你敢不敢揭露我们？嗨，我如果信你的话才怪呢。不过，你如果敢揭露我们的话……”

他没有再说下去，可我从来没见过公爵的眼睛变得那么可怕。我还是继续抽抽答答哭个不停，说：“我可不想揭露什么人，我也没时间去揭露，我得去找回我那黑人。”

这下他显得有点不安起来，呆呆地站在那儿，搭在胳膊上的传单让风刮得乱飘。他皱起眉头想啊想，最后说：“我告诉你点事儿吧。我们要在这儿待三天。你如果赌咒不揭我们的底，也不让那个黑人说出去，我就告诉你上哪儿去找他。”

我就赌了个咒，他说：“一个农民叫赛拉费斯……”说到这儿他打住话头。

看，他本来打算把实话告诉我的，可他打住不说了，我就知道他准是在琢磨，想改变主意啦。果然不错。他不相信我，他想把我打发走，三天之内不再到这儿来。所以他马上改口说："买他的那个人叫阿布拉姆特，住在离这儿四十里的乡下，在去拉斐特的路上。"

"好吧，"我说，"我走着去三天就能到。我今天下午就走。"

"不，那可不行。你现在就得走，别浪费时间，也别在路上多嘴多舌。闭上嘴走你的路，那样的话，我们就饶过你。听明白了没有？"

这可正是我想听到的话，我本来就是想要他这么说的。我要单独完成我的计划。我心想。

"那就快走吧，"他说，"你跟阿布拉姆特先生爱怎么说，那都随你的便。大概你能让他相信基姆是你的黑人——有些白痴根本就不跟人要文书证明——至少我听说南方人就有这样的傻瓜。你可以告诉他说传单和赏金都是假的，告诉他这是一种保护他的办法，也许他信你的话。现在走你的路吧，想跟他怎么说就怎么说，不过我可跟你说清楚，一路上不许嚼舌头。"

于是，我就迅速离开他走了，一直往乡下走。我头也没回，可我还是能觉得他在盯着我。我知道我可以让他看个够，直到他看累了为止。

我一直走了一英里路，到了乡下，这才停下脚步。然后我顺原路回来，穿过树林往阿布拉姆特家走去。我想我不必绕弯子，我要马上就动手干我的事，因为我要在那两个家伙离开之前封上他们的嘴。救我的朋友基姆，我实在不想再跟这两个骗子打交道了。他们干的事我已经看够了，我要彻底地甩开他们。

第三十二章

我到了那里的时候，四周一片寂静，就像星期天一样。雇工们都下地干活儿去了，天气炎热，骄阳当空，空气中有不少小虫和苍蝇在嗡嗡乱飞，这就让这儿显得更寂寞了，好像人都死光了似的，有时候一阵风刮过来，把树叶吹得飒飒响，让人更觉得凄凉，因为那好像是鬼魂在窃窃私语——准是些已经死了许多年的鬼魂——而且好像都是在说我呢。我真希望我已经死了，那就能省下许多麻烦。

费尔罗斯家的农场是个小的棉花种植园，这种地方差不多都是这个样子。一道木头栅栏围着个两英亩大小的院子，栅栏外面有一堆用竖起的圆木垒成的阶梯，好像几个高低不同的木桶似的，人们可以踩着它们翻越栅栏，女人们还可以拿它们当上马墩。院子里长着一片片半死不活的草丛，不过大部分地方是光秃秃的，好像一顶磨得没剩多少绒毛的旧毡帽。院子里有一座白人住的大木头房子——那是用方方正正的木头造的，木头缝里还砌了泥或者灰浆，这种灰缝以前还粉刷过。厨房是用圆木造的，它和大房子中间有一道宽敞的走廊连接，走廊只有屋顶，没有墙。

厨房后面有一个贮藏熏肉的屋子，后面是一排三间黑奴住的小木屋。紧靠栅栏后面，有一间孤零零的小房子，另外一面还有些做其他用处的棚屋，用来做肥皂的灰漏和大锅靠着放在那间小房子旁边。厨房门外放着一个条凳、一只水桶和一把瓢。

有一条狗正在太阳地里睡觉，还有几条狗在周围其他地方睡着。离我远些的一个角落里长着三棵树，靠栅栏的一个地方有几丛醋栗和野草莓。栅栏外面有一个菜园和一片西瓜地，再过去就是棉花地，外面是一片树林。

我绕到栅栏后面，翻过栅栏，朝厨房走去。走了几步，我隐隐约约听见一阵纺车的吱扭声，高一阵，低一阵，难听得像是在哭死人，这可把我难受死了，我真恨不得自己已经死了倒好受些——因为那实在是世界上最让人肝肠寸断的声音啦。

我径直朝前面走去，心里什么借口也没想好，只好等事到临头，靠老天保佑我，脱口说出点什么来应付啦，因为我知道，老天爷每回都能保佑我，让我的嘴巴脱口说出合情合理的话来。

我走到半路，那些狗就朝我扑过来，先是一条，接着又一条，我当然停下了脚步，我的脸冲着它们，一动也不敢动啦。它们那汪汪的叫声可真吓人！一转眼工夫，我就像根车轴似的让它们围在中间啦，那帮狗成了车条，它们有十四五条，把我团团围住，伸长脖子，探出鼻子冲着我，又是吼，又是叫，越来越多的狗朝我跑过来，有的从栅栏外面跳进来，有的绕过屋子跑过来。

一个黑人妇女手里拿着擀面杖，从厨房里急匆匆跑出来，嘴里大声嚷着："滚开！虎子！你也滚开！花花！都滚开，咻！"她给这条狗一棍子，那条狗一棍子，打得它们哀号着跑走了，别的狗也跟着散了。

过了一会儿，半数的狗又跑回来，围着我摇尾巴，跟我亲热起来。狗倒是不会记人的仇。

这时，从这个女人身后走出一个黑人小女孩和两个黑人小男孩儿，他们身上只穿着麻布衬衫，藏在妈妈身后偷偷看着我，孩子们总是这么一副害羞的样子。

这时候，一个白种女人从屋里跑出来了，她年纪在四十五到五十岁，头上什么也没戴，手里拿着纺线锤，她身后跟着几个白种孩子，举动跟那些黑人孩子一模一样。她满脸笑容，乐得不知道该怎么办了，说："是你呀，终于来了！——可不是吗？"

我想也没想就应了声："是的，你好。"

她一把拉住我使劲地搂抱，接着又紧紧抓住我的双手，摇了又摇。她眼眶里流出泪水，顺着脸蛋直往下淌。她抱我一阵，摇我一阵，简直没完了，嘴里还不停地嚷着："你长得不像你妈，跟我想得不一样，天哪，我可不管这些。能见着你我多高兴呀！好好让我亲亲，让我亲亲，我真想把你吞到肚子里去。孩子们，这是你们的表哥呀！快来问好吧。"

可那些孩子都不好意思地把脑袋低了下去，还把手指头塞到嘴巴里，藏到她身后去。她还是喋喋不休地说啊说：

"欧里希，快给他做上一顿热腾腾的早饭——孩子，你在船上吃过早饭没有？"

我说在船上吃过早饭了。她就拉着我的手进屋去，孩子们都跟在后头。我们进屋后，她把我安顿在一把用木条钉成的椅子上，自己也坐在我面前的一个矮凳上，她拉住我的双手，说："现在我能好好看看你啦，我的上帝哦，这些年来我一直想看看你，这下总算见到啦！我们已经等了你两三天啦。你怎么耽搁了这么久？船搁浅啦吗？"

"是啊，老太太，船……"

"别再叫我老太太——管我叫莉萨姨妈吧。你的船怎么搁浅的？"

我实在不知道该怎么说啦，因为我不知道船是打上游来的，还是打下游来的。可是我喜欢相信我的直觉，我的直觉告诉我说，船应该是打下游往上开的——从下游往新奥尔良方向开。不过这帮不上我多少忙，因为我根本就不知道下面那些沙洲的名字。我看我得编造上一个沙洲的名字，要不就推说忘了船搁浅的那个沙洲的名字了——要不——我突然有了个主意，就说：“耽搁时间不是因为搁浅，搁浅只耽搁了一小会儿。是因为船上的一只气缸盖炸了。”

“我的天哪！上帝，伤到人了没有呢？”

“好好的，一个都没有伤，姨妈。只是死了个黑人。”

“噢，还算走运。有时候可真够伤人的。前年过圣诞节那天，你的姨父坐一条旧船从新奥尔良上来，船上的一只气缸盖炸了，把一个人炸成了残废。我估计那个人后来死了。他是个浸礼教徒。你姨夫认识一个住在上游的人家，那家人跟那个人很熟悉。对啦，我想起来了，他真的死了。他的腿感染后得了坏疽，大夫只好锯掉他那条腿，可是也没救了他的命。

“不错，是坏疽，是这个词。他全身都变得又青又紫，死的时候，心里还希望能死而复生。他们都说他死的时候，那模样才吓人哪。你姨夫每天都要到镇子上去接你。现在又去了，走了还不到一小时，他这会儿该回来啦。你在路上肯定见着他了，是不是？——他是个上了年纪的人，手里带着……”

“没有，我什么人也没见到，莉萨姨妈。船是天刚放亮的时候到的，我把行李放在趸船上，到镇子上和外面转了转，打发时间，免得来得太早，所以我是从后面进来的。”

“你把行李交给谁啦？”

“没交给谁。”

“哦，我的孩子，那是会给人偷走的。”

“我藏的地方不错呢，我看不会被人偷走。”我说。

“那么早，你哪能在船上吃过早饭了呢？”

这下子我又有点悬啦，我说：“那个船长看见我站在那儿，就告诉我上岸前最好吃点东西，所以他就把我带到最上面那一层，让我跟船上的人一起吃饭，我吃了个饱，姨妈。”

我觉得越来越慌张，连话都听不清楚了。我心里老打那几个孩子的主意，想把他们拉到一旁，问问我应该是个什么人。可我就是没有机会。

费尔罗斯太太老是拉着我唠叨个没完，话越说越快。过了一会儿，她说了几句话，把我惊得脊梁骨一阵发冷，她说：“我们只顾了拉闲话，你还没有说说姐姐呢，也没说说她家的人呢。那我就歇歇，你给我说说吧，把他们的事儿都告诉我，说说每个人都怎么样，都在干些什么，他们想要你跟我说什么，你能想到什么就说什么吧，孩子。”

哎呀，我知道这下子我碰上麻烦了，遇上大麻烦了。老天一直对我关照，到现在一直没出什么岔子，可这下子我简直就像条搁了浅的船，动弹不了啦。我觉得再也不能这么假装下去了，我非得举手投降不可。我心里想，这次我得硬着头皮讲实话。

我张开嘴巴刚要说，突然她抓住我，把我推到床背后，说：“他回来了！把头低下去——好，就这样，他看不见你啦。别让他知道你在这儿，我要跟他开个玩笑。孩子们，你们也不许多嘴呀。”

我明白这回可下不了台啦，可是着急也没用，现在没什么办法好想，只能藏着不动，等着忍受雷鸣电闪吧。

那个老先生进门的时候，我刚好匆匆瞥了他一眼，然后那张床就把他挡住了。费尔罗斯太太紧跑几步朝他迎上去，问：“他来了吗？”

“没有。”那位丈夫说。

“上帝哦！”她说，“他究竟出了什么事啦？”

“我想不出，”老先生说，“说实在话，这事害得我提心吊胆的。”

“提心吊胆！”她说，“我可要急疯了！他一定已经到了，准在路上错过他了。我看肯定是这么回事，我有这个感觉。”

“你这是怎么啦，我的莉萨，我在路上不可能错过他呀——你还不知道吗？”

“可是，天哪，天哪，姐姐知道了会怎么说呢？他准是到了！你一定跟他错过了。他……”

“好了，别再折磨我啦，我已经够难受的了。我根本不知道这他妈的是怎么回事。我也不怕人说我，反正我实在什么办法也想不出来了。我心里都吓怕了。可是，别指望他来了，因为他来了我不可能见不着的。莉萨，这事太可怕了——实在太可怕了——船准是出事了！”

“嗨，你看！往外面看哪！——瞧那路上！——不是有人来了吗？”

那男人一下子朝床头那边的一扇窗户扑过去，这下费尔罗斯太太的机会来了。她赶忙弯着腰到床的这一头，拉了我一把，把我拽出来。

他转过身来的时候，她满脸堆着笑，乐得脸都红了，红得像着了火的房子。我就傻呆呆地站在她身边。那个老先生瞪着我，问：“咦，这是谁？”

“你猜是谁？”

“我可猜不出。是谁呀？”

“就是汤姆·索亚哦！”

我的天，我惊得几乎要找个缝钻到地板里面去，可现在已经来不及要花招了。那位老先生上来抓住我的手，使劲摇个不停，那个女人乐得在我们周围手舞足蹈，又是笑，又是嚷。接着他们俩冲着我问个不停，把那一家人全都问到了。

他们高兴得要命，可如果比起我来呀，那可就算不得什么了，因为我觉得就像是再次转世到这个世界上来一样，我终于明白我扮的是什么人了，我真是太高兴了。他们一连问了我两个来小时，最后，我的嘴巴累得都张不开了，我把自己家里的事说得太多了——我是说索亚那一家的事儿——比六个索亚家发生的事也多。

我还把那条船在白河口上气缸盖爆炸的详细情况说得有板有眼，还说我们花了三天工夫才修好。这个谎话编得可真是呱呱叫，因为他们根本就不知道这种东西要花多长时间才能修好。我就是说坏了几个螺丝钉他们也会相信的。

这时候，我一边觉得非常惬意，一边又觉得坐立不安。冒充汤姆·索亚倒是很不错的，挺自在的，后来，我听到一个小轮船哼哧哼哧叫着向下游开去，我心里就想，如果汤姆·索亚坐这条轮船来，怎么办呢？他说不定什么时候就会走进来，如果看见我，不等我使个眼色就叫出我的名字，那可怎么办哪？哎呀，我可不能让事情闹到那种地步，那绝对不行的。我得到大路上去，在半道截住他。

于是，我就对他们说，我要到镇子上去拿回我的行李。那老先生说要跟我一道去，我说不用了，我自己会驾马车的，我不想给他添麻烦。这下，我就从我那姨妈家又出来了。

第三十三章

驾上马车，我就往镇子那边走，走到半路，迎面来了一辆马车，上面坐的果然是汤姆·索亚，我就把车停下等他过来。我喊了声：“站住！”他的车就停在我的车旁边，只见他把嘴张得像口开了盖的箱子似的，他完全地惊呆了。

后来，他像个渴坏了的人一样，咽了两三口唾沫，才对我说：“我可从来没干过害你的事呀。小子，这你可是知道的。你的鬼魂干吗还要缠住我不放呢？”

我就说：“我根本就不是什么鬼魂，我根本就没死呀，汤姆。”

他听了我的话，这才安心了一些，可他还是不怎么踏实，说：“我可没捉弄过你，你也别捉弄我呀。说老实话，你真的不是个鬼魂吗？”

“我说的是实话，我不是鬼魂。”我说。

“哦……我……我……哦，这么说应该是没问题啦。可我还是怎么也弄不明白。告诉我，你原本就没让人害死吗？”

“我根本就没让人害死，那是我在捉弄他们呢。汤姆，你如果不信，就过来摸摸我好了。”

他就过来摸了摸我，这下他才放了心。他又跟我见了面，高兴得不知道该怎么好了。他马上就想知道事情的全部经过，因为那是段了不起的冒险经历，而且还挺神秘的，正合他的胃口。

可我说，以后再告诉你吧。我告诉他的车夫等一等，我们把车赶开一点，我把我现在的为难情景讲给他听，问他觉得我们该怎么办才好。他说，让他先想一想，先别打扰他。他就一直想啊想啊。

很快，他说：“好啦，我有办法了。把我的箱子搬到你的马车上，就装成是你自己的，你赶上车慢慢回去，回到家的时间应该显得像是往返一趟应该用的时间。我到镇子上去兜兜风，然后从那儿回去，到家的时间在你回家后一刻钟到半小时以后。我刚到的时候，你就装作不认得我。”

我说：“好吧，不过，等一等。还有一件事，这事除了我谁也不知道。这儿有个黑奴，我想把他偷出来，不让他做奴隶——他就是基姆——就是奥恩小姐的那个基姆。”

他说：“什么！基姆，怎么回事……”

他停下来考虑一下。我就说：“我知道你想说什么。你会说，这可是件卑鄙下流的事情，可这又有什么关系呢？我本来就是个卑鄙下流的人嘛。我要把他偷出来，我要你保守秘密，别声张出去。好不好？”

他的眼睛闪亮了一下，说：“我帮你把他偷出来！”

一听这话，我大吃一惊，活像是挨了一枪。这可是我一辈子听到的最令我吃惊的话了。我简直要说，汤姆·索亚在我的眼睛里也堕落了。我简直不能相信，汤姆·索亚也成了个偷黑奴的家伙了！

“好了，别胡扯啦，”我说，“你这可是在开玩笑。”

“我不是开玩笑，是真的呢！”

“那好吧，”我说，“不管是不是开玩笑，你如果听人说起个逃出来的黑奴，就当根本不知道这么回事，我也不知道这么回事。”

说完，我们把箱子搬到我的马车上，他的车就走了，我驾上我的车走。可我一高兴，再加上脑袋里想个不停，当然就忘了该让马走得慢点才对，所以我到家的时间比本来该用的时间短得多。

老先生正站在门口，说：“哎呀，这可真神啦。一匹母马居然能跑这么快。如果我们给它记记时间就好了。它连一点汗都没出，一根毛都没湿。真是太了不起啦。现在就是有人出一百块，我也不卖这匹马啦，说实话，我真不卖了，以前我还想把它十五块钱卖掉，以为它就值这么个价。”

这就是他说的话。他是我见过的最天真的老好人了。可这也并不奇怪，因为他不光是个农民，还是个牧师呢，在这片种植园后面有个木头造的小教堂，那是他掏自己的腰包盖起来的，又是教堂又是学校，他讲道从来不收人钱，而且讲得还非常地道。在南方，有很多这样的人，又当农民又当牧师。

大约半小时以后，汤姆的马车就来到前面的梯墩跟前。莉萨姨妈从窗户里看见了，因为那儿只隔着五十来米。她说：“哟，有人来了！这是谁呀？我看这是个外乡人。吉米琦（那是一个孩子的名字），快去告诉厨房，吃饭的时候多准备一副盘子吧。”

大家一齐朝正门跑过去，因为不是年年都有个外乡人来拜访的，所以一个外乡人来了能引起人们极大的兴趣，人们乐得就像害了黄热病似的。汤姆已经跨过阶梯，朝房子这儿走来，那马车已经掉头朝镇子上跑回去，我们大家都挤在大门跟前。

汤姆·索亚对这种情景可是最感兴趣的。他身上穿着他的新衣裳，周围又有这么多人瞧着他，遇到这种情况，他可以摆出很多应场的神气派头来。他可不会像头羊羔一样羞答答走进院子，他那副大方神气的派头活像一头公羊。

他走到我们面前的时候，把帽子轻轻摘下来，放在手上，那种斯文讲究的样子就别提了，好像那顶帽子里装的是一只正在睡觉的蝴蝶，他生怕把蝴蝶给弄醒。他说："我想您就是博尔德斯先生吧。"

"不是，我的好孩子，"老先生说，"我看你的马车夫把你骗了，博尔德斯的家离这儿还有三里来地呢。请进来，先请进来吧。"

汤姆扭头向后面看了一眼，说："太晚了。"

"是啊，他走远啦，孩子，你一定要进来跟我们一起吃饭，吃过饭我们套上车送你到他家去。"

"啊，我可不能给你添这么多麻烦，我想，我走着去，路远算不了什么。"

"我们绝不能让你走着去——这不是我们南方人的习惯。快进来吧。"

"噢，一定要进来，"莉萨姨妈说，"这一点儿也不麻烦，根本谈不上是什么麻烦。你一定得歇一歇脚。那段路又远又脏，我们不能让你走着去的。再说，我一见你来，就告诉他们为你准备了一套盘子啦，所以你不该让我们扫兴的。快进来吧，一起吃饭，别客气。"

于是，汤姆就热情礼貌地向他们道谢，听从了他们的劝说，走了进来，进屋以后，他说他是打俄亥俄州的来的，他的名字叫汤普森，说完他又鞠了一躬。

这下子，他滔滔不绝地说开了，说起希克维尔小镇，还编造出许多那里许多人的事情，我听得越来越着急，不知道这对我的计划有什么帮助，最后，他一边说，一边凑到莉萨姨妈跟前，在她嘴上亲了一下，这才舒舒服服坐回到自己的椅子上，他打算继续说下去。

可是姨妈一下子跳了起来，用手背抹了一下嘴，说：

"你这个小东西好大的胆子！"

他显出一副受了委屈的样子，说：

"太太，您这可真让我吃惊啦。"

"你这……嗨，你把我当成什么人啦？我本来好心好意让你……说，你竟然来亲，安的是什么心，你？"

他装出一副可怜巴巴的样子，说：

"我什么心也没安，太太。我不是有意要伤害你的。我……我以为你喜欢这样呢。"

"你这个天生的坏小子！"她抓起纺线锤，看那样子，她好不容易才忍住，没拿那东西揍他。

"你凭什么以为我会喜欢让你亲？"

“噢，我也不知道。只是，他们……他们……告诉我说，你喜欢的。”“他们告诉你我喜欢！跟你说这话的人一定跟你一样，也是些疯子。我可从来没听说过这种荒唐事。那是些什么人？”

“嗨，就是大家呗。他们都是这么说的，太太。”

姨妈费了好大的劲才忍住没上去揍他，气得眼睛直眨巴，手指头动了又动，好像要上去挠他几把似的。她说：

“大家是什么人？把他们的名字说出来，要不我就揍你这傻瓜。”

他站起来，显出很难受的样子，两只手笨拙地摆弄着帽子。过了一会儿，他说：“对不起，我没想到会这样。他们告诉我叫我亲的。他们都叫我亲的。他们说，亲亲她，她会高兴的。他们都是这么说的，每个人都这么说。可是，太太，对不起啦，我再也不敢了，真心话，再也不敢了。

“你不敢了，是吗？我想你也不敢了。”

“真不敢了，太太，我说的是真心话，我以后再也不了。除非你先求我。”

“除非我先求你！这种荒唐事我打娘胎里出来就没见过！你就是活到上帝那把的年纪，也别指望我会要你这种家伙亲。”

“唉，”他说，“这可是没想到的事情，我实在觉得莫名其妙。他们说你喜欢的，我也以为你喜欢。可是……”他停顿了一下，缓缓朝周围看了一圈，好像能从别人眼里得到同情似的。他跟老先生的眼光碰上了，说：“你不觉得她喜欢我的亲吻吗，先生？”

“怎么这么问，我……我……这个嘛，我相信她不喜欢。”

接着他又把脑袋转向别人，看见了我，说：“汤姆，你是不是觉得莉萨姨妈应该张开胳膊，说：‘西德·索亚……’

“我的老天！”她打断他的话，跳起来，朝他冲过去，“你这个冒失的小坏蛋，把人哄得好苦……”说着就要搂他，可他却退了两步，说：“不，除非你先求我。”

于是她急忙求了他，然后紧紧搂着他亲啊亲的，没个完，后来又把他送到老人面前，让他也沾了点光。等他们再次安静下来以后，她说：“哎呀，这真是个喜出望外的事，我可怎么也没料到。我们只知道汤姆要来，可根本不知道你也会来的呀。姐姐在信上只说是他一个人要来的。”

“本来是打算让汤姆一个人来的，”他说，“可后来我一遍一遍央求，到了最后要走的时候，她才让我也跟着来，在船上的时候，我跟汤姆商量着要开个大玩笑让你们吃上一惊，叫他先来，我耽误一阵，然后扮成个过路的外乡人再来。这下可出了岔子，姨妈。一个过路的外乡人到你们这儿来可不受欢迎呀。”

“不欢迎，不欢迎你这么个淘气包，西德。该让你挨上几个耳光才对呢。我已经有不知多久没这么发过火啦。可我不在意，虽然你们把我骗得够呛，可是只要你们能来，就是再开一千个这样的玩笑也没关系。你们这个把戏耍得可真妙！说老实话，你那么猛地嘬了我一口，可真把我给吓了一跳。”

我们就在房子和厨房中间那个宽敞的走廊里吃饭，桌上摆的菜肴多得够五个家庭吃个饱，而且都是热气腾腾的。根本没有我们那种咬不动、嚼不烂的肉，没有在地下室搁上一个晚上，第二天早上又冷又硬，像一块老牛排似的东西。

姨夫要人们在吃饭前做了一段长得要命的祷告，可是也还算值得，做完祷告饭菜也一点儿没被晾冷，不像我以前经常见人们做的那种废话祷告，把饭菜都晾得冷冰冰的。

整整一个下午，大家聊个不停，我和汤姆一直注意听，可根本就没有用，他们就是没提到逃跑的黑人，我们也不敢把话往这上面拉。不过，吃晚饭的时候，一个小男孩儿问他爸爸：“爸爸，能不能让汤姆和西德带我去看表演？”

“不行，”老人说，“我看根本就没有什么表演，就算有，你们也不能去，因为那个逃跑的黑奴把那两个坏蛋的把戏都告诉我和立顿了，立顿说，他要去告诉大家，所以我猜想，到这阵子，他们已经把那两个不要脸的二流子从镇子上赶走了。”

够他们受的！——这可不能怪我。他们让汤姆和我睡在同一个屋里的同一张床上，我们说累了，所以，吃过晚饭，道了晚安后我们就上楼去睡觉。可是我们俩从窗户爬了出去，顺着避雷线溜下去，急忙往镇子上走去，因为我想没人会给国王和公爵报信的，如果我不赶紧的话，他们准得遇上麻烦。

一路上，汤姆把人们猜想我被人杀的情形都告诉了我，还说了我爸爸不久以后失踪了，再也没回来，还讲了基姆的逃走在镇子上如何轰动了一阵。我就把那两个演“皇家奇兽”的坏蛋全讲给他听．还抓紧时间说了些在木排上的事情。

我们到了镇子上，正走在大道中段的时候——大概是八点半——对面来了一群怒气冲冲的人们，他们手里拿着火把，敲着锅盆，吹响喇叭，拼命地嚷叫，像疯了似的拥过来。我们俩连忙躲到一旁，让他们过去。

他们走过去的时候，我们看见国王和公爵浑身抹满了臭油，粘满了羽毛，骑在木杠子上，给人抬着游街呢。虽然我知道那是国王和公爵，可他们那副惨相根本连点人样儿也看不出来了，活像两根大鸡毛掸子。我看了觉得怪恶心的，心里替两个可怜的坏蛋难受，好像觉得不再记恨他们了。那种情景叫人看了真害怕。

我们知道来得太晚了——什么忙也帮不上。我们向几个看热闹的打听，他们说人们都装出什么事也不知道的样子去看戏，不声不响地打好了埋伏，等到那个可怜的老国王在台上蹦来蹦去演到一半的时候，有人打了个暗号，全场的人都跳起来，扑向他们。

然后，我们就慢吞吞地往回走。我不像来的时候那么着急了，虽然这事跟我没关系，可我还是觉得心里难受，好像干了什么对不起人的事一样，觉得抬不起头来。

一个人的良心好像总是在跟自己过不去，不管做错了事还是没做错，心里总觉得别扭。人的良心在身上占的地方比肠子肚子占的地方要多呢，可实在什么用处也没有。我的朋友汤姆也那么认为。

第三十四章

一路上，我们俩不说话了，心里琢磨起来。

过了一会儿，汤姆说：“哦，哈克，我们真傻，怎么就没想到基姆在哪儿！我敢打赌，我知道啦。”

“我真的没想到过！你说在哪儿？”

“就在灰漏旁边那间小屋里。听我跟你说，我们吃饭的时候，你没看见有个黑奴端了些吃的东西去过那儿吗？”

“看见啦。”

“你以为那些吃的东西是给谁的？”

“给狗呀。”

“我也是这么想的。可那不是给狗吃的。”

“为什么？”

“因为有西瓜。”

“是有西瓜，我也看见了。噢，我真傻，怎么就没想到狗不吃西瓜。看来人有时候真是太笨了哦。”

“当时，那个黑奴打开一把锁进了门，出来的时候又把门锁上了。我们吃完饭的时候，他交给姨夫一把钥匙，我猜就是那把钥匙。送西瓜就表示那里有人，锁门表示里面关着个逮住的人，在这个大家都挺和气善良的小种植园上，不大可能有两个人同时被关起来。里面关的就是基姆。好啊——我很高兴我们用侦探的办法弄明白了。我不相信有其他可能。现在，你想个偷基姆的计策，我也想一个，谁的主意好就按谁的办。”

一个孩子能有这么机灵的脑瓜，多了不起呀！我如果有汤姆·索亚的脑筋，给我什么我也不换，不管是让我当公爵，当轮船上的大副，当马戏团的小丑，还是我知道的什么其他角色，我都不会换的。

我开始想办法，不过只是想出个怎么干的办法，我心里知道得很清楚。他能想出最好的主意，转眼间，汤姆问：“想好了没有？”

“想好了。”我说。

“好，说出来吧。”

“我的计策是这样的，”我说，“要搞清楚基姆是不是在里面很容易。明天晚上我们把小船打捞上来，把我的木排从沙洲那儿划过来，只等第一个漆黑的夜晚到来的时候，等老头儿上床睡觉以后，把钥匙从他口袋里偷出来，带上基姆划上木排开溜，晚上赶路，白天歇脚，就跟我们以前一样。这个主意好不好？”

“当然好啦，就像老鼠准会打架一样。可就是太他妈的简单了，没味儿。这种半点刺激也没有的计划有啥意思？简直像馊牛奶一样没味儿。我说，哈克，这就像闯进肥皂厂偷肥皂一样，不会引起人们什么议论。”

我什么也没说，因为我准知道他就会这么说的。我还明白，他如果打好了主意，那肯定是个挑不出毛病的好办法。他就把计策告诉我，我马上就看出，要说刺激，他的计策比我的高明十五倍，不但像我的计策一样能让基姆得到自由，还能让我们都冒着生命危险。我觉得很满意，说应该马上就动手。在这儿，我就先不说啦，因为我知道他的主意不会固定不变。我们如果干起来，一有机会，他就会再耍出各种花样来的。后来他果然就是这么干的。

不过，有一点是肯定的，那就是，汤姆·索亚真心想帮我偷出那个黑人，好让他不再当奴隶。这一点可真让我觉得想不通。他这样的孩子本来很体面，又有教养，干了这事会损害他的身份，他家人可是都有身份的呀。他这人挺聪明，根本不是呆头傻脑的；他知道得挺多，不是那种糊涂蛋；他不但不卑鄙，而且心眼儿挺好。可他干起了这种勾当，根本就不顾体面，不分好赖，也不考虑人情，宁愿在大家面前自己丢脸，给自己家丢脸。这我实在是搞不懂啦，因为这事简直不合情理。

我们是知心朋友，我知道我一定得讲给他听，让他干脆别干下去了，免得丢了他的面子。所以我就开口告诉他，可他要我住嘴，说："你以为我不知道自己在干什么？我以前干什么自己心里最清楚不过了。"

"没有。"

"我没说过要帮着偷出那个黑奴？"

"说过。"

"这当然啦。"

他就说了这么些，我也没再问。我知道再多问也没用处，因为他说要干一件事，就非干不可。不过我还是不懂他为什么愿意搅进这种事情里来，我只好不再问，再也不费心琢磨这事了。既然他非干不可，我也没法阻拦他。

到家的时候，房子里一片漆黑，什么声音也没有，我们就到靠灰漏的那间小屋那儿去侦察。我俩穿过院子走，想看看那些狗听见我们会怎么样。它们都认识我们，所以没有大声叫，只是像乡下的狗在晚上听见有东西靠近时那样叫了两声。

我们到了那间小屋跟前时，查看了它的正面和两个侧面，在我先前没看到过的一面——北面——我们发现一个离地挺高的方窗口，上面钉着一块厚实的木板。我说："这就是条路子。如果我们把木板撬开，这个洞大得足够基姆爬出来。"

汤姆说："这就跟下五子棋一样乏味，也像逃学一样无聊。哈克・芬，我希望我们用比这个复杂些的办法。”

“那好吧，”我说，“那就把木板锯开放他逃出来，怎么样，就像我那回要的遭人杀害的把戏一样？”

“这主意还比较像样，”他说，“很神秘的，而且也挺费事，不错。”他说，“不过，我有个办法，能多费两倍的工夫。别着急，我们先看看周围的情况再说。”

在这个小屋和栅栏中间，紧靠在小屋的房檐下有一个用木板搭成的小棚屋。这棚屋跟小屋差不多长，不过挺窄的，只有六英尺左右。棚屋的门开在南头，上面有一把挂锁。汤姆走到肥皂锅边，在周围找了一圈，拿来一根他们挑开锅盖用的铁家伙，他就用这东西撬开一根骑马钉。链子掉了下来，我们就打开门走进去，把门关上后，划着一根火柴，这才发现棚屋只是靠着那小屋搭起来的，两个屋子没有门相通。棚屋里没有地板，除了几个锈巴巴的旧锄头、旧铁锹、旧镐头和一把坏犁，别的什么也没有。火柴灭了，我们就走出来，把骑马钉插进原来的窟窿，门又像原来一样锁得好好的。

汤姆乐了，说：“这下子我们有法子啦。我们挖个地洞把他救出来。这要花大概一个礼拜呢。”

然后我们就回大房子里去，我从后门进去——他们不把门锁死，只要拉一根鹿皮做的条子，就能把门闩弄开——可是汤姆・索亚觉得这种办法不够浪漫，他非要顺着避雷线爬回去不可。他爬了三回，都是爬到中间就泄了气，摔下去，最后一回险些把他的脑袋都给摔碎，这下他觉得非放弃不可了，可是他休息了一会儿以后，说是还要再碰一回运气，结果还真爬上去了。

第二天早上，天一亮我们就起床，到黑人住的小房子那里，去逗逗狗儿，跟那个给基姆送东西吃的黑人套近乎——其实，我们还不清楚他是不是真的给基姆送东西吃呢。黑人们吃完早饭，就要准备下地去了，给基姆送饭的那个黑人正往一个平底锅里摆上面包、肉和别的食物，其他人就要走的时候，有人从大房子里送来了钥匙。

这个黑人脾气不错，脸上显得傻乎乎的，他的卷发用线扎成一绺一绺的，这是为了避邪。他说，这几个晚上许多妖怪缠着他，他总是能看见各种奇形怪状的东西，听见各种稀奇古怪的声音，他说，这辈子从来没让妖精缠得这么厉害过。他被弄得坐立不安，可是怎么也摆脱不了这种麻烦。他把该干些什么都给忘记了。汤姆就问：“这些吃的东西是干什么用的？喂狗的吗？”

这个黑人脸上渐渐泛开一团微笑，那样子就像朝泥糊糊里扔了块砖头似的。他说：“是啊，西德少爷，喂狗。还是只稀奇的狗呢。你想去看看他吗？”

“想看。”

我推了汤姆一把，压低声音说：“你打算大白天的上那儿去？我们可不是这么计划的呀。”

“不是这么计划的，没错。不过现在我们就这么计划吧。”

他这家伙就这么个脾气，我们一起朝那儿走，可我打心眼里不想去。我们进去后，几乎什么也看不见，因为里面那么黑。基姆当然在里面啦，他可看见我们了，大声叫起来：“哎呀，哈克！我的天哪！那不是汤姆先生吗？”

我早知道会这样，原来就想到了。可我还是不知道该怎么办，就是知道，也来不及了，因为那个黑人立刻就插嘴问：“噢，上帝！他认识你们两位先生吗？”

这时候，我们的眼睛能看得挺清楚了。汤姆盯住那个黑人，脸上露出奇怪的表情，问：“谁认识我们？”

“就是这个逃跑的黑奴呀。”

“我看他不认识我们的，你脑袋里怎么会有这么个怪念头呢？”

“我怎么会有这么个怪念头？他刚才不是大声叫你们，看样子好像认识你们。”

汤姆就露出费解的样子，问：“嘿，这就怪了。谁大声叫来着？什么时候叫的？叫什么来着？”他转过身，特别平静地问我，“你听见这个黑人说话啦？”当然，我除了一句话，别的什么也不能说，我就说：“没听见，我没听见有人在说话。”

然后他转向基姆，装出从未见过他的样子，问：“你大声叫过吗？”

“没有呀，老爷，”基姆说，“我啥也没叫过，老爷。”

“一句话也没说？”

“是的，我什么都没说，老爷。我什么也没说过。”

“你以前见过我们没有？”

“没见过，老爷。我可想不起在哪见过您。”

汤姆又转向那个黑人。那黑人显得又慌张，又苦恼。汤姆摆出一副严厉的样子对他说：

“你说你这是怎么回事呀？你怎么就能觉得有人大声叫过？”

“唉，他们总是缠着我，简直要把我缠死啦。我实在害怕死了。又是那些妖精在作怪，我是真的不想活啦。求你千万不要告诉别人，要不老爷准得骂我，因为他说，根本就没有什么妖精。我倒希望他就在这儿，看他有什么话好说！我看他这回可没办法解释啦。事情总是这样，犟脾气的人永远犟，他们自己就不想搞清楚事情，等你弄清楚了，告诉他们，他们又不信。”

汤姆给了他一毛钱，说，我们谁也不告诉，还嘱咐他多买些线，把头发多扎几个结。然后他望着基姆说：“不知道姨夫是不是要吊死这个黑奴。我如果逮回个不懂得感恩，还要逃跑的黑奴，我可不会发好心，我非得把他绞死不可。”

等那个黑人走到门口去用牙咬那个硬币，看是不是真货，汤姆就趁机悄悄对基姆说：“别显出认得我们的样子。晚上如果听见有人在挖地洞，那准是我们。我们要把你救出去。”

基姆刚刚抽空攥了一下我们的手，那个黑人就回来了。

我们对那黑人说，如果他愿意，我们还可以和他一起再来的。他说他愿意，特别是在天黑的时候，他最愿意的，因为妖精们在天黑的时候缠他是最凶的，如果身边有人，对他可是件好事。

第三十五章

这时候离吃早饭还有差不多一小时呢，所以我们俩就到树林里去了，因为汤姆说，挖洞的时候得有点光亮才成，点上灯太显眼，说不定会惹麻烦，所以一定得用些能发出鬼火的朽树枝，放在黑暗的地方，它们能发出幽暗柔和的光亮来。我们拣了一堆藏在野草丛里，这才坐下来歇口气，汤姆有点儿不满意，他说：“真该死，这事整个都太简单，太乏味了。要搞出个费事点的计划，还真他妈的费事呢。本来该有个守门的，可就是没有，所以也没法把他毒死。就连个看门狗都没有，想给狗吃蒙汗药都没门。

“还有，基姆是用一根十英尺长的铁链锁在一条床腿上的，嗨，只要把床抬起来，脱下铁链就把他救出来了。另外，姨夫什么人都信赖，派人把钥匙交给那个傻头傻脑的黑人，也不派个人盯着他。基姆早就可以从那个窗洞里逃出来，只不过是腿上拖着根十英尺长的链子不方便。

“唉，我说哈克，这可真是个最愚蠢不过的主意了。我们非得自己制造困难才成。没办法，我们只好尽量用已经有的东西凑合啦。反正有一点是肯定的——只有在克服一连串困难和危险以后，把他偷出来，那才光彩呢。既然人家没尽心给我们提供这些困难和危险，我们只好靠自己的脑瓜制造啦。就说点灯吧，冷酷的现实是，我们不得不假装点灯有危险，不是吗，我相信，就是我们明火执仗地干，也没问题。说到这个，我想起来了，一有机会，我们就得找个东西来制造锯子。”

“我们要锯子干吗？”

“我们要锯子干吗？难道我们用不着把基姆的床腿锯断，好把他的铁链脱下来？”

“你刚才不是说过，只要把床抬起来就能把铁链脱下来啦？”

“嗨，哈克·芬，只有你这种人才会想出这么简单的办法。你这办法简直像个小孩子想出来的，简单透顶啦。你难道什么书也没念过？——伦克多男爵、亨利四世，写他们的书你全没念过？还有其他英雄豪杰的书也都没看过？谁听说过用这种没出息的办法把一个囚徒放走的？不能这样，最有名望的行家都是把床腿锯成两截，还让那床腿保持原样，把锯末吃下肚子，免得给人发现，再朝锯断的地方抹上些油污和脏东西，好让眼最尖的看守也看不出一点破绽来，还以为床腿仍然是好的呢。

“然后，等到一切都准备好的那天晚上，一脚把床腿踢断，脱下铁链，就成了。然后只要把绳梯挂在城堡的雉堞上，溜下去就成了，在护城壕里把腿跌断——你该知道，那绳梯太短，还差十九英尺哪——马和忠实的臣子们正在底下等着，他们就飞快地把越狱的囚徒抬上马鞍，一溜烟就跑回老家朗基多克或者瓦尔纳或者不管什么地方去了。哈克，那才是妙不可言呢。如果这个小屋周围有一道护城壕就好了。如果逃跑的那天晚上有时间的话，我们就挖它一道护城壕。”

我说：“我们要一道护城壕干什么，不是要在小屋底下挖个地洞把他偷出来吗？”

可他根本就没听见我的话。他把我和周围的一切都给忘了。

他用手托着下巴，正在考虑呢。过了一会儿，他叹了口气，摇了摇头，又叹了口气，说：“不成，这还是不行——没有必要这么做。”

“没必要做什么？”我问。

“噢，不必把基姆的腿锯掉。”他说。

“上帝呀！”我说，“你说些什么呀，根本就没必要这么干吗。你到底为什么想要把他的腿锯断呀？”

“这个嘛，有些最高明的行家就这么干过。他们弄不断铁链子，所以就干脆把手剁掉，逃走。锯断腿当然就更好了。可我们得打消这个主意，在这种情况下不必这么干。再说，基姆是个黑人，他不明白这么干的道理，也不明白欧洲的风俗，所以我们只好算了。不过，他得有条绳梯才成，我们只要把床单撕开，替他编上条绳梯就行了，很容易的。然后我们可以把绳梯藏在馅饼里给他送去，人家都是这么干的。比这更难吃的馅饼我也吃过。”

“哎呀，汤姆·索亚，你这又是在说些什么呀，”我说，“基姆要绳梯根本就没用处哪。”

“他用得着的。你最好问自己，你自己这是说些什么呀，你什么都不懂。他非得有条绳梯不可，人家都有的。”

“他要那玩意儿有什么屁用？”

“有什么屁用？他可以把它藏在床上，是不是？人家都是这么干的，所以他也得这么干。哈克，你这人总是想不按规矩办事，总想要点新花样。他用不着绳梯又怎么样？那绳梯不是留在床上了吗？他逃走以后，人们不是可以把这当作一条线索吗？你以为人家不想要线索吗？当然想要啦。你连一点儿线索也不想给人家留下？那可未免太难了！我可从来没听说过这种事。”

“好吧，”我说，“既然有这么个规矩，他非得有条绳梯不可，那就给他弄条绳梯吧，因为我不想违反规矩，不过，汤姆·索亚，有一件事你可得明白——如果我们撕了床单给基姆做绳梯，我们可没办法对付姨妈了，这是明摆着的事。

“我的想法是，用核桃树皮做个绳梯没什么花费，什么也不浪费，不是也照样能放进个馅饼里去，也能藏在草垫子下面，跟你说的布条做的绳梯一样用。至于基姆，他根本就没有经验. 所以他不会在乎什么做的绳梯……”

“噢，得了吧，哈克·芬。我如果像你一样愚昧，我就什么也不说——根本就不开口。谁听说过一个政治犯用一根核桃皮做的绳梯逃跑的？这简直能把人笑死。”

“那好吧，汤姆，就照你的办法干，可你要听我的劝告，你得让我从晾衣裳的绳子上借上一张床单。”

他说，那没问题。这一来，他又有了个主意，说：“再借上件衬衫。”

“我们要衬衫干吗，汤姆？”

“好让基姆在上面写日记呀。”

“写狗屁的日记，基姆根本就不会写字。”

“就算他不会写字，如果我们再用旧的白铁勺或者一根旧木桶的铁箍给他磨成一支笔，他总可以在衬衫上面画点记号什么的，不是吗？”

“哎呀，汤姆，我们可以从鹅身上拔根毛，给他做支笔嘛，那样做的笔更好，还挺省事。”

“你这个笨蛋，地牢旁边又没有鹅跑来跑去，他上哪儿去拔鹅毛？他们总是用最结实、坚硬、难弄的铜蜡烛台，或者手头能弄到的这类东西做笔的，而且还得花上好几个礼拜，甚至得好几个月才能做好，因为他们只能在墙上磨。就是有鹅毛笔，也不用，因为这不合规矩的。”

“那好吧，可我们用什么给他做墨水呢？”

“很多人是用铁锈和眼泪弄在一起做的，不过那是些平庸之辈和女人们的办法，最了不起的行家用他们自己的血当墨水。基姆就可以这么干，如果他想传出点神秘的消息，如让别人知道他被关在什么地方了，他就可以在一个白铁盘子底上，用叉子蘸上血写上字，从窗户里丢出来。那可是个非常好的办法呢。”

“基姆可没有白铁盘子。他们是用锅给他送饭的。”

“那没什么关系，我们可以给他送去几个。”

“可是谁也不认得上面画的东西呀。”

“那也没什么关系，哈克·芬。他只要写在盘子底上，扔出来就行了。人们没必要非看懂不可。犯人写在盘子底上或者其他地方的东西，人们多半是认不得的，不是吗？”

“既然这样，浪费那些盘子干吗？”

“嗨，见鬼，反正盘子不是犯人的呗。”

“可盘子总是有主儿的呀。”

“嗨，就算有吧，那又怎么样呢？犯人管他是谁的……”

他说到这儿就打住了，因为我们听见有人在喊我们吃早饭了，所以我们就朝大房子跑去。

那天上午，我从晾衣裳的绳子上借了一张床单和一件白衬衫，我又找到一条旧口袋，把它们装进去，我们俩出去把有鬼火的朽树枝也放进去。我把这叫“借”，因为爸爸老是这么叫的，汤姆说这可不是什么“借”，这是“偷”。他说，我们是替犯人干的，犯人们可不在乎东西是怎么来的，而且人们也不会为这种事责备他们。犯人偷点越狱用的东西算不上犯罪，汤姆就是这么说的，他有权这么干，既然我们是代表犯人的，我们完全有权在这儿偷哪怕只有一丁点用处的东西，以便从监狱里逃出去。

他说，假如我们不是犯人，那可就完全是两码事了。除了犯人以外，只有下流无耻的家伙才会偷东西。所以，我们就认为，我们有权在这儿顺手牵羊偷任何东西。

不过，这以后的一天，我从地里偷了个西瓜吃了，他却跟我大吵大闹了一场，他要我去给那些黑人一毛钱，也不告诉我是为什么。汤姆说，他的意思是，除了我们需要的东西之外，什么也不能偷。我就说，我需要吃个西瓜。可他说，越狱逃跑用不着西瓜的，问题就在这儿。他说，如果我打算在西瓜里藏上一把刀，把它偷偷送给基姆，让他杀看守，那就没问题。他这么一说，我也就不计较了。可我看出，当犯人的代表没什么好处，因为每次有了个偷西瓜的机会，都得坐下来仔细考虑许多不同的差别。

噢，话又说回来，那天早上，我们一直等到大家都去干活，院子里连个人影也没了，汤姆就把那只口袋拖到那个棚屋里，我站在外面给他放哨。后来，他出来了，我们就坐到木柴堆上去商量。

他说：“现在什么都准备好了，只差工具了，不过这事好办。”

“工具？”我问。

“对。”

“做什么用的工具？”

“这还用问吗，挖土的工具呀。我们总不能啃个洞把他救出来吧。”

“那个棚屋里的旧镐头什么的还不能用来挖个洞，把黑人救出来吗？”我问。

他扭过头看着我，显出一副非常可怜我的样子，让我看了直想哭。他说：“哈克·芬，你什么时候听说过，一个犯人要想逃跑，衣橱里还放着镐头、铁锹之类高级挖洞装备的？我倒要问问你——如果你还算有点头脑——照你的办法干，还算什么英雄好汉？那还不如干脆把钥匙借给他，让他拿钥匙开门出去好了。镐头和铁锹——哪有这么好的事，就是个国王，他们也不给。”

“那么，”我说，“如果我们不用镐头和铁锹，用什么？”

“用两把长刃刀就行。”

“用那东西在小屋地上挖坑？”

“是啊。”

“见鬼，汤姆，那是犯傻。”

“犯不犯傻没关系，这可是正统的办法——而且是老规矩。凡是说起这种事情的书我全都看过，根本就不知道还有什么别的办法。他们总是用一把长刃刀来挖，你要知道，还不是挖土，是挖硬邦邦的石头。那可得花上好些礼拜，乃至成年累月不停地挖呀挖才成。想想关在监狱里的那些犯人吧，他们中间就有一个这么挖了条地道逃出来了。你知道他花了多长时间？”

“不知道。”

“猜猜嘛。”

“我猜不出。一个半月吧。”

“三十七年！最后他是从东方的中国钻出去的。那才够刺激呢。如果我们这个城堡是用石头造的，那该有多好啊。”

“基姆到了中国可是谁都不认识呀。”

“那又有什么关系？其他人到了那儿也一样呀。你这人老是打岔，怎么就不往主要问题上想呢？”

“好吧——他从哪儿出来我不管，只要他能出来就成，我猜，基姆也不会在意。但是还有一件事——基姆如果用刀挖洞跑出来可就太老了。他活不了那么久的。”

“不，他能活那么久。你不会以为在土地上挖个洞也要三十七年吧？”

“那得多久呢，汤姆？”

“我们不能冒险挖那么长时间，因为用不了多久，姨夫就会得到新奥尔良的回音了。他会知道基姆并不是打那儿逃出来的。下一步，他就会把基姆拍卖掉，或者用类似的办法把他打发掉。所以我们不能用本来应该用的那么长时间挖洞救他出来。

“我想，我们本来该用上两年时间才对，可我们没那么多时间。现在的情况捉摸不定，所以我建议，我们马上动手挖，越快越好，等事情办妥了，我们心里就假装是挖了三十七年好啦。一旦情况紧急，我们可以马上把他弄出来，赶快送走。对，我看这才是最好的办法。”

“这还有点道理，”我说，“假装又不花什么本钱，假装什么事也不费，如果用得着，哪怕要我假装是用了一百五十年，我也没说的。我已经把手插进来了，所以一点儿也不觉得难受。那好吧，我现在赶快去偷两把长刃刀来。”

“弄三把来，”他说，“我们得把其中一把做成锯子。”

“汤姆，我不知道这合不合规矩，也不知道是不是犯忌，”我说，“那间熏肉用的屋子后面的护墙板底下，正好插着一截断的锯条呢。”

汤姆显得又烦躁又灰心，说：“我的哈克，真够可怜的，我要想教会你干点事，可真是对牛弹琴白费口舌。快去弄三把刀来吧。”

好吧，我既然答应了他，我就照办了。

第三十六章

那天晚上，我们估计人们都睡着了，就马上顺着避雷线溜下去，钻进那个棚屋，把门关上，掏出那堆能发出鬼火的朽木棍，动手干起来。我们沿着靠墙的那根横木，腾出四五英尺宽的地方。

汤姆说，他这时正在基姆的床后面，我们就从这儿往下挖，等挖通了，谁也不会看出底下有个洞，因为基姆的床单几乎垂到了地板上，只有撩起床单往下看，才能发现这个洞。我们就用那两把刀挖呀挖，一直挖到快到午夜的时候，我们都累了个半死，手上都磨起了水泡，可是，好像看不出挖了多少。最后我说："这可不是三十七年干得了的活儿，汤姆·索亚，这得干三十八年呀。"

他一声不吭。后来他叹了口气，不挖了，他有好大一阵子没动静，我知道他在琢磨呢。后来，他说："不能这么干，哈克，这么干行不通。我们如果是犯人，这么干倒是行，因为我们有的是时间，而且一点儿也不着急，每天只能在看守换岗的时候挖上几分钟，那样的话，我们的手就不会起泡，我们可以一年一年地挖下去，照规矩干准没错。可是我们不能那么傻干，得赶快才行，我们不能耽搁时间。我们如果再这么干上一个晚上，就得休息一个礼拜，手上的泡才能好，要不然的话，手疼得都不敢动挖土的刀。"

"那你说我们该怎么干，汤姆？"

"我会告诉你的。本来这么不对，也是个缺德的事儿，我实在不愿意这么说，可也没别的法子好想。我们得用镐头挖，就假装是用长刃刀挖好啦。"

"这才是句正经话！"我说，"汤姆·索亚，你的脑筋越来越清楚了，什么缺德不缺德，干这活儿就得使镐头。我才不管什么狗屁的德行不德行。我要偷个黑人，或者偷只西瓜，或者在天主学校偷本书，我才不在乎怎么偷呢，我要的是黑人，是西瓜，是天主学校的那本书，如果伸手就能拿到镐头，我就用镐头挖洞偷出我的黑人，偷个西瓜，偷到天主学校的书，别人对我的行动怎么想，关我的屁事。"

"唉，"他说，"既然这样，用镐头假装也还说得过去，要不然我可不赞同，也不能眼睁睁看着规矩让人给破坏掉。对的就是对的，错的就是错的，只要一个人不是愚昧无知的，就不该犯错误。你可以用镐头挖洞救基姆，心里不把它当成刀子，因为你什么也不懂，可我不行，因为我懂得多。你快把把刀递给我。"

他的刀就在自己的手里，可我还是把我的刀递给他。他把刀甩在地上，说："递给我刀呀。"

我真的不知道该怎么办啦。可是我想了一下，就在那堆旧工具里拖出一把鹤嘴锄，递过去。他接过去，一声没吭就动手干起来。他就是这么个古怪的家伙，满脑子的规矩。

于是我也拿起一把铁锹，我们俩一个刨一个铲，轮流着来，干得飞快。我们坚持干了半个来小时，后来累得再也干不动了，不过挖得坑倒挺像个洞口。

我上楼以后，从窗户里朝外望，看见汤姆正拼命抓着避雷线往上爬。他爬不上来，两只手都酸困得要命。最后他说："这样不行，上不去。你觉得我该怎么办？你到底有没有办法？"

"有啊，"我说，"可我的办法不合规矩。走楼梯上来，心里假装是顺着避雷线爬上来的不就行啦？"

他真的就这么上来了。

第二天，汤姆从房子里偷了把白铁勺子和一个铜蜡烛台，想用来给基姆做写字用的笔，还偷了六根蜡烛。我就在黑人的小房子那边转来转去，想瞅空偷三只白铁盘子。汤姆说不够用，可我说，基姆把盘子扔出来，谁也不会看见的，因为盘子会掉进窗口下面的野茴香和曼陀罗草丛里，然后，就能捡回来让他再用。

汤姆对这个计划觉得很满意。他说："现在的问题是怎么把东西给基姆送去。"

"等洞挖通了，"我说，"从洞里给他送去。"

他脸上露出看不起人的神色，还说这种傻主意可从来没听人说过，说完他就仔细琢磨开了。过了一阵子，他说已经想出两三种办法，可是现在还用不着决定该用哪一种，还说我们得先告诉基姆才行。

那天晚上，我们带了一支蜡烛，在十点多就顺着避雷线爬下去，在那个窗口听了一会儿，听见基姆在打呼噜，我们把蜡烛丢进去，可是没把他惊醒。接着，我们就抡起镐头和铁锹不停地挖，大约挖了两小时就把洞挖通了。

我们从基姆的床下钻进小屋里，四处摸了一阵，才找到那支蜡烛，把它点上，照着基姆看了他一会儿，看见他身子挺结实健壮，我们轻轻把他叫醒。他见了我们高兴得险些喊起来。他管我们叫宝贝儿，还用能想得出来的各种亲热的名字叫我们。

基姆要我们找一把凿子来，赶紧把他腿上的铁链凿断，好赶紧逃走，千万不能耽搁。可是汤姆却告诉他说，这可根本不合规矩，他坐下来把我们的计划讲给他听，还告诉他说，一旦情况危急，我们可以马上改变计划，所以一点儿也用不着害怕，因为我们能保证让他逃走的。基姆也就同意了。我们坐在一起谈了一阵过去的事情。

后来汤姆又问了基姆好些问题，基姆告诉他说，那个姨夫每一两天就来陪他做祈祷，莉萨姨妈也来看他，问他舒服不舒服，吃的东西够不够，两人对他都好极了。汤姆说："这下我知道该怎么办了。我们可以托他们给你带几样东西来的。"

我说："千万别那么干，我还从来还没听见过这么傻的主意。"可他就是不听我的话，接着说个不停。他一旦打定主意，谁都别想拦他，他从来都是那样的一个人。

他告诉基姆说，我们要瞒着那个给他送饭的黑人，给他送来夹带着绳梯的馅饼和其他较大的东西，他可得当心才成，打开的时候也别让那个看他的黑人看见。

还说，我们要把一些小东西搁在姨夫的口袋里，他必须偷出来才行，我们有机会还要在姨妈系围裙的带子上拴上点小东西，或者放在她的围裙口袋里，然后我们要告诉他那是些什么东西，用来干什么。又告诉他怎样用自己的血在那件衬衫上写日记，等等。

他把什么也告诉他了。基姆对他说的话多半弄不懂，可是他想，我们是白人，比他知道得多，所以全都听从了，说一定按汤姆说的那么办。

基姆有好几只用玉米棒芯子做的烟斗，还有些烟草，所以我们聊得非常痛快。后来我们从洞里爬出去，回去睡觉，两手已惨不忍睹，都像给什么东西啃过似的。汤姆兴致高极了。他说这是他一辈子觉得最有趣的一次，也是最富有智谋的一次。

他还说，他要想个办法，把这个游戏继续玩下去，要玩一辈子，甚至要把基姆留给我们的后代去救，因为他相信基姆习惯了会越来越喜欢这个游戏。他说，那样的话，这个游戏肯定能拖上八十年，能打破以前的纪录。他说，凡是干过这事的人最后都会出名。

早上，我们到木柴堆那儿去，把铜蜡烛台砸断，弄成合适的长度，汤姆把这些碎片和那个白铁勺装进口袋里。我们就上黑人住的房子里去，趁他不注意，汤姆把铜蜡烛台的一个碎片塞进搁在基姆盘子里的一块玉米面包里，然后我们跟他一起去，想看看结果怎么样。

果然不出所料，基姆一咬，险些把牙齿全都给磕断，什么也不会比那东西更厉害。汤姆自己也是这么说的。基姆就假装说是一块小石头什么的，玉米面里常有那种东西的。打那以后，他吃什么东西都要先用叉子在三四个地方扎一扎，这才敢用牙咬。我们正在那儿站着呢，突然从基姆的床底下跑出两条大狗，接着一条又一条都爬了出来，一共钻出十一条，挤得我们气都喘不上来了。真糟糕，我们忘记关上棚屋的门子了。那个黑人只喊了一声“妖怪来了！”就瘫倒在狗堆里，昏过去了，嘴里还哼哼个不停，好像要死的样子。

汤姆一把拉开门，把基姆的一块肉扔出门外，狗全都冲出去抢肉，眨眼工夫，他自己也冲出门外，然后又回来，把门子关上，我知道他把另一扇门也关上了。他走到那个黑人跟前，拍他，哄他，问他是不是又胡思乱想，看见什么东西了。

那黑人站起来，眨巴了几下眼睛，看了看周围，说：“西德少爷，你会说我是个傻瓜，可我明明看见成千上万条狗，还有鬼，还有其他东西，我如果说瞎话就让我马上死掉。我看得清清楚楚。少爷，我摸到它们啦——我摸到它们了呀，少爷，它们把我包围在中间。他妈的，如果我能捉住一个该多好呀，只要捉住一个就行，我就是想捉一个。可我也希望它们别再来给我捣乱，真的。”

汤姆说：“唉，把我的想法告诉你吧。你知道他们干吗在这个逃跑出来的黑奴吃早饭的时候来吗？那是因为他们都饿了，就是这么回事。你做上块妖精吃的大馅饼，你只能这么办。”

“可是老天爷呀，少爷，我怎么会做妖精吃的馅饼呢？我可不知道怎么做的。我还从来没听说过这种事呢。”

“那好吧，我自己来做。”

“你来做，宝贝儿？——你乐意做？那我可要给你下跪了，真的。”

“好吧，看在你对我们不错的面子上，我就做一回，你带我们来看这个逃跑的黑奴。可你得特别小心。我们到这儿来的时候，你得把身子背过去，不管我们在那锅里放了什么，你一定得假装没看见。基姆把锅里的东西拿出来的时候，你不能看——因为说不定会出点什么事的，我也不知道是什么事。最要紧的是，那块给妖精吃的东西你可千万不能动手摸。”

“动手摸？我的西德少爷，我哪儿敢哦。你就是给我千千万万块钱，我也不敢动它一手指头的，你放宽心就是了。”

第三十七章

这回好了，什么都安排好了。然后我们就走开，到后院的废物堆那儿去。他们把旧鞋子、破烂、碎玻璃瓶、旧罐头，还有各种废物都扔到这个地方。我们在那儿翻腾了半天，找到个破铁盆，想方设法把盆底的窟窿都堵住后，用来烤那块馅饼。

然后我们到地下室去，偷了满满一盆面粉，这才去吃早饭。后来又找到两根钉木瓦用的钉子，汤姆说，犯人用它写下自己的名字和狱中的悲伤故事真是太方便了。到餐厅后，汤姆看见姨妈的围裙正搭在椅背上，就把它丢进围裙的口袋里，我们把另外一根钉子插进姨夫搁在梳妆台上的帽箍里，我们这么做是因为听到孩子们说，爸爸和妈妈这天上午要去看那个逃跑出来的黑奴。完事以后，我们就去吃早饭，汤姆把那个白铁勺子悄悄丢进姨夫的上衣口袋里，莉萨姨妈这时候还没来呢，所以我们还得等一等。

她过来的时候，气得满脸通红正发火呢，简直等不及听完吃饭前的那段祷告，就一只手毛手毛脚地倒咖啡，用另一只戴着顶针的手敲打手边一个孩子的头，嘴里嚷着："我上上下下都找了个遍，哪儿都没找到，你那件衬衫到底上哪儿去啦？"

我的心吓得直往下沉，肯定是掉到肺呀肝呀还有其他什么东西里面去了，正在这时候，玉米面饼的一片硬壳掉进我的喉咙，我一声咳嗽，结果就像颗子弹一样给发射出来，划过桌子上空击中对面一个孩子的眼睛，打得他立刻把身子弓得像条挂在钓鱼钩上的蚯蚓，嘴里还大吼一声，足有冲锋陷阵时喊得那么响亮。

汤姆紧张得满脸发青，紧张气氛过了一阵子才平定下来。如果有人哄我，恐怕我马上就会把事情全抖露出来。可是过了那个关头，也就没事了。冷不防听见说起衬衫的事，把我们吓得浑身直打冷战。

姨夫说："这事可太怪了，我简直弄不懂。我记得清清楚楚把它脱下来了，因为……”

“因为你身上只穿着一件。听听你这个人说的什么话！我也知道你脱下来了，而且比你那颗一团乱麻的脑袋知道得更清楚，因为它昨天还在晾衣裳的绳子上来着——我亲眼看见的。可现在却没了——说来说去就是这么回事，你只好穿那件红色法兰绒的，等我腾出手来再给你做件新的。这可是两年内我给你做的第三件啦，光伺候你穿衬衫就会把我活活累死的，我实在想不出你怎么那么糟践衣裳。”

“这我知道，莉萨，我尽量留心来着。可这也不能全怪我呀，因为，你看，只有衣裳穿在我身上我才能当心，不是吗？而且，就是衣裳不穿在我身上的时候，我也没丢过一件。”

“怎么，因为没丢过衣裳，就不算你的错，上帝！我看，那是因为你没机会丢，要不准得丢很多呢。现在还不只丢了一件衬衫，有一把勺子也不见了，原来有十把勺子，可现在呢，只剩九把了。我看衬衫是给小牛叼走了，不过牛儿绝对不会叼走勺子的。”

“嗨，莉萨，还丢了什么？”

“还丢了什么？——有六支蜡烛也不见了。肯定是老鼠拖走的，我看真的没错。你嘴上总是说要堵老鼠洞，可就是不动手。它们如果不那么傻的话，准会上你的头发里睡大觉——还让你永远发觉不了。可是丢了勺子，总不能怪老鼠吧，这我倒没有看错。”

“好吧，莉萨，我承认，是我的错。是我太大意了，我明天一定要把老鼠洞全堵住。”

“哦，我才不着急呢，明年也行。”

莉萨阿姨用顶针对着那孩子猛地一击，那孩子半点儿也不敢耽搁，一下子就把她的小爪子从糖罐子里缩回去了。正在这时候，一个黑女人走到过道上说：“太太，有一条床单也不见了。”

“一条床单又不见了！噢，我的上帝呀！”

“我今天就堵老鼠洞。”姨夫说。他有点愁眉苦脸的。

“好啦，闭上你的嘴！——老鼠会把床单拖进洞去？那又丢到哪儿去了呢？”

“上帝呀，这我可说不上，莉萨太太。昨天它还在绳子上晾着呢，可现在就不见了，不在那儿会去哪呢？”

“我看这个世界的末日到啦。我自打生下来就没经见过这种怪事。一件衬衫、一张床单、一把勺子、六支蜡烛……”

“太太，”一个脸色暗黄的小女孩跑过来说，“一个铜蜡烛台也不见了。”

“快给我离开这儿，你这个贱货，要不我就用铁锅砸你！”

唉，她简直被气疯了。我心里开始想着要找个机会，偷偷溜到树林子里待上一会儿，等这场风暴平息下来再说。她自顾自地大发牢骚，闹得沸沸扬扬，其他人只好一声不吭，乖乖待着任她发火。

最后，姨夫显出一副难为情的样子，从口袋里把那把勺子掏出来。她呆住了，张口结舌，手也停在半空中不动了。这可简直把我给吓死了，我真想找个地洞钻进去。

可是紧张气氛没多久就结束了，她说：“我早就想到是这么回事。这么说你一直把它装在口袋里，别的东西也都在口袋里面吧？怎么会到了你的口袋里呢？”

“我可真的是不知道，莉萨，”他挺难过地说，“要不然我还不告诉你？我想，我准是在仔细读第十七章的经文时，没注意把它给装进来的，我还当是把《圣经》装进来了呢，准是这样的，因为我的《圣经》不在口袋里。哦，我回去看看，如果《圣经》还在原来的地方，那就是我没把它装进口袋里，结果把勺子拿起来……”

“噢，看在上帝的分上，快让人歇歇吧！快走吧，你们全都给我走开，不许到我跟前来，听见了吗。”

姨妈就那么低声自言自语，我也能听见她在说些什么，更不消说她是大声嚷出来的。我就是个死人，听见她这话也会赶紧起身躲开。我们穿过起居室的时候，姨夫拿上他的帽子，那根钉木瓦的钉子滚落在地板上，他一点儿也不觉得奇怪，只是弯腰把钉子拾起来，放到壁炉架上了，他什么话也没说就走出去了。

一切事情，这都让汤姆看见了，想起那勺子的事，他说：“不能再靠他送东西了，他不可靠。”然后他又说：“不过那只勺子的事儿，他不知不觉帮了我们个大忙，我们也帮他个忙，也不要让他知道——堵老鼠洞。”

地下室的老鼠洞可真多呀，我们俩花了整整一小时才把洞都堵上，不过我们干得可真好，漂亮得很。结束了，我们才听见台阶上有脚步声，就连忙把灯吹灭，藏起来。下来的是姨夫，他一只手拿着根蜡烛，另一只手拿着一大包别的东西，脸上的神气还是以前那种心不在焉的样子。他在四处停下脚来，这儿看看，那儿瞧瞧，直到把每个老鼠洞都察看了一遍，然后，他站了有五分钟光景，手里掰着淌在蜡烛上的烛滴，寻思着。

后来，他慢慢转过身，有点神色恍惚地朝台阶走去，嘴里说着："嗨，就是要了我的命，我也想不起什么时候干的这事。现在总算能让她相信，老鼠叼走东西不能怪我啦。唉，算了——随它去吧。我看跟她说也没有用。"

说完，他嘴里咕哝着摸索上了台阶，我们也跟着离开了。他可真是个老好人，一个好人。

汤姆弄不到勺子，慌得什么似的，可是他说，我们非得弄一把不可，于是他又琢磨开了。主意想好以后，他就告诉我该怎么干，然后我们就走到放勺子的小筐子跟前，专等姨妈来，汤姆一把一把数好放到一旁，我趁机往袖子里藏了一把，汤姆就说："怎么回事呀，莉萨姨妈，还是只有九把。"

她说："快去玩你们的吧，别打扰我。我比你们清楚的，我数过的。"

"嘿，我数了三遍，姨妈，数来数去还是九把呢。"

她不耐烦了，但是她当然要再数一遍的，碰到这种情况，谁都会再数一遍的。

"我的上帝，真的只有九把！"她说，"这是怎么回事呀，这是见鬼了吗？不成，我得再数一遍。"

我连忙把袖子里那把悄悄放回去，她数完后说："这些倒霉东西真可恶，现在又成了十把啦！"她显得心烦意乱。

可是汤姆却说："哦，我的姨妈，我可不信有十把。"

"你这个小傻蛋，我数的时候你没看到？"

"我倒是看到了，可是……"

"好吧，我再数数看。"

我趁机又偷走一把，结果她数了数又跟刚才一样成了九把。她气得浑身发抖，眼泪都要流出来了，简直是快要气疯了。她数了一遍又一遍，一直数得头昏脑涨，有时候把搁勺子的小筐也当成勺子数了，就这样有三回数目是对的了，另外三回又不对了。

后来，她一把抓起小筐摔出去，正砸在对面的一只猫身上，把那猫砸得直叫唤，她要我们都滚开，让她清静清静，她还说，我们如果吃午饭前到她面前来胡搅蛮缠，她就扒了我们的皮。

我们这才把那只多余的勺子弄到手，趁她对我们发号施令的时候，把它丢进她的围裙口袋里。不到中午，基姆就得到了勺子，还有那根木瓦钉。我们对这个把戏觉得很满意。

汤姆说，这样的有意思的事，就是多花一倍的工夫也不吃亏，因为，就是要了她的命，她也不可能两次都数成一样的了，就是数对了，她也不相信自己。

汤姆还说，等她再数上三天，搞得头昏脑涨，以后谁要敢让她数勺子，她肯定得跟那人拼命。

那天晚上，我们把那条床单又送回晾衣裳的绳子上，接着又从柜子里偷了一条。我们就这么送回去，又偷出来，一直闹腾了两天，弄得她再也弄不清原来有多少条床单了。她说她根本就不操这份心，再也不为这种倒霉事弄得魂不守舍了，她还说，她宁肯死也不去数那些该死的床单了。

现在，我们没事了，由于那头小牛和那些老鼠帮忙，外加弄得姨妈数得头昏脑涨，床单、衬衫、蜡烛和勺子都蒙混过去了，至于那个蜡烛台，什么事也不会有的，过几天就会没事啦。

不过，那个大馅饼实在是费事的，我们为了那块馅饼费了数不尽的麻烦。我们跑到树林里去烤饼，最后总算烤好了，而且还特满意，这可不是一天就可以弄完的，我们用了满满三盆面粉，才算烤好，结果身上有好几个地方给烫伤了，眼睛也给熏得快要看不见了，你该知道，我们是想烤一个中间空的大饼，可是怎么也不能让它发起来，它总是要瘪下去。

后来，我们想了个好办法，那就是把绳梯夹在大饼里烤。第二天晚上，我们跟基姆待了一夜，一起把床单撕成一条一条，用来搓绳子，没等天亮，我们就搓好一条很漂亮的绳子，要吊死一个人都没问题。在心里，我们假装用了九个月的时间。

上午，我们把绳子拿到树林里，可就是没办法把它弄进饼里，那是用整整一条床单做成的绳梯，如果往饼里塞，足能塞满四十只大饼，另外还能剩下不少做汤，或者做香肠什么的。

我们根本用不着那么多东西。我们只要够装饼就行了，所以就把多余的都扔掉了。我们没有用那个盆子烙饼，怕把焊锡给烧化了。姨夫有一个心爱的宝贝，是个用来暖被窝的长把子铜盆，因为那是他祖先留给他的东西，还是他们跟着征服者威廉大帝坐“五月花号”或者其他什么古船，从英国来的时候带来的呢，所以他把那东西当成宝贝，跟别的不少贵重旧锅和乱七八糟的贵重东西一起藏在阁楼上。

其实，他那东西本来没什么贵重的，只不过是个古董。我们就把那东西偷偷带出来烙饼用，可是最初几只饼都烙坏了，因为我们不懂该怎么做。不过最后一只还是烙得不错的。我们拿来这个长把子铜盆，在它里面的一圈贴上面团，放到火上烤，接着把绳子装进去，再往上面盖上面团，捂住盖子，又在盖子上堆了些红炭来烤。我们拿着那个长把子，站在五英尺以外，又凉快，又舒服。

十五分钟以后，饼烤好了，让人看着很满意的。可是吃这块馅饼的人非得带上两桶牙签才行，如果那根绳梯不把他噎得半死，就算我全是在瞎说，他吃了这饼，肚子准得疼到不能动，下次再一见到那饼肚子还会条件反射一样地疼呢。

我们把这馅饼放进基姆的锅里时，纳特没有看，我们说是给妖精吃的。我们还把那三只白铁盘子藏在锅底，这下，基姆什么都有了。

等剩他一个人的时候，基姆就把绳梯取出来藏在草垫子里，还在一个白铁盘子底下瞎胡划了两道，从窗洞扔了出去。

第三十八章

做锯子很麻烦，做那几支笔，可是件叫人伤脑筋的苦活儿，基姆却觉得写那几个字是最难不过的事情了，就是犯人们常常在监狱墙上写的那几个字。可是没这些字又根本不行，汤姆说，不能不写，因为没有哪个政治犯逃跑前不在墙上留下几个字的。

“你想想吧，”他说，“你还不明白吗，哈克，就算麻烦不小，又有什么办法呢，你总不能不干吧？基姆非写这几个字不可，非画个徽章不可。历史上的人物逃跑的时候都是这么干的，你难道没在书上看过吗？”

基姆说：“嗨，汤姆少爷，我根本就没有什么徽章呀，我只有这么件旧衬衫，你看，我还得在上面写日记呢。”

“噢，你不懂，基姆，纹章徽记是另外一种东西。”

“唉，”我说，“基姆说他没有徽章，这话没错，因为他确实就是没有嘛。”

“这个我当然知道，”汤姆说，“可是你得想明白，他从这儿逃出去以前，总得有个徽章的，因为这样他逃跑才算是光明正大，在他的记录上，才不会留下污点。”

于是，我和基姆就用半头砖磨笔，基姆用铜片磨，我用勺子磨，汤姆就琢磨徽章的事。过了一会儿，他说，他想出许多好图案，都不知道该选哪个好了。

后来，他决定选其中一个。他说：“在盾形图案中画上一条弯弯的线，就画在右边下面，在盾形中央横线上用紫色画个X，照普通样子画上一只蹲着的狗，脚下画上条铁链，表示奴役，在中央横线和弯曲的底边之间，画上几个小图形，比如那种用后脚站起来的狮子，上部画上锯齿花边，用翠绿色画成山形，在天蓝色的底子上面三条方锯齿线，另外再画上一个逃跑的黑人，浑身都画成黑色的，左方横杠就是他的棍子，他扛着他的包裹，再画两条红色直线代表支持者，那就是你和我，末尾写一句格言：‘欲速则不达。’这是一本书上说过的，意思是：越着急，越跑不快。”

“哟，”我说，“那另外那些东西又是什么呢？”

“现在没时间操那份心啦，”他说，“我们赶快接着干吧。”

“不管怎么说，”我说，“多少让我知道一点儿嘛。什么是中央横线？”

“中央横线——中央横线就是——你用不着知道什么是中央横线的。等他画到那儿的时候，我会教他怎么画。”

“瞎说，汤姆，”我说，“我想你该告诉我，左方横杠有什么意思？”

“唉，我也不知道，可他得画上才成。那些是贵族都有的东西。”

他就是这么个人。如果他不想跟人解释个什么，他就是不会说的，即使你缠上他一个礼拜也没用。

他把徽章的事儿想好以后，就开始完成剩下的活儿，那就是写几句伤心的话，他说基姆应该像那些人一样有这么几句话的。他想出好几句，把这些话写在纸上，大声念给我们听，大概是这么说的：

1. 这里有一个囚徒的心要破碎了。

2. 这里有一个被世人和朋友遗忘的囚徒，他在悲伤中煎熬。

3. 这里有一颗孤独破碎的心，一个饱经磨难的灵魂被囚禁三十七年后终于得到安息了。

4. 路易十四的私生子无家可归、无亲无友，在这里煎熬了辛酸的三十七年后，不为人知的高贵灵魂已经消逝了。

汤姆念这几句话的时候，声音颤抖，差点儿都要哭出声来了。念完以后，他简直决定不了该选用哪条写在墙上好了，每条都那么好。

最后，他决定把它们都画到墙上去。基姆说，要让他用钉子把这么多笔画都刻在圆木墙上，肯定得花上一年时间，另外，他连怎么写字母都不会呢。可是汤姆说，他要为他先轻轻画上个模板，基姆只要在上面顺着描出来就行了。

过了没多久，他说："这种圆木造的墙根本就不成，想想看，地牢哪有用圆木造的？我们得在石头上刻这些字。我们弄上块石头来。"

基姆说，石头比圆木更费劲，如果在石头上刻字，要花不知道多长时间，他这辈子也别想出去了。可是汤姆说，他会让我帮他干的。然后他看了一眼我们俩手里的活儿，看我们的笔磨得怎么样。这个活儿可真是乏味单调透了，干起来又慢又累人。手上磨起了泡，又没法子换个地方，磨了半天一点儿也没有什么结果。

汤姆就说："我有办法了。反正我们得把徽章和那些伤心的话刻在石头上，我们只要弄来一块石头，就能一举两得。锯木厂那儿有块挺不错的大磨盘，我们把它偷来，在上面又能磨笔，又能刻徽章和字。"

主意很不错，那个磨盘也够大的，可我们还是决定把它弄来。这时候，还不到半夜，我们就让基姆留下来干活，我们跑去偷磨盘。我们把磨盘偷出来，滚着往回推，那可是个费劲得要命的活儿。

有时候，我们使出最大的力气，可就是不能防止它往一边倒，它随时都可能碾在我们身上。汤姆说，不等我们把它弄回去，这东西准得伤着我们俩中的一个。推到半路，我们都累得半死，浑身的大汗多得足能把人淹死。我们看出自己根本弄不回去，就回去喊基姆来。

他抬起床，把铁链从床腿上抹下去，绕在自己的脖子上，我们一起爬出洞，到了那个地方，基姆和我推着那磨盘，一点不觉得费劲。汤姆就在一旁指挥。他比我见过的哪个男孩儿都更会指挥，他就是什么都懂。

我们挖的那个洞不小，可磨盘还是过不去，基姆抡起镐头刨了没几下，就把洞挖大，把它弄过去了。接着，汤姆就用钉子在上面画出要刻的东西，让基姆干，把那根钉子当凿子使，又从棚屋找着一根门闩当锤子。汤姆要他干到那半截蜡烛快要点完的时候再睡觉，要把磨盘藏在草垫子下面，躺在上面睡觉。

然后，我们帮他把铁链套回到床腿子上，就准备回去睡觉。可是汤姆忽然想到个事儿，就说："你这儿有蜘蛛没有，基姆？"

"没有，谢天谢地，幸亏没有，我的少爷。"

"好吧，我们给你捉几只来。"

"天哪，宝贝儿，上帝祝福你，我可不要那东西。我害怕蜘蛛。我宁愿要响尾蛇也不要蜘蛛。"

汤姆想了一两分钟，说："这主意不错。我看这事以前有人干过。准有人干过，因为挺合情合理。是啊，真是个好主意。你把它养在哪儿？"

"养什么，汤姆少爷？"

"还用问吗？响尾蛇哦。"

"哦，我的上帝哦，汤姆少爷！如果这儿来了条响尾蛇，我一定能用脑袋把那木头墙撞个窟窿冲出去。"

"你这是怎么啦，基姆，你用不着害怕它的，过不了多久，你就能把它养熟啦。"

"养熟它！"

"对呀——这太容易啦。动物都是知道好歹的，只要对它们好，跟它们亲热，它们就不会伤人。书上都是这么说的。我只要求你试一试，先试两三天再说。用不了多久，你就能把它养熟，它会喜欢你，还会跟你一块儿睡觉，一分钟也不跟你分开，它还会让你把它缠在脖子上，把它的脑袋钻进你嘴里。"

"求求你，汤姆少爷，别说啦！我实在受不了啦！它会要我答应它让它把脑袋钻进我的嘴巴里！它就是等多长时间，我也不让它钻进我的嘴里，再说啦，我可不要跟它一块儿睡觉。”

“基姆，你别犯傻。一个犯人总得养个特殊动物作宠物的，以前还没人养过响尾蛇，你第一个试着养，不是很有意思吗？如果干别的事情，即使就是丢了脑袋也别想得到这么多的光彩。”

“哎呀，汤姆少爷，我可不要这种光彩。蛇会把基姆的下巴咬掉的，哪儿还有什么光彩呀。不，我可不干这种事。”

“真该死，叫你试一试还不行？我只是要你试一试，如果不行也用不着一直干下去啊。”

“我试的时候，蛇如果咬了我，那我倒省得活受罪了。汤姆少爷，什么太不尽情理的事儿，我都愿意试试，可是，你和哈克如果把一条响尾蛇弄到这儿来，让我把它养熟，那我就得离开这儿，那是肯定的。”

“好啦，好啦，你的脑筋如果这么不开窍，那就算啦。我们给你捉几条菜花蛇来，你在它们尾巴上拴上些纽扣，就假装是响尾蛇，我看，那准行吧。”

“这还行，汤姆少爷，可是我跟你说，没有它们我会过得更好。我以前还从来没听说过，当个犯人还有这么多让人操心的麻烦呢。”

“要想当得好，从来就免不了。你这儿有老鼠没有？”

“没有，少爷，我从来没看见过。”

“那我们就给你弄上几只来。”

“哎呀，汤姆少爷，我不要老鼠。那东西可讨厌啦，人要睡觉，它们就弄得东西沙沙响，还爬过来咬人的脚。不，少爷，如果非给我弄来个动物不可，就捉几条菜花蛇来好啦，可别弄来老鼠，我要它们没用，真的没用。”

“可是基姆，你不能没有老鼠——犯人都有的。你就别再唠叨了。犯人没有老鼠做伴，谁听说过这种事呀。他们训练老鼠，跟老鼠亲热，教它们要把戏，它们就跟人相处得像苍蝇跟人一样好呢。不过，你得对它们弹琴才行，你有什么能奏乐的东西没有？”

“我什么也没有，只有一把粗木的梳子、一张纸还有一个口拔琴，不过我看它们大概不会喜欢听我的琴吧。”

“它们会喜欢的。它们才不在乎是哪种音乐呢。对老鼠弹口拔琴，够它们享受的了。所有的动物都喜欢听音乐，监狱里的动物就更喜欢音乐，尤其是悲伤的音乐，其实你那琴也就弄不出别的音乐来。它们对这个很感兴趣，会跑出来看你有什么伤心事。你有这东西可真不错。

“还有，你应该在晚上睡觉前和早上起床后，坐在床边吹上一阵你的琴，你就吹《意断情绝》那个调子，准能把老鼠引出来，准比什么都更吸引它们。你弹上两分钟后，就能看见老鼠、蛇、蜘蛛之类东西都爬出来，在那儿替你伤心。它们会朝你涌过来．爬到你身上，跟你玩个痛快。”

“是啊，我看它们倒是痛快了，少爷，可是基姆会怎么样呢？我可不明白这种道理。不过，如果非这么不可的话，我就这么干好了。我看，我最好让这个屋里的动物高兴满意，不能让它们在这儿造反。”

汤姆等了一阵没说话，想了想，看是不是还有别的事儿，过了一会儿，他说：“有件事我差点儿忘了。你看你这儿能不能养花儿？”

“我不知道，也许能吧，汤姆少爷，可是这里黑得要命，我要花儿什么用处也没有，养花可麻烦呢。”

“不管怎么样，你试试再说。别的犯人可是有种花的。”

“汤姆少爷，我看那种像猫儿尾巴似的毛蕊花能在这儿种，不过那种花不值钱，不值得下那么大工夫。”

“别这么想。我们给你弄上棵小的来，你把它种在那个角落里，养好它。别把它叫毛蕊花，要叫它‘彼得里拉’，在监狱里，叫这个名字才对。你还得用自己的眼泪浇它才行。”

“为什么，我这儿有的是井水，少爷。”

“你可不能用井水浇，一定要用眼泪才行。他们都是这么做的。”

“那是为什么呀，汤姆少爷，我用井水浇的花就是长成两季，他们用眼泪浇的花恐怕还出不了土呢。”

“根本不是这么个道理。你一定得用眼泪浇花不可，你要记住的。”

“那它肯定得死在我手里，汤姆少爷，它肯定得死，因为我很难得流眼泪呢。”

这下，汤姆可没话说了。不过他想了一会儿，说基姆可以尽量想想难受的事情，再用洋葱头帮帮自己的忙。他答应早上到黑人住的小房子那边，往基姆的咖啡壶里悄悄丢进一个葱头。

基姆听了说：“那还不如往咖啡壶里丢一把烟叶子呢。”基姆把这事说了半天，又抱怨汤姆再让他磨笔、刻字、写日记那一套，还得种什么毛蕊花、弹琴逗老鼠、逗蛇、逗蜘蛛，说是当个犯人比干什么其他事情都费心，都麻烦，都要负责任，真的很让他想不明白呢。

汤姆听得都不耐烦了，他说，基姆，这是个成名的好机会，世界上任何的犯人都不可以和他比呢，他自己偏偏不懂这个道理，不珍惜这种机会。真是把那些机会给糟蹋了。

后来，基姆听得难过极了，就说他再也不说这种话了，他全部都听汤姆的，我和汤姆这才溜回去睡觉。

第三十九章

上午，我们到镇子上去，买回一只铁丝编的捕鼠笼。我们刨开一个最大的老鼠洞，一小时左右，就逮住十五只非常肥的老鼠。然后我们就把笼子提上来，放在姨妈床底下一个保险的地方。

可是，在我们逮蜘蛛的时候，那个名叫托马斯·富兰克林·本杰明·杰弗逊·斐尔普斯的小家伙发现了笼子，而且他还把笼子的门打开，想看看老鼠会不会跑出来，它们当然都跑出来了。后来，莉萨姨妈走进了这间屋子。我们回来的时候，她正站在床上大声咒骂，那些老鼠正竭尽它们的本事，和她寻开心呢。

结果，她抓住我们俩，用手杖把我们暴打了一顿。我们又花了两小时才捉到十五六只老鼠，还是些让人很不满意的老鼠，没有上次的一半好呢，这都怪那个淘气鬼孩子瞎捣乱。我和汤姆都很生他的气呢，我们发誓，再有什么好玩的，一定不能让他看见。

我们逮了很多的蜘蛛、蛤蟆、毛虫，都是拣大的逮回来的。我们本来还想摘回个马蜂窝，可是没弄成。马蜂一家子都在窝里呢。我们也没有马上就撒手，在那儿跟他们待了好长时间，我们打算好了，不是我们把它们磨垮，就是他们把我们累垮，最后是我们回家了，它们赢了。我们还被它们咬到了呢，我们连忙找了些止疼水，抹在蜇伤的地方，后来就好多了，只是还不能坐。

接着，我们去抓蛇，一共抓到三十多条菜花蛇和青蛇，我们把它们装进一只袋子里，搁在我们的屋里。这时候已经该吃晚饭了。足足干了一整天后，你一定认为，我们也饿坏了吧？没有，我一点儿也不觉得饿！

回到屋里以后，那些该死的蛇一条也不在袋子里啦——我们压根儿就没把口子扎住。它们不知道怎么弄开袋口，从里面逃走了。可是那也没多大关系，反正它们没逃出这所房子。所以，我们估计还能抓回几条来。结果一条没抓到，房子里有一阵子闹得到处是蛇。

过了一会儿，它们就从椽子或者什么高的地方掉下几条，不是落在盘子里，就是掉在脖子上，反正都是落在人们最不愿意它们去的地方。其实，它们都挺漂亮的，身上有一圈一圈的花纹，多少这种蛇也不会对人有害的，可是姨妈就是讨厌蛇，不管你怎么说它们没害处，她就是受不了。

每次，看见有一条蛇掉在她身上，不管她正在干什么，她都要马上把活儿丢下，自己赶忙逃走，一边往远处逃跑还一边大声喊叫。我从来没见过这种女人。你就是让她用火钳子夹一条蛇，她也不敢夹。

如果她在床上一翻身看见一条蛇，就会拼命地喊个不停，让人以为房子着了火。她把老头儿折腾得够呛，他说他真希望上帝没有创造过蛇这种东西。蛇都从这房子里跑出去以后又过了一个多礼拜，姨妈还是忘不了这回事，总是心惊胆战的，如果你用一根羽毛搔她脖子后面，她准会惊得一跳三尺高。这才实在让人奇怪哩。可是汤姆说，女人都是这个样子。他说，不知什么原因，她们生来就是这样的，都怕蛇呢。

每次，有一条蛇掉到她身边，我们就得挨一顿打，她还说，如果我们再敢把这屋里弄得到处是蛇，那可就不只是一顿打了。我倒不在乎她打，其实她打人一点儿也不疼，我主要想的是再去逮蛇又得费事。可我们还是逮到了，其他东西也都弄齐全了。

这下子，基姆的小屋里可比哪儿都热闹啦。基姆一弹琴，它们就全部跑出来，跟他亲热。基姆不喜欢蜘蛛，蜘蛛也不喜欢基姆，所以它们老是跟他捣乱，惹得他发毛。

他说，床上来了这么多蛇和老鼠，再加上那块大磨盘，几乎没有他睡觉的地方啦。就算有地方，他也睡不成，因为实在太吵了，他说，这儿总是那么热闹，因为这些东西不是在一个时间睡觉，它们是轮流着睡，蛇睡觉的时候，老鼠醒着，老鼠睡着的时候，蛇又醒来啦，结果随时都有一帮动物在床上睡觉，挤得他不能睡，另外一帮就在他身上耍杂技。

如果他想换上个地方，那群蜘蛛就在路上跟他捣乱。他说，如果这次能逃出去，他可再也不想当犯人了，就是有人给他发薪水他也不干了，他发誓。

三个星期一晃就过去了，什么事都妥当了。那件衬衫早就夹在馅饼里送去了，每次一个老鼠咬了基姆，他就连忙爬起来，趁那血墨水还新鲜的时候，写上一点儿日记。几支笔都磨好了，该刻在磨盘上的东西也都刻上了，床腿子已经锯成两截，我们把锯末也吃掉了，结果我们的肚子简直疼得要命。我以为我们都要死了，可最后还是没死。我可从来没吃过那么不好消化的锯末，汤姆也是这么说的。

不过，我们终于把什么都准备好了。我们都累得精疲力竭，特别是基姆。姨夫给新奥尔良下面那个种植园写了两封信，要他们来人把逃跑出来的黑奴接回去，可是没有回音，因为根本就没那个种植园。所以，他就想在圣路易斯和新奥尔良的报纸上登广告，让人来赎基姆。一听他说起圣路易斯，我不由浑身打了个冷战，我明白不能再耽误了。于是汤姆就说，现在该写封匿名信了。

“什么是匿名信？”

“我们可以用不同方法干的，就是警告一个人说，马上就要出事啦。有时用一种，有时用另一种。不过总有人在附近盯梢，一有情况就去报告城堡的司令官。从前路易十六从图勒里监狱逃出去的时候，就有个女佣人通风报信。匿名信也是个好办法。这两种办法我们都要用。一般来说，犯人的妈妈要换上他的衣裳待在监牢里，他穿着她的衣裳溜出牢房去。我们也要这么干。”

“你要告诉我，汤姆，我们干吗要警告别人说，要出事啦？让他们自己去发现吧——该警惕的是他们自己呀。”

“是啊，这我知道，可是他们根本就靠不住。他们一开始就靠不住——让我们随心所欲想怎么干就怎么干。他们总是那么相信人，傻乎乎的什么也不注意。所以，假如我们不提醒他们，就没人来阻拦我们，结果，我们费了那么多周折和辛苦准备的这次越狱，就淡而无味，什么意思也没有啦。”

“要让我说呀，汤姆，我就喜欢这么干，没有危险，成功率高。”

“你总是胡扯。”他说着，脸上露出一副鄙夷的样子。

我就说：“不过我也不打算埋怨你。只要你觉得合适，对我就合适。你打算怎么要那个女佣人通风报信？”

“你来扮演那个女佣人吧。你半夜溜进去，把那个脸色暗黄女仆的上衣偷出来。”

“汤姆，天一亮可就捅娄子啦，因为她恐怕只有那一件衣裳。”

“我知道。不过你只需要穿十五分钟把那封匿名信从前门塞进去，就可以啦。”

“那好吧，我去干。可是，我穿自己的衣裳去送信，不是更好吗？”

“那你就不像个女佣人了，你懂吗？”

“是啊。不过谁也看不见我是什么样子的。”

“这是两码事。我们应该尽心尽责干好，别管有没有人看见。你难道根本就不懂一点规矩吗？”

“好啦，好啦，我什么也不说了。我就是那女佣人。谁来做基姆他妈妈？”

“我是他妈妈。我要从姨妈那儿偷条长裙子。”

“那么，我和基姆逃走以后，你就得待在这小屋里吧。”

“不用的。我要在基姆的衣裳里填满干草，放在床上，代表他妈妈换了儿子的衣裳躺在那儿，基姆呢，他脱下我的长裙，穿在他自己身上，我们就能一起逃走啦。

“历史上，有身份的犯人管逃跑叫‘出逃’。一个国王逃跑出国，都是这么说的。国王的儿子逃跑也是这么说的，不管是他的私生子还是合法儿子，说法都是一样的，真的，你知道吗？”

于是，汤姆就写了封匿名信，晚上，我就把那个脸色暗黄女仆的衣裳偷来也穿上了，一切都按汤姆说的去做了，我们把信从正门塞进去。信上写着：

大祸临头，提高警惕，严加防范。

无名氏朋友

第二天夜里，汤姆还用血在正门上面了一幅面，上面有颗骷髅和交叉的腿骨，接下来的那天夜里，他又在后门面了一口棺材。我还从来没见过一家人被吓成那个样子的。

假如房子里到处是鬼，每个东西后面、床底下都有鬼，空中也有鬼飘来飘去，他们也不过是吓成这个样子而已。如果门砰的一声关上了，姨妈准会吓得跳起来，嘴里喊一声：“我的天哪！”如果有个什么东西掉到地上，姨妈也会吓得跳起来，嘴里喊一声：“天哪！”如果你趁她没留意碰她一下，她也是一样被吓得尖叫。她觉得脸朝哪一面都不放心，因为她总觉得身子后面有个东西——所以她总是要突然转身，嘴里也总是挂着“天哪！”

有时，她转上三分之二圈，又转回来，嘴里还是那么叫上一声。可怜的姨妈害怕上床睡觉，可又不敢坐着熬夜。汤姆就说，匿名信终于有效果啦，他从来没玩过比这更开心的把戏呢。他还说，这就说明这事他干得不错。

后来他就对我说，现在，该唱压轴戏啦！

于是，第二天早上，天刚放亮的时候，我们又准备好一封信，心里考虑该怎么办才好。前一天吃晚饭的时候，我们听见他们说，要两个黑人在前门和后门口彻夜守望着。汤姆溜下避雷线去侦察，后门那个黑人正在睡觉，他把匿名信别在他的脖子后面就回来了。那封信上写着：

你们不要暴露我的身份，我希望做你的朋友。一伙凶恶的匪徒从印第安保留区蹿到这里来了，他们今晚要偷走你家那个逃跑出来的黑人，他们曾经威胁过你们，为的是要你们待在家里，不去打扰他们。我是他们的同伙，可我是个教徒，我想要脱离这个匪帮，重新过规规矩矩的日子。

我要把他们的计划告诉你们。他们要在半夜从北面悄悄跑过来，顺着栅栏到那个黑人住的小屋里，用一把假钥匙开门把那黑人劫走。他们要我在远处放风，只等他们一进那小屋，我就咩咩学羊叫。假如我看到什么危险，我就得吹一个喇叭。可我不会吹的。他们忙着砸那根铁链子的时候，你们就悄悄摸上去，把他们锁在里面，什么时候想把他们干掉，就随你们高兴啦。

一定要照我说的做，不能有别的行动，否则，他们会怀疑出了岔子，要闹个天翻地覆的。我并不要报酬，只要知道我做了一件正确的事情。

无名氏朋友

第四十章

早饭以后，我们都兴致挺高，就把我那条小船捞起来，带上午饭划着船去钓鱼，玩得很痛快。我们还去看了一眼木排，见它在那儿藏得好好的。

回来吃晚饭的时候，时候已经不早了，看见大家都急得团团转，像没头苍蝇似的。一吃完晚饭，姨妈就送我们上楼去睡觉，也不告诉我们到底发生什么事了，关于那封新收到的信，他们一个字没提，当然也用不着提，因为我们知道得很清楚。

我们上楼走到一半，看见她转过身子去了，马上溜进地下室从橱柜里取了足够饱吃一顿的东西，拿上来搁在我们屋里，然后上床去睡觉了。在十一点的时候我们爬起来，汤姆穿上从姨妈那儿偷来的长裙，带上吃的东西就要走，可是他说："黄油在哪儿？"

"我把一大块黄油切下来，"我说，"搁在一片玉米面包上啦。"

"嗨，你准是切下来以后，放在哪儿忘记拿了——不在这儿呀。"

"我们没有黄油也行。"我说。

"我们必须黄油才行哪，"他说，"你赶快悄悄到地下室去拿。完了就从避雷线滑下来，上基姆那儿去。我去把干草塞在基姆衣裳里，冒充是他妈妈化了装的样子，你一到，我就咩咩学两声羊叫，我们就逃走。"

说完，他出去了，我就往地下室里跑。那块切下来的黄油足有拳头那么大，还在我刚才放的地方搁着，我把放了黄油的一片玉米面包一块儿带上，吹灭手里的灯，偷偷往楼上爬，上了一层后什么事也没发生。

突然，莉萨姨妈举着一支蜡烛迎面走来，我连忙把黄油放进帽子里，扣在头上，正在这时，她看见我了，就问：

"你去地下室了吗？"

"是啊。"

“你上那儿干吗去啦？”

“我什么也没干。”

“什么也没干吗？”

“我真的没干。”

“哼，深更半夜是什么鬼把你拖到地下室去啦？”

“我也不知道呢，姨妈。”

“你也不知道？不许这么跟我说话，汤姆，我要知道你到下面去干了些什么？”

“我什么也没干，亲爱的姨妈，我真的什么事也没干。”

如果在平常，她就会放了我，我想这下她该放我走啦，可是我看这回她要不把每一件小事搞清楚，她就放不下心。所以她斩钉截铁地说：

“你给我到客厅去，在那儿待着别动，等我来了再说。你准是无事生非捣了什么鬼啦，我先去看个明白，回来再跟你算账。”

说完，她就走开了，我推开起居室的门走进去。我的天哪，里面有一大帮人呢！十五个农民，个个手里握着枪。我心慌得要命，找了把椅子坐下来。他们在周围坐着，有几个人悄悄在说话，大家都想装出没事的样子，可是都显得紧张不安的。

我看出他们紧张得厉害，因为他们老是一会儿把帽子摘下来，一会儿又戴上的，一会儿搔搔脑袋，一会儿挪挪座位，一会儿摸摸扣子。我自己也不安起来，可我还不敢把帽子摘下来。

我真希望姨妈快来，把我打发走，如果想揍我，就揍一顿好啦，然后我就要去告诉汤姆说，这事干得太过火了，简直是捅了个大马蜂窝。所以，我们不要再胡闹了，趁早带上基姆跑掉，免得这帮家伙发起火来，闹得我们脱不了身。

姨妈总算来了，开始盘问我，可我简直回答不出那些问题，我被问得晕头转向的。这儿的人也都心急火燎，有的人想马上出去，打好埋伏等那帮匪徒，他们说，再过几分钟就到半夜了。另外一些人想叫他们等着，听见羊叫声再行动。

到了这时候，姨妈还在对我问个不停，真吓得我浑身发抖，简直就要瘫倒在地上了。屋子里变得越来越热，帽子里的黄油开始融化了，沿着我耳朵后面和脖子往下流。

不久，一个人说：“我主张现在先到那个小屋里去埋伏，等他们来了就能把他们都逮住。”我吓得差点儿倒下去，一股黄油顺着我的脑门流了下来，姨妈看见了，脸色变得像纸一样白，她喊道：“上帝，这孩子是怎么啦！准是害了脑炎啦，没错，他的脑浆都涌出来了！”

这时，大家都跑过来看我，她一把摘掉我的帽子，露出那片面包和剩下的黄油，她一把搂住我，说：“你可把我吓坏了！谢天谢地，我的孩子，总算没倒什么大霉。我们现在正走背运呢，这可是祸不单行，倒霉事总是接踵而至哦，我看见你脑门子上流下来的那股黄水，还以为这下子你完蛋了，因为那颜色跟你的脑浆一个样，如果……好亲亲，我的好亲亲，你怎么不早点告诉我，你到下面就是为这个呀，如果是那样，我就不会怪你啦。现在赶快上床睡觉去吧，明天早上以前，可别让我再看见你啦。”

没用一秒我就上楼跑了，在第二秒就顺着避雷线滑了下去，朝棚屋飞跑过去。我急得连话都说不上来了，一喘过气来，我就赶紧告诉汤姆说，得马上逃走，一分钟也不能再耽搁——那边房子里坐满了人，都拿着枪呢！

他的眼睛乐得直闪光，说：“不会吧！——真的？那可是太好了！哈克，如果从头干起的话，我保证能引来二百人！我们如果能推迟到……”

“快走吧！我们快走吧！”我说，“基姆在哪儿？”

“就在你胳膊肘那儿，你一伸胳膊就能碰着他。他已经穿好衣裳了，什么都准备妥当了。现在，我们溜出去，学上两声羊儿叫，发个暗号。”

这时候，我们听见有些人朝门这边跑来的脚步声，听见他们在挂锁上摸索着，有个人说：“我告诉过你，来得太早了，他们还没来呢——门还是锁着的。来，我开门把你们藏进去，等他们来了，你们就从暗处开枪打死他们，其余的人散到四处去，听着他们来的动静。”

这时，他们就有几个人进来了，可我们在暗处，他们看不见，我们往床底下钻的时候，还险些踩着我们。不过我们还是钻了下去，从洞里爬出去。我们爬得轻松利索，基姆先爬出去，然后是我，汤姆在最后，这是按照汤姆的命令做的。

我们进了棚屋，开始听见外面很近的地方有脚步声，我们都摸到门背后，汤姆从一个门缝往外看，可是外面太黑，什么也看不见。他压低声音说，等他听着那些脚步声走远后，他就推我们，基姆先出去，他自己要压后阵。

他把自己的耳朵贴在门缝上仔细听啊听，听了半天，发现那些脚步声就是不走远呢，老是有脚步声围着这儿响，最后，汤姆打了我们一下，我们就溜了出来，我们都弯着腰，屏住气，什么动静也没敢弄出来，像印第安人一样排成一行，悄悄摸到栅栏跟前。

不一会儿，我和基姆翻过了栅栏，可汤姆的裤子却让栅栏上面一个木刺儿挂住了，这时，他听见有脚步声朝他走来，他只好使劲一扯把那根木刺拽断，结果弄出声音来了。他跳下栅栏，朝我们跑过来的时候，有人大声嚷道："是谁在那？快说，不然我开枪啦！"

可是，我们什么也没说，撒开腿就飞跑。后面马上就有人追过来，砰！砰！砰！子弹在我们的前后左右嗖嗖直飞！我们听见他们高声喊着："他们在这边！他们要朝河边跑！追上去，伙计们！把狗放开！"

他们就拼命追上来。我们能听见他们的脚步声，因为他们都穿着靴子，还大声喊叫，可是我们没有人穿靴子。

我们朝锯木厂那儿跑去，等他们追得离我们很近的时候，我们就往灌木丛里一钻，让他们跑过去，然后跟在他们后面跑。他们本来把狗全都关起来，怕把匪徒给吓跑，可是现在，有人把狗都放出来了。

这时候，狗汪汪汪死命地叫着跑过来，声音大得好像有成千上万条狗似的，可它们不过是我们自己的狗，我们就等它们追上来，它们一看不是别人，是我们，就一点儿也不大惊小怪，只朝我们表示了一下亲热，就往声音大的那个方向奔跑过去。

我们就又开始跟着人们跑起来，一直跑到锯木厂附近，从树丛里钻过去，朝我拴小船的地方跑去。然后我们跳上船，没命地朝河心划，而且还尽量不弄出动静来。

不久，我们就从容不迫地朝停着木排的那个沙洲划过去。我们听见人们在岸上来回奔跑、嚷叫、招呼，狗也汪汪地叫个不停。我们的小船离河岸越来越远，那些声音也越来越模糊，最后什么也听不见了。

我们上木排的时候，我说："老基姆，你又成了个自由人啦，我敢保证，你再也用不着做奴隶了。"

"哈克，这件事干得可真漂亮。主意漂亮，干得也漂亮，谁也想不出这么好的主意呀，这简直是个让人扑朔迷离的迷魂阵。"

我们心里都高兴得不得了，不过最不高兴的要数汤姆啦，因为他腿肚子上挨了一颗子弹。

我和基姆一听这事，兴致立刻就被打消了。他疼得厉害，伤口还在流血。我们把他抬进了窝棚，把公爵的一件衬衫撕开包扎他的伤口，可是他说：

“把布条给我吧，我自己会包扎。现在不能耽误，别待在这儿，这次出逃干得可真漂亮呀。快把长桨安上，把木排划出去！伙计们，我们干得太棒啦！实在是太棒啦。如果让我们帮着路易十六出逃，他就用不着在自传里写什么：‘升天吧，圣路易之子！’我们肯定能把他弄出国境去——如果帮他，我们就会这么办——并且还能干得更巧妙。安上长桨，快把长桨安上！”

我和基姆要商量一下，琢磨一会儿。过了一会儿，我说：“你说该怎么办吧，基姆。”

他就说：“我说，哈克，如果我们帮着逃出来的是他，咱伙计里有一个挨了枪子，他会不会说：‘快跑，要救我的命，别去找什么大夫来给这个人治伤。’汤姆·索亚少爷会这么说吗？他是这种人吗？不！那么，基姆该这么说吗？不——要找个大夫来，我一步也不能离开这个地方，哪怕等上四十年我也不走！”

我估计他就会这么说，果然不错。我知道，他有一颗白种人的心，我就告诉汤姆说，我要去找个大夫来。他为这事跟我大吵了一阵，可我和基姆都坚持要找大夫，绝不动摇。他就想爬出窝棚，自己去解木排，我们不让他动。他又对我们讲了一通道理，可我们不听。

他见我准备好了小船，就说：“好吧，如果你一定要走，我就告诉你到了大夫家怎么办。把门闭严，朝他手里塞上满满一袋金币，要他发誓什么也不说，然后，用布蒙上他的眼睛，带着他在黑地里多绕上几个小胡同，然后再划船带他上这儿来。划着船要多绕几个沙洲，还要搜他的身，把粉笔搜出来，完了送他回家的时候才能归还给他，要不他就会在你的小船上做记号，以后就能找到我们啦。他们就爱干这一手。”

我对汤姆说，我会照做的，请他放心好了，现在，我们最关心的是他的伤口呢。说完，我就划出去了。

汤姆还叮嘱我说，如果基姆看见大夫来了，就要藏进树林，等大夫走了再出来。

第四十一章

我知道的那大夫是个和蔼的老头儿，一看就知道是个好人。我告诉他说，我和我哥哥昨天下午在西班牙的岛上打猎，在那儿找到一个木排，就在上面宿营。

到了半夜，一定是他睡着的时候把脚踢在枪上了，枪走火打中了他的腿。我们请他到那儿去给他治一下，让他什么也别说，也别让别人知道这事，因为我们想在今天晚上回家去，让家里人大吃一惊。

“你是谁家的？”他问道。

“那边费尔罗斯家的。”

“哦。”过了一会儿，他说，“你说他是怎么中弹的？”

“他做了个梦，”我说，“结果打中自己了。”

“真是个怪梦。”他说。

于是他点上手提灯，挎上褡裢，我们就上路了。可他一见那小船，就直皱眉头，说是这船坐一个人还行，可是坐两个人看起来就不怎么安全。我就说：

“啊，你用不着害怕，先生，我们三个坐在上面都没问题的。”

“怎么是三个？”

“是啊，我和西德，还有——还有——我的意思是，还有那些枪。”

“噢。”他说。

但是他把脚踏在船边上，把船晃了晃，摇着头说，得找个大些的船。可是周围的船都用铁链子拴着，还上了锁。他就坐上我的小船，叫我等他回来，要不我可以在附近再找找，如果我愿意，就回家去告诉家人等着大吃一惊好了，可我说我不去。我就告诉他怎么才能找到那个木排，他就划着走了。

不久，我想出了个办法。我心想，如果他没像传说的那样，在羊儿把尾巴摆三摆的工夫里就把那条腿治好，那可怎么办呢？如果他得花三四天才能治好，我们该怎么办？就待在这儿，等他把消息走露出去？那可不行，我知道该怎么办。我要在这儿等着，如果他回来说还得去看，我就跟他一起去，就是非得游泳过去也没关系，我们就把他绑起来，扣住他，然后把木排漂到下游去。等他把汤姆治好了，我们就把他该得的钱给他，要不就把我们的钱都给他，然后送他上岸。

后来，我就钻进一个圆木堆里去睡觉，醒来的时候，太阳早升到头顶上了！我赶紧跑出去，到了大夫家，可他家里人告诉我说，他夜里出诊还没回来。我就想，看来汤姆伤得不轻，我得想法子赶快回那个沙洲上去。我掉头就跑，拐过一个弯子以后，差点儿撞在姨夫的肚子上！他说："嘿，汤姆！去哪儿了，这么长时间，你这个小坏蛋？"

"我哪儿也没去，"我说，"只是在找那个逃跑的黑人——我和西德都在找。"

"哎呀，你们上哪儿去找？"他问，"你们的姨妈可要急死啦。"

"她用不着急，"我说，"因为我们都没事。我们跟着那些人和那群狗跑出来，可他们比我们跑得快，我们跟不上。可是我们听见河里有他们的声音，就找了条小船，跟在他们后头，可是连他们的影子也没看见。后来我们逆水划着小船一直划得没劲了才把船停下拴住，睡了觉，大概一小时以前才醒来。我们划到这儿来打听消息，西德上邮局去打听，我就跑到这儿来弄点东西吃，一会儿了我们就回家。"

于是，我们就一起上邮局去找"西德"。可是他本来就不在那儿，我们当然没找到他，老先生在邮局收到一封信，我们又等了一会儿，西德还是没来，老头就说，我们走吧，等西德到处跑够了他会步行回家的，或者划着船回家的。

可我要坐马车回去。我要他让我待在这儿等西德，可他说这没用，我必须尽早跟他回去，好让姨妈看见我没事就可以放心了。

我们回到家的时候，姨妈见了我高兴得又是笑又是哭的，她把我搂住揍了我几下，其实根本就不疼。她说，等西德回来了，她也要揍他一顿。

屋子里挤满了农民和他们的老婆，都是被请来吃午饭的。人们又吵又闹，那种混乱场面实在是少见。有个老太太比谁都多嘴，她老是说个不停："嗨，费尔罗斯大嫂，我把那个小屋全搜遍了，我看那个黑人一定是发了疯。我跟达姆瑞大嫂就是这么说的，不是吗，达姆瑞大嫂？我说，他发了疯，我当时就是这么说的。你们都听见我说了吧，他发了疯。我说，里面的东西全能证明他发了疯。看看那扇大磨盘吧，如果你说那上面的话不是疯话，谁能相信呀，我说。这儿有个什么人的心碎了呀，什么人在这儿熬了三十七年呀，都是些啥鬼话呀，还有路易什么人的私生子，真是些没完没了的鬼话。他整个儿是个疯子，我说。我当初就是这么说的，后来我也是这么说的，最后我还这么说——那个黑人发了疯——真的是疯了，我说。”

“你瞧那个用破布条做的绳梯吧，”老太太说，“上帝哦，他这是要干什么……”

“我刚才就是这么说的，你瞧那个破布条编的绳梯，可不是吗，你瞧瞧那东西，我说，他要那东西到底要干什么？我说……”

“可他们到底是怎么把那块磨盘弄到屋里去的？那个洞又是谁挖的？还有谁……”

“普罗德大哥，这正是我要这么问的！我刚才——请你把果酱碟子递给我——我刚才还跟邓普洛大嫂说呢，他们到底怎么把那扇磨盘搬进去的呀，我说。还没人帮忙，你听说了吗——没人帮忙！这才是个怪事呢。怎么说我也不能相信，照我看，有很多人帮忙的，我说。另外，依我看……”

“你说有十几个人！——三十个人恐怕都干不完那么多的事情。就说那把用刀子磨成的锯子吧，那得费多大工夫呀。瞧瞧那条用这种锯子锯成两半的床腿子吧，足足得要六个男人干上整整一礼拜的。再说用干草填起来放在床上的那个假黑人。还有……”

“你这话说得有理，我的老兄！我跟费尔罗斯老兄就是这么说的，我是亲口跟他这么说的。你怎么看，想想看，费尔罗斯老兄，你想想，那条床腿能那么就给锯断。你说呢？我说，我看反正床腿子是自己锯不断自己的，肯定是有人锯的，我就是这么个看法。信不信由你，也许不是那么回事的，我说，可这就是我的看法。如果谁有更合理的说法，那就说出来看看。我就说这些啦。我说……”

“嗨，上帝哦，费尔罗斯嫂子，那屋里四五个礼拜以来准是每天都挤满了黑人，要不哪能干得了那么多的活儿！瞧瞧那件衬衫，上面密密麻麻写满了谁也认不出来的非洲字儿，还是用血写的！准是在有一大帮黑人不停地写。如果有人能把上面的东西念给我听，我宁愿赏他两块金币。至于写那些字的黑奴，我可真想把他们抓来，抽他们一顿鞭子……”

“你说有人帮他的忙，老兄！好嘛，如果你前几天上这个房子里来待上一会儿，我知道你一定会这么说的。他们可是顺手牵羊把什么能偷的东西都偷走啦。你要知道，我们可是一刻不停地瞪大眼睛看着的。那件衬衣就是他们从晾衣裳的绳子上偷走的！还有他们撕了做绳梯的那条床单，他们偷走又送回来，然后又偷走，不知道闹腾了多少遍；他们还偷面粉、蜡烛、蜡烛台、勺子、早年用的长柄暖盆，偷的东西多得足有好几千件，我都数不上来了。噢，还有我那件花裙子。我刚才跟你说过的，我和西德、汤姆轮流守着看，从不间断，结果我们连他们的一根头发也没抓着，没看见他们的影子，也没听见他们一点儿声音。

“到头来，你看哪，他们就在我们的鼻子底下耍弄了我们，还不光是耍弄我们，连那帮从印第安保留区来的强盗也给耍了。他们把那个黑人顺顺当当就弄走啦，后面还紧跟着十几个人和二十几条狗在追呢！这可是从来没听说过的怪事。嗨，就是幽灵也不可能比这干得更巧妙、更俏皮啦。我看他们就是些幽灵——因为大家都知道我们那些狗，没有比它们更好样的了，可它们硬是闻不出他们的气味来！你如果能说出个道理，就给我解释解释！你们谁能说清楚！”

“哎呀，这可真是赛过……”

“我的上帝，我从来……”

“我的妈呀，我可不能……”

“不但是些撬门入室的贼，还是些……”

“好吗，我的上帝呀，我可不敢住在这么个……”

“岂止是不敢住！我简直吓坏了，不敢上床睡觉，不敢起床下地，躺着也怕，坐着也怕。他们要偷，说不定连……唉，我的老天呀，昨天晚上到了半夜的时候，你真不知道我有多害怕。我真害怕他们会把我们家的人也偷走几个！我当时真那么想过，我都给吓糊涂啦。现在大白天的说起来怪好笑的，可我那时候心里说，我的两个可怜的孩子还在楼上那间孤零零的屋子里睡觉呢，我实在怕得要命，就悄悄爬上楼去，把他们都锁在屋里了！真的。我看换了谁也会这么干的。因为，你们该明白的，一旦吓成那个样子，心里就越来越害怕，脑子也就变成一团糟，不由得就胡思乱想起来。我就这么想，我要还是个孩子，孤零零睡在楼上，门又没上锁，心里会……”说到这儿，她打住了话头，显出纳闷的神气，慢慢把头扭过来，她的目光盯在我身上了，我赶紧起身，到外面去溜达。

我暗自琢磨，我得上外面走走，想一套解释说我今天早上怎么不在屋子里的理由，所以我就上外面去了。可我也不敢走远，要不姨妈就会叫人把我找回去。

客人们到下午挺晚了才散，人们都走了，然后我才走进屋去，告诉她说，晚上的吵闹声和枪声把我和“西德”吵醒后，一拉门，门上了锁，可我们都想去看热闹，所以就顺着避雷线爬下楼，我们俩都受了点轻伤，反正我们再也不想顺着那条路下楼了。

接着我就把告诉姨夫的话又对她重复了一遍。她就说，她原谅我们，还说，也许男孩儿就是这样，谁也别指望他们表现太好，因为照她看，男孩子们都是些捣蛋鬼。只要没有伤筋动骨，她就为我们没丢掉、我们还活着而谢天谢地，用不着为过去的事情操心和担忧。所以，她就亲了亲我，拍了拍我的脑袋，然后好像又想起什么心事来了，紧接着，她一下子跳起来说：“哎呀，我的上帝，天都要黑了，西德怎么还不回来！那孩子到底是怎么啦？”

我一看机会来了，就跳起来说：“我马上到镇子上去，把他找回来。”

“不，你不要去，”她说，“你得待在这儿，一次丢一个已经够呛啦。如果他晚饭时候还不回来，就让你姨夫去。”

当然啦，他晚饭的时候没回来。所以姨夫一吃完饭就走了。

他十点多才回来，他有点不自在，他根本连汤姆的影子也没看见。姨妈可真着急了。可是说着急也没用，男孩儿就是男孩儿，到了早上你就会看见他的，什么事也不会有。所以，她应该觉得满意。可她说，不管怎么说，她要坐着等他一会儿，还要让灯点着，好让他看见。

后来，我上楼去睡觉的时候，她拿了一支蜡烛照亮，陪我一起上去，还给我掖被子，就像亲妈一样照顾我，让我觉得很过意不去，不敢正眼看她。她坐在我床前，跟我说了好长时间的话，她说西德实在是个了不起的孩子，她嘴里不停地说着他，总是问我认为他会不会走丢，会不会伤着，会不会掉进河里淹死。

她担心地说，他这会儿说不定已经躺在什么地方，不是伤了就是死了，可她现在却不能去帮他，她说着眼泪就扑簌扑簌地滴下来了，我就告诉她说，西德会没事的，明天早上肯定就会来了。她就紧紧捏住我的手，要不就亲亲我，因为我再说一遍，她听了心里会觉得舒服。

她低着头盯着我的眼睛，神色那么温和，说：“门再也不上锁了，汤姆，那儿就是窗户，还有避雷线，可是你不能再淘气啦，行吗？你不要走了，好吗？替我想想吧。”

上帝知道我想走，急得要命哪，我要知道汤姆现在怎么样了，我实在想走。可是她这么说过以后，我不管怎么想都不能走了。

我顺着避雷线溜下去两回，走进夜色里，绕到前面，看见那支蜡烛还在窗户上放着，她坐在光亮的地方，两眼呆呆地望着大路，眼睛里还含着泪水。我脑子里一面想着她，一面想着汤姆，所以根本就睡得一点都不踏实。

那时，我真希望能帮她做点什么事，可我真的没有一点办法，就在心里发誓，不再淘气捣蛋惹她生气啦。第三次，我顺着避雷线溜下去的时候，天已经快亮了，可她还在那儿坐着，那支蜡烛也快要点完了，她那满头灰白头发的脑袋靠在自己的手上，已经睡着了。

第四十二章

姨夫早饭也没吃就上镇子里去了，可是连汤姆的影子也没看到。

夫妇俩一声不吭坐在桌子跟前想心事，脸上显得挺难受，咖啡也放冷了，什么也吃不下去。

过了一阵儿，老头说：“我把那封信给你没有？”

“什么信？”

“就是我昨天从邮局取回来的那封信。”

“没有呀，你什么信都没给过我。”

“哎呀，我一定是忘了。”

他连忙在兜里掏了一阵，没找到，就走开了，到他放过信的地方去找，找到后拿回来交给姨妈。她说：“哎哟，是从圣彼得堡来的——是我的姐姐写来的。”

本来我要出去溜达溜达的，可我一听她这话，简直不能动啦。没想到她还没来得及把信撕开，就把它丢在一边跑了出去——她看见外面有人进来。我也看见了，那是汤姆·索亚躺在垫子上让人抬了进来，还有那个大夫，还有基姆。基姆还穿着她的花布裙子，双手给反绑在身后，还跟来了很多人。

我顺手把那封信藏在一个东西后面，赶紧跑出去。她一下子朝汤姆扑过去，哭着说：

“噢，他死了，他死了，我知道他死了！”

汤姆把脑袋轻轻扭了一下，含含糊糊说了点什么，看来他脑子不清楚啦。然后她把双手向上一扬，喊着说：“谢天谢地，他活着！这就足够了，上帝！”说完，她匆匆亲了他一下，就飞快地跑回屋去准备床铺，一面朝身边的黑人和所有其他人下命令，她边跑边说，嘴动得不能再快了。

我跟在那些人后面，看他们打算怎么处置基姆，那个老大夫和姨夫就跟在汤姆后面进了房子里。人们都怒气冲冲的，有几个人说，要把基姆绞死，好给其他黑人一个警告，这样他们就不敢学基姆的样子逃跑，闹出这么大的乱子，把一家人吓得几天几夜魂不守舍。

另外还有人说，不能这么干，这不是个办法，他不是我们的黑人，如果把他绞死，他的主人来了，肯定要我们赔出他的身价。人们的劲头这才给压下去一点，因为那些想用绞刑惩罚黑奴的人虽然想拿他解恨，可是最不乐意为他赔钱。

不过，他们还是恶狠狠地骂基姆，隔一会儿还往他的脸上打一两巴掌，可基姆什么也不说，也假装不认识我。他们把他带回原来那间屋子，让他穿上自己的衣裳，又用链子把他锁上，不过这次没锁到床腿上，这次把他的双手双脚也锁上了，他们朝放在墙脚下的那根粗粗的园木上钉了根马钉，把他锁在上面，一点都不能动弹了。

人们还说，这次除了面包和水，什么都不给他吃了。如果过了一段时间，他的主人还不来，就把他拍卖掉。他们把“我们挖的那个洞填起来说，每天晚上都要让两个带枪的农民在小屋周围放哨，白天就把一条大狗拴在门前。

这时候，人们已经把什么都安排好了，有的人最后临走时还要臭骂一场，算是告别。那位大夫过来看了一下，说：

“你们也别对他太过分吧，因为他也不是个坏黑人。我到了那个地方，找到这个孩子以后，当时没人帮忙就取不出子弹，孩子情况很严重，我不能走开找人来帮忙，他的情况越来越糟，过了一段时间以后就神志不清了，不让我靠近他，还说什么不准我在木排上画记号，不然就要了我的命，还说了许多这样的胡话。

“我见没办法应付了，就想，我非得有个人帮帮忙才成。我正这么想着呢，就看见这个黑人从一个地方跑来，说是他能帮我，他真的帮了我，还干得很好。当然，我看出他就是那个逃跑出来的黑奴，瞧，我判断得没错！我只好待在那儿，待了大半个白天外加上一整夜。

“跟你们说吧，这事可真让我难受的，因为我在镇子上还有两个害寒热病的病人，我可真想回镇子上去看他们，可我又不能走，因为害怕这个黑人逃掉，人家会来怪我，河里的船离我们都挺远的，听不见我叫他们。

“我只好一直待在那儿，直到今天早上天大亮了才有人来。我可从来没见过这么衷心耿耿会伺候人的黑人，他本来能逃走，却偏偏冒着失去自由的危险帮忙，而且他已经累得要死啦。我看得出，最近肯定是有人逼若他干苦活儿来着。我喜欢这样的黑人，一个这样的好黑人准值一千块钱——要好好对待他才行。

“我要他干的事情他都干得挺好，那孩子在木排上就像在家里一样舒服，也许比在家里还要好哩，因为那儿实在是安静。可我在那儿得应付他们两个，就一直待到今天早上天亮的时候。

“后来，有几个人划着个小船来了，真凑巧，这个黑人正好坐在床铺旁边，脑袋搭在膝盖上睡着了。我就打手势，让他们悄悄过来，他们就朝他扑上去，趁他还没明白过来的时候，就把他抓住捆起来了。我们什么力气也没费。那个孩子也昏沉沉睡着了，我们把船桨裹上东西，免得它吵闹，再把木排拴在后面，静悄悄把它拖到岸边。这个黑人可是一点儿也没有喊叫，自打开始连一句话也没说过。先生们，我看这个黑人可真的不错呀。”

有个人说：“不错，大夫，你这话说得挺有道理的。”

接着，其他人也都不那么愤怒了，我心里很感激大夫对基姆做的这件好事。我心里也挺高兴，因为我一看见这个大夫，就觉得他是个好心的人，看来我这看法没错。后来，大家都说，基姆做得不错，应该受到人们的重视，也该得到点奖赏才对。所以，大家都诚心诚意地说，他们不再骂他了。

然后，他们走出门来，把他锁在里面。我真希望他们会说，把他的铁链子松开一两根，因为那些链子可实在太重了。我也希望有人说起给他喝点水，吃点肉、菜和面包，可他们都不提这事。

我想，我最好别掺进这事里面去，得等到过了眼前这一关，我要把大夫的话都告诉姨妈，我的意思是说，得跟她解释一下，告诉她，我那天对她讲我和西德跟着人们去追逃跑的黑人时，怎么把西德挨了一枪的事给忘啦。

不过，有的是时间。姨妈每天每夜都守在病人的屋子里。我一看见姨夫到处走来走去，就赶紧躲开他。

第二天早上，听说汤姆好多了，人们说姨妈上她自己的屋里去打盹了。我就连忙溜进病人的屋子，如果碰巧汤姆醒着，我们就可以编出一套经得起盘问的说法啦。可惜他睡着呢，睡得还挺沉的。他脸色很白，不是回来时候那张烧得通红的面孔了。

我就一直坐在那等他醒来。半小时以后，姨妈悄悄走了进来。这下子我又下不了台啦，觉得怪难受的。可她对我摆了摆手，要我别出声，然后就坐在我身旁，低声跟我说起来。她说，现在我们都该高兴才对，因为汤姆没问题啦，他已经这样睡了很长时间，看起来越来越好，越来越平静了，等他醒来的时候，很可能不再那么恍恍惚惚的了。

于是我们就坐在那儿望着他，后来，他动了一下，很随便地睁开眼睛，朝周围看了一下，说："嗨，我怎么在家里呀！这是怎么搞的！木排在哪儿？"

"它没事的。"我说。

"基姆呢？"

"也没事。"我说。我不敢太冒失。

可他没留意，说："好！太好了！现在我们平安无事啦！你告诉姨妈了没有？"

我正想说已经告诉她了，可她插嘴问道："告诉我什么事呀，西德？"

"这还用问吗，就是讲出整个事情的来龙去脉呀。"

"什么整个事情？"

"就是整个事情嘛。还不就这么一件事情吗。就是我和汤姆救那个黑人，让他得到自由的事情。"

“我的天哪！救那个逃跑出来的……这孩子，你在说些什么呀！哎哟，哎哟，他又说起胡话来啦！”

“不，我这不是说胡话。我的脑子清清楚楚的，他真是我们放走的——是我和汤姆放的。我们打好了主意要放他走，不但干了，还干得非常漂亮。”

他就开始不停地说啊说，她也不打断他，只是坐在那儿瞪着他，让他说下去。这时，我觉得我插嘴也没用，我就什么也不说。

“你知道吗，姨妈，我们可费了事啦——干了好几个礼拜呢——每天夜里，等你们都睡了，我们就一连干好几小时。我们还得偷蜡烛，偷床单，偷衬衣，偷你的裙子，偷勺子，偷白铁盘子，偷长刃刀，偷暖盆，偷磨盘，偷面粉，什么都得偷。你根本想不到做那把锯子，磨那些笔尖，刻那些字，还有许多其他事情有多费事，里面的乐趣，你连一半也体会不到。我们还得自己画那些棺材之类的图画，替强盗写匿名信，从避雷线爬上爬下，挖通到小屋去的地洞，编绳梯，还得把它藏在做好的馅饼里送进去，还把勺子和其他东西放在你的围裙口袋里送进去……”

“我的上帝哦，我的孩子！”

“……还往小屋里放满了老鼠、长蛇之类的东西，好让它们跟基姆做伴。后来，你把汤姆留在这儿待了那么长时间，他的帽子里还藏着块黄油，那可险些把我们的计划整个给毁了，因为我们还没溜出小屋，那些人就进去了，我们只好加快脚步逃跑，他们听见我们的声音，就追了上来，我就挨了一枪，然后我们赶紧躲进树丛里，放他们过去，那些狗跑过来以后，它们对我们不感兴趣，往吵闹声最大的地方跑去了，我们就划上我们的小船，朝木排划过去，这才安全了，基姆自由了，这一切全是我们自己干的，干得太棒了，不是吗，姨妈？”

“哎呀，我一辈子从来没听说过这种事！原来是你们这两个小坏蛋干的！你们闯了这么多祸，闹得大家晕头转向，把我们险些吓死，我真恨不得现在就把你们狠狠揍一顿。想来真冤枉，我还一夜一夜地在这儿守着你。等你好了再说，我非把你们两个坏蛋打得屁滚尿流不可！”

可是汤姆还那么高兴，那么得意，乐得简直管不住自己的舌头，在那喋喋不休说个不停，姨妈也总是在插嘴，跟他吵闹，两个人同时嚷嚷，热闹得像猫儿在打架。她说：“好啊，你们干这件事已经开心啦，我可要告诉你们，以后如果再管他的闲事……”

“管谁的闲事？”汤姆问。他收起自己脸上的微笑，露出吃惊的神色。

“管谁的闲事？当然是那个逃跑出来的黑人啦。你以为我是在说谁呢？”

汤姆沉下脸望着我，问：“汤姆，你刚才不是告诉我说，他也没事了吗？难道他还没逃走？”

“他？”姨妈说，“那个逃跑出来的黑人？他当然没逃走啦，他们把他完完整整抓回来了，他现在又待在原来那间小屋里啦，我们只给他吃面包喝白水，把他用好几条铁链子锁起来，等有人来认领他，如果没人来认，我们就把他拍卖掉！”

汤姆在床上直挺挺地坐起来，眼睛里好像要冒火一样的，鼻孔一张一合活像个鱼腮，他冲着我大喊着说：“他们没有权力把他关起来！快去！一分钟也别耽搁，快去把他放了！他根本就不是奴隶，他跟任何逍遥自在的人一样自由！”

“你这孩子说的是些什么话呀？”

“我说的句句是实话，姨妈，如果没人去，我自己去。我从小就认识基姆，汤姆也认识他。奥恩老小姐两个月前死了，临死以前，她因为原来要把他卖到大河下游去的事情，心里觉得特别难受，那是她自己说的。她留下遗嘱，说要恢复他的自由。”

“既然他已经是个自由人，你干吗还要放走他，给他什么自由？”

“说实在的，我的姨妈，这种问题只有女人才会提出来！这还用问吗，我想尝尝冒险的滋味，想试试流血牺牲的味道——我的天哪，原来是珀蒂姨妈来了！”

走进门来的果真是她，她的莞尔微笑的脸上显得那么安详满足，活像一位天使，我可真的没想到！

莉萨姨妈一下子跳起来朝她扑过去，使劲搂住她的脖子哭起来，险些把她的脑袋也给掰下来。我赶紧在床底下找个舒服的地方藏起来，因为我觉得，这种场面可让我和汤姆都下不了台啦。

我偷偷朝外面看，看见汤姆的珀蒂姨妈终于从她妹妹的拥抱中挣脱出身来，正从眼镜上面朝他望过来，直把他盯得想找个地洞钻进去。过了一会儿，她说：“对，你最好把脑袋扭过去，我如果是你，一定会把自己的脑袋扭过去，汤姆。”

“哎哟，上帝！”莉萨姨妈说，“他都变得让你认不出来啦？这不是汤姆，是西德呀，汤姆在——汤姆他在这的——这孩子这会儿去哪啦？他刚才还在这儿的。”

“你说的是哈克·芬吧——肯定是他！我想，这么多年来，我把汤姆从小带到这么大，还不至于当面认错人呢，要不可真成了个大笑话了。快从床底下钻出来吧，哈克·芬。”

于是，在两位姨妈的眼皮底下，我十分不好意思地从床底下钻了出来。不过我一点儿脾气也不想发。

莉萨姨妈听说这一切后，脸上那一副晕头转向的表情，那是我从来没见过的，那位姨夫进来后，听我们告诉他这一切后，也是一副同样惊讶的表情。他好像喝醉了酒似的，整整一天都没能清醒过来。

那天晚上，他在一个祈祷会上讲道，结果声名大振，因为就连年纪最大的人也听不懂他讲的话。话说回来，汤姆的珀蒂姨妈告诉他们我是谁，是个什么样的人。我呢，只好把当初费尔罗斯太太怎么把我错当成汤姆的难为情场面解释了一下，她就打断我说：“啊，还是照样叫我姨妈好了，我现在已经听惯了，你用不着改了。”

莉萨姨妈把我错当成汤姆的时候，我只好将错就错，那是没有别的办法，我知道他不但不在乎，而且还会觉得有趣，因为这样怪神秘兮兮的，他还可以在这种神秘里头闹点心满意足的冒险把戏。后来他一直冒充西德，让我也应付得挺自如的。

珀蒂姨妈也说，汤姆的话是真的，奥恩小姐在遗嘱里确实说要给基姆自由。

原来汤姆·索亚费了那么大的劲，找了那么多麻烦，却是把一个本来就是自由的黑人救出来，给他自由！原来我怎么也不明白，像他这么有身份的人怎么能帮人救一个黑奴呢，听了这些话，我才终于明白过来。

珀蒂姨妈说，收到莉萨姨妈写给她的信，那信上说汤姆和西德都到了，一路平安无事，她心想：“这事情可怪啦！我早该料到这事的，让他独自出门，没人照料，肯定没好事。我后来好像再也没收到你的回信，所以我只好自己到这大河下游一千一百英里的地方来，看看这个鬼东西这次又在要什么把戏。”

“这是怎么回事，我根本没收到你的来信呀。”莉萨姨妈说。

“这就怪啦！我给你写过两封信，问你西德在你这儿是怎么回事。”

“哎呀，姐姐，我根本就没收到。”

珀蒂姨妈慢慢把头转过去，严厉地说：“汤姆，你这个鬼东西！”

“哦，怎么啦？”他用撒娇的声音说。

“你别给我装糊涂，你这个冒失鬼。把信都给我交出来。”

“什么信？”

“就是那些信。如果不交，我找出来可要……”

“信都在箱子里。这下可以了吧。它们可是原封未动，跟我从邮局拿回来的时候一样好好的。我没拆开看，根本就没碰它们。不过，我知道这些信会把事情搞糟的，所以我想，如果你不那么着急的话，我就……”

“哼，剥了你这小坏蛋的皮也不解恨呢。我又写过一封，说我要来，我看也是……”

“不，昨天收到了，可我还没有拆开念呢，不过没事，这封确实是收到了。”

我想打几块钱的赌，说他没收到，可转念我又一想，现在说什么都是没用的了，还是不说的好。所以我一声不吭了。

最后一章

现在，我跟汤姆第一次有机会单独待在一起，我就问他当初出逃的时候打的是什么主意。如果出逃成功，他把一个本来就是自由的黑人救出来打算做什么？

他说，他原来心里琢磨着．如果把基姆安全地偷出去的话，我们就一起坐木排到下游的河口附近去冒险。然后就把他已经获得自由的事告诉他，带着他要要派头，坐个轮船回家，再付给他一笔钱，赔偿他的损失。

然后，他就写信回家，告诉所有的黑人都来迎接他，举着火炬，再加上一支导乐队吹上喇叭游行，簇拥着他回镇子上去，这样他就成了英雄，我们俩也都是英雄啦。不过，照我看，现在这情况也一样很光彩。

于是，我们来到那小屋里，立刻就把基姆的铁链子给解开了，珀蒂姨妈、姨夫和莉萨姨妈听说了基姆如何帮大夫精心照顾汤姆的时候，他们把他着实夸奖了一顿。

接着，他们给他穿好衣裳，吃好东西，什么活儿也不让他做，让他一直玩个痛快。我们把他领到病人汤姆的那个屋子里，痛痛快快聊了个够。汤姆给了基姆四十块钱，算是他给我们当犯人的奖赏，说他有耐心，扮演得好。

基姆乐得差点儿没了命，放声大笑起来，说："瞧，哈克，我没跟你说过吗？我在文帝斯沙洲上不是跟你说过吗？我那时候说，我胸脯上长出毛毛来了，是个啥兆头？我那时候就告诉你说，我以前发过一回财，还会再发一回财，你看，这不是灵验啦？你可别说，兆头就是兆头嘛，你记住我的话吧，我知道自己就会发财的，这就像你看见我就站在你面前一样真实、可靠！"

然后，汤姆就说呀说，滔滔不绝地说个没完没了。他说，我们三个瞅准一天晚上一起溜走，弄上一套出门用的行头，上印第安人的保留地去冒上一回险，痛快地玩上他两三个礼拜。

对此，我当然同意去的，因为这挺合我的口味，可我没钱买行头，我想，家里也不会给我钱的，爸爸这时候一定也回家了，从撒切尔法官那儿把钱弄出来，喝酒把钱也花光了。

"不，他没回去，"汤姆说，"钱全在那儿——六千多块呢，你爸爸后来再也没回去过。反正我走的时候都没回去。"

基姆有点伤心地说："他再也回不去了，哈克。"

我问："为什么，基姆？"

"别管为什么，哈克，你的爸爸，他真的是再也回不去了。"

可我一定要他说出原因来，最后他说："孩子，你还记得那个顺着河往下漂的那个木屋吗？那里面躺着个死人，身上还蒙着块布，我进去把布揭开看了一眼，可我不让你进去，你还记得这事吗？所以，可怜的孩子，你想花你的钱随你的便啦，因为那个人就是你的爸爸。”

这时候，汤姆的伤差不多全好了，他把那颗子弹拴在表链上，挂在脖子上当表来看，常常装模作样看看上面是什么时间。

好了，我的朋友们，到现在，我真的没什么话好写的了，不过，我还是觉得很高兴，因为，如果原来知道写一本书费这么大的麻烦，我才不会接着写呢，以后我再也不写了。

不过，我看这次，我要一个人，得比他们俩提前开溜了，我要上印第安人的保留地去看看，因为莉萨姨妈说，她要收养我，她要教化我，要驯服我。哈哈，我可怕了她了。我喜欢过自由的日子，她给我的那种生活，虽然也喜欢，但是我早就领教过那种滋味了。

安徽师范大学出版社隆重推出

《世界文学名著》（全译本）

序号	书　名	序号	书　名
1	失乐园	44	钢铁是怎样炼成的
2	苹果树	45	母亲　我的大学
3	简·爱	46	童年·在人间
4	消失的地平线	47	青年近卫军
5	德伯家的苔丝	48	毁灭
6	格列佛游记	49	红色骑兵军
7	哈姆雷特	50	尼尔斯骑鹅旅行记
8	罗密欧与朱丽叶	51	嘉莉妹妹
9	名利场（上）	52	珍妮姑娘
10	名利场（下）	53	瓦尔登湖
11	动物庄园	54	汤姆叔叔的小屋
12	1984	55	白鲸
13	培根随笔集	56	飘（上下）
14	儿子与情人	57	马克吐温中短篇小说集
15	虹	58	百万英镑
16	查泰莱夫人的情人	59	哈克贝利·芬历险记
17	福尔摩斯探案全集（1）	60	汤姆·索亚历险记
18	福尔摩斯探案全集（2）	61	最后的莫希干人
19	福尔摩斯探案全集（3）	62	完美的和谐
20	福尔摩斯探案全集（4）	63	杰克·伦敦中短篇小说集
21	理智与情感	64	红字
22	爱玛	65	丧钟为谁而鸣
23	傲慢与偏见	66	老人与海
24	雾都孤儿	67	永别了武器
25	大卫·科波菲尔（上）	68	春潮
26	大卫·科波菲尔（下）	69	太阳照常升起
27	匹克威客外传	70	去吧，摩西
28	双城记	71	喧哗与骚动
29	鲁滨逊漂流记	72	夜色温柔
30	孤星血泪	73	了不起的盖茨比
31	米德尔马契	74	宽容
32	呼啸山庄	75	小妇人
33	勇敢的船长	76	欧·亨利中短篇小说
34	彼得·潘	77	案中案
35	沉船	78	苦行记
36	爱的教育	79	好兵帅克历险记
37	十日谈	80	绞刑架下的报告
38	神曲	81	伊索寓言
39	堂吉诃德（上）	82	荷马史诗·奥德赛
40	堂吉诃德（下）	83	萌芽
41	庭长夫人	84	红杏出墙
42	彼得大帝	85	九三年
43	日瓦戈医生	86	巴黎圣母院

《世界文学名著》（全译本）

序号	书　　名
87	笑面人
88	克莱孟梭事件
89	红发特里斯丹
90	茶花女
91	悲惨世界（上）
92	悲惨世界（下）
93	红与黑
94	巴马修道院
95	小王子
96	海底两万里
97	追忆似水的年华（1，2，3，4）
98	漂亮朋友
99	波斯人信札
100	蒙田随笔（上下）
101	错中错
102	卡门
103	约翰·克里斯朵夫（上）
104	约翰·克里斯朵夫（下）
105	名人传
106	忏悔录
107	社会契约论
108	巨人传
109	羊脂球
110	背德者 窄门
111	昆虫记
112	都德中短篇小说集
113	最后一课
114	基督山伯爵（上）
115	基督山伯爵（下）
116	二十年后
117	三个火枪手
118	三个火枪手
119	一个乡村教士的日记
120	高老头
121	驴皮记
122	欧也尼·葛朗台
123	交际花盛衰记
124	幻灭
125	幽谷百合
126	局外人
127	鼠疫
128	娜娜
129	格兰特船长的儿女
130	神秘岛
131	莫泊桑小说选集
132	高龙巴
133	包法利夫人
134	诚实的贼

序号	书　　名
135	卡拉马佐夫兄弟
136	白痴
137	群魔
138	被侮辱与被损害的人
139	复活
140	苦难的历程
141	穷人
142	贵族之家
143	猎人笔记
144	初恋
145	契诃夫短篇小说选
146	变色龙
147	黑桃皇后
148	上尉的女儿
149	安娜·卡列尼娜（上）
150	安娜·卡列尼娜（下）
151	战争与和平（上）
152	战争与和平（中）
153	战争与和平（下）
154	钦差大臣
155	萨宁
156	罪与罚
157	罗亭
158	克雷洛夫寓言
159	死魂灵
160	大师与玛格丽特
161	奥勃洛莫夫
162	格林童话全集
163	查拉图斯特拉如是说
164	拿破仑传
165	荒原狼
166	浮士德
167	少年维特之烦恼
168	父与子
169	安妮日记
170	希腊神话故事
171	安徒生童话故事集
172	十字军骑士
173	变形记
174	审判
175	城堡
176	一个陌生女人的来信
177	茨威格作品选集
178	一个女人一生中的二十四小时
179	群星闪耀
180	三大师传
181	变形的陶醉
182	牛虻

中图传媒 ZHONG TU MEDIA
独家发行：中图文轩（北京）文化传媒有限公司　电话：18810238553
地　　址：北京市朝阳区安定门外安华里504号　QQ：1359330205